Commercial Law II

회사법

문정해

정독
DEEP READING

머리말

디지털 경제의 발전과 기술 혁신, 스타트업의 성장, 글로벌 무역과 국제 거래의 확대에 따라 상법과 기업 법무의 역할은 그 어느 때보다 중요해지고 있다. 기업을 둘러싼 환경이 빠르게 변화하면서 새로운 법적 쟁점이 끊임없이 등장하고 있으며, 이에 대응하기 위해서는 단순히 상법의 기본 원리를 이해하는 것을 넘어 변화하는 기업 환경 속에서 상법이 어떻게 발전해야 하는지에 대한 깊이 있는 통찰이 요구된다. 이러한 변화 속에서 상법에 대한 전문성과 리걸 마인드를 갖춘 법조인의 역할은 더욱 강조되고 있다. 따라서 법학전문대학원에서 상법을 학습하는 것은 단순히 법조문을 익히는 것을 넘어 급변하는 상사 실무에서 적용 가능한 법리를 체계적으로 이해하고, 법적 사고력을 확장해 가는 과정이라 할 수 있다.

그럼에도 불구하고 매년 법학전문대학원 학생들이 상법의 법리와 판례를 이해하는 과정에서 어려움을 겪는 모습을 보며 안타까움을 느껴 부족한 수험기간 동안 학생들이 더욱 효과적으로 학습할 수 있도록 도움을 주고자 이 책을 집필하였다. 변호사시험의 상법 과목을 고려하여 상법총칙·상행위, 회사법, 어음·수표법의 세 권으로 분책하였으며, 각 영역에서 수험 적합성을 높이기 위해 노력하였다. 상법총칙·상행위에서는 상법의 기본 법리와 적용 범위를 정리하여 상법 학습의 기초를 다질 수 있도록 하였고, 회사법에서는 변호사시험에서 출제된 주요 개념과 법리를 중심으로 학문적 이해와 실무 적응력을 동시에 높이는 데 중점을 두었다. 또한, 논리적 사고력과 법적 해석 능력을 함양하는 데 필수적인 어음·수표법 역시 학생들이 최대한 쉽게 이해할 수 있도록 핵심 내용을 정리하였다. 세 권 모두 중요한 판례는 원문을 최대한 인용하여 판례의 논리 전개 방식과 법리 형성 과정을 깊이 있게 학습할 수 있도록 하였다. 이 과정에서 선배 교수님들의 훌륭한 학문적 성과가 많이 반영되지 못한 부분이 있으나 이에 대해서는 너그러운 이해를 구한다.

이 책이 나오기까지 늘 학문적 자극과 학은(學恩)을 베풀어주시는 옥무석 교수님께 감사의 말씀을 올린다. 그리고 이 책을 집필하는 동안 끊임없이 격려하고 지지해 준 남편과 딸에게도 깊은 감사를 전한다. 마지막으로 이 책의 출간을 지원해주신 도서출판 정독 김중용 대표님의 배려와 꼼꼼한 편집으로 힘써주신 심성보 편집이사님의 노력에도 감사드린다.

이 책이 상법을 공부하는 학생들에게 유익한 길잡이가 되어, 예비 법조인들이 상사 분야 실무와 학문의 경계를 넘나들며 활약할 수 있는 작은 밑거름이 되기를 기대한다.

2025년 2월

저자

차 례

제5장 이사의 의무 및 책임

제6장 자본금의 변동

제7장 정관변경

제8장 회사의 회계

제9장 조직개편

주요 참고문헌

김건식, 노혁준, 천경훈, 회사법(제9판), 박영사, 2025.
김선광, 심영, 유주선, 천경훈, 최병규, 상법요해(제9판), 정독, 2024.
김정호, 회사법(제8판), 법문사, 2023.
김홍기, 상법강의(제9판), 박영사, 2025.
송옥렬, 상법강의(제15판), 홍문사, 2025.
신현탁, 회사법강의, 박영사, 2023.
오성근, 회사법(제4판), 박영사, 2025.
이철송, 상법총칙 상행위(제16판), 박영사, 2022.
이철송, 회사법강의(제33판), 박영사, 2025.
이철송, 어음·수표법(제15판), 박영사, 2022.
임재연, 회사법 1, 2(제9판), 박영사, 2024.
장덕조, 회사법(제7판), 법문사, 2025.
정준우, 상법총론(제3판), 정독, 2024.
정준우, 주식회사법, 정독, 2024.
정찬형, 상법강의(상)(제27판), 박영사, 2025.
정찬형, 상법강의(하)(제24판), 박영사, 2025.
최준선, 회사법(제20판), 삼영사, 2025.
한기정, 신상법입문, 박영사, 2023.
홍복기, 박세화, 회사법강의(제8판), 법문사, 2021.
홍복기, 박세화, 어음수표법, 법문사, 2017.
황남석, 회사법론, 정독, 2025.

Bainbridge, Stephen M., *Corporation law and economics*, Foundation Press, 2002.
Easterbrook, Frank H., Fischel, Daniel R., *The Economic Structure of Corporate Law*, Harvard University Press, 1996.
Eisenberg, Melvin A., *The Structure of the Corporation: A Legal Analysis*, Beard Books, 2006.

일러두기

• 이 책에 인용된 법령 중 상법은 법명을 표시하지 않고 괄호 속에 조문으로만 표시하였고, 나머지 법령은 약칭을 사용하였다. 그중 중요한 법령의 약칭은 다음과 같다.

– 어음법 : 어
– 수표법 : 수
– 민법 : 민
– 민사소송법 : 민소
– 상업등기법 : 상등

• 이 책은 주식회사 위주로 설명하였고, 합명회사 등 다른 회사의 중요한 내용은 주식회사의 관련 부분에서 별도로 추가하였다.

제1장 통 칙

Ⅰ. 회사법의 의의

■ 회사법의 형식적 의의와 실질적 의의
- 형식적 의의
  - 상법 제3편 회사를 의미
- 실질적 의의
  - 회사의 지배구조와 경영에 관한 법률관계를 규율하는 법

■ 회사의 개념
- **상행위**나 그 밖의 **영리**를 목적으로 하여 설립된 **법인**(169)
  - 2011년 상법 개정으로 **사단성**은 상법상 회사의 구성요소가 아님
  - 상법 규정과는 별도로 회사의 개념에서 사단성은 여전히 중요

Ⅱ. 회사의 구성요소

1. 영리성(營利性)

■ 회사는 **영리**를 목적으로 설립
- 이익분배설(통설)
  - 회사의 영리 추구에는 회사가 영업활동을 통해 발생한 **이익의 귀속 주체**가 된다는 의미뿐만 아니라 사원에게 그 **이익을 분배**하는 의도까지 포함

2. 법인성(法人性)

(1) 의 의

■ 회사는 권리 의무의 귀속 주체가 되는 **법인격**(法人格)을 보유
- 법정책적인 목적으로 회사에 법인격을 부여
  - 사원 변동에 상관없이 회사의 독립적인 실체를 인정하고, 사원과 분리하여 회사의 법률관계에서 생기는 권리 의무를 귀속시키기 위한 목적

• 회사에 대한 법인격 부여의 결과
  – 회사는 사원으로부터 분리하여 권리 의무 보유
  – 소송에서 당사자능력 보유
  – 사원과 사원의 채권자는 회사재산에 대해 권리행사 불가

(2) 법인격부인론(piercing the corporate veil)

1) 개 념

■ 회사가 사원으로부터 **독립된 실체를 갖지 못한 경우** 회사와 제3자 간의 문제된 특정 거래에 한하여 **회사의 법인격을 인정**하지 않고 **회사와 사원을 동일시**하여 회사의 책임을 **사원에게 부담**시키는 이론

• 영미법계에서 발전한 이론
  – 주로 주식회사의 주주가 주주의 유한책임제도를 악용하는 경우에 적용
  – 국내 학계와 판례 모두 동 이론의 적용을 긍정

2) 법리적 근거

■ 민법 제2조의 신의칙 또는 권리남용금지에 근거(통설 및 판례)

• "… 이러한 지위에 있는 원고가 법률의 적용을 회피하기 위하여 별개의 법인격을 가지는 회사라는 주장을 내세우는 것은 신의성실의 원칙에 위반하거나 법인격을 남용하는 것으로서 허용되어서는 아니된다 할 것이다."(대법원 1988. 11. 22. 선고 87다카1671 판결)

• "그러나 회사가 외형상으로는 법인의 형식을 갖추고 있으나 이는 법인의 형태를 빌리고 있는 것에 지나지 아니하고 그 실질에 있어서는 완전히 그 법인격의 배후에 있는 타인의 개인기업에 불과하거나 그것이 배후자에 대한 법률적용을 회피하기 위한 수단으로 함부로 쓰여지는 경우에는 비록 외견상으로는 회사의 행위라 할지라도 회사와 그 배후자가 별개의 인격체임을 내세워 회사에게만 그로 인한 법적 효과가 귀속됨을 주장하면서 배후자의 책임을 부정하는 것은 신의성실의 원칙에 위반되는 법인격의 남용으로서 심히 정의와 형평에 반하여 허용될 수 없다 할 것이고, 따라서 회사는 물론 그 배후자인 타인에 대하여도 회사의 행위에 관

한 책임을 물을 수 있다고 보아야 할 것이다."(대법원 2001. 1. 19. 선고 97다21604 판결)

3) 적용 범위

■ 예외적인 법률관계에 적용

- 회사가 법인격을 가지므로 무한책임을 부담하는 사원을 제외하고 사원은 회사의 법률관계에 대한 책임을 부담하지 않음
  - 동 이론을 적용하면 **회사의 책임을 사원이 부담**하게 되므로 극히 예외적인 법률관계만 적용해야 한다는 것이 일반적인 견해

■ 회사의 계약책임과 불법행위책임에 적용

- 주로 회사의 채무불이행책임을 사원에게 추궁하기 위하여 적용
- 회사의 불법행위책임을 사원에게 추궁하기 위한 목적에서도 적용 가능(통설)
  - 동 이론의 적용목적이 회사가 사원으로부터 독립된 실체를 갖추지 못한 경우 책임 부담에 관한 정의와 형평을 모색하는 것이므로 회사 책임의 발생 원인은 불문

■ 법인격부인론의 역적용 문제

- 사원의 책임를 회사에게 부담시킬 수 있는가의 문제
  - 학계 찬반론이 존재하지만, 판례는 사실상 긍정

- "나아가 그 개인과 회사의 주주들이 경제적 이해관계를 같이하는 등 개인이 새로 설립한 회사를 실질적으로 운영하면서 자기 마음대로 이용할 수 있는 지배적 지위에 있다고 인정되는 경우로서, 회사 설립과 관련된 개인의 자산 변동 내역, 특히 개인의 자산이 설립된 회사에 이전되었다면 그에 대하여 정당한 대가가 지급되었는지 여부, 개인의 자산이 회사에 유용되었는지 여부와 그 정도 및 제3자에 대한 회사의 채무 부담 여부와 그 부담 경위 등을 종합적으로 살펴보아 회사와 개인이 별개의 인격체임을 내세워 회사 설립 전 개인의 채무 부담행위에 대한 회

사의 책임을 부인하는 것이 심히 정의와 형평에 반한다고 인정되는 때에는 회사에 대하여 회사 설립 전에 개인이 부담한 채무의 이행을 청구하는 것도 가능하다고 보아야 한다."(대법원 2021. 4. 15. 선고 2019다293449 판결)

• "개인의 채무 부담행위에 대한 회사의 책임을 부인하는 것이 심히 정의와 형평에 반한다고 인정되어 회사에 대하여 개인이 부담한 채무의 이행을 청구하는 법리는 채무면탈을 목적으로 회사가 새로 설립된 경우뿐 아니라 같은 목적으로 기존 회사의 법인격이 이용되는 경우에도 적용되는데, 여기에는 회사가 이름뿐이고 실질적으로는 개인기업에 지나지 않은 상태로 될 정도로 형해화된 경우와 회사의 법인격이 형해화될 정도에 이르지 않더라도 개인이 회사의 법인격을 남용하는 경우가 있을 수 있다. 이때 회사의 법인격이 형해화되었다고 볼 수 있는지 여부는 원칙적으로 문제가 되고 있는 법률행위나 사실행위를 한 시점을 기준으로, 회사의 법인격이 형해화될 정도에 이르지 않더라도 개인이 회사의 법인격을 남용하였는지 여부는 채무면탈 등의 남용행위를 한 시점을 기준으로 각 판단하여야 한다." (대법원 2023. 2. 2. 선고 2022다276703 판결)

4) 적용유형

■ **법인격의 형해화**(形骸化)

• 회사가 실질적으로 사원의 개인기업에 불과한 경우

– 회사와 사원의 재산이나 사업관계의 혼융(混融), 회사의 의사결정과정의 부존재, 회사의 무자력 여부 등과 같은 **객관적 사정을 종합적으로 고려**하여 판단(판례)

• "여기서 회사가 그 법인격의 배후에 있는 타인의 개인기업에 불과하다고 보려면, 원칙적으로 문제가 되고 있는 법률행위나 사실행위를 한 시점을 기준으로 하여, 회사와 배후자 사이에 재산과 업무가 구분이 어려울 정도로 혼용되었는지 여부, 주주총회나 이사회를 개최하지 않는 등 법률이나 정관에 규정된 의사결정절차를 밟지 않았는지 여부, 회사 자본의 부실 정도, 영업의 규모 및 직원의 수 등에 비추어 볼 때, 회사가 이름뿐이고 실질적으로는 개인 영업에 지나지 않는 상태로 될 정도로 형해화되어야 한다."(대법원 2008. 9. 11. 선고 2007다90982 판결)

■ **법인격의 남용(濫用)**

- 법인격의 형해화에 이를 정도는 아니지만, 사원에 의해 회사의 법인격이 남용된 경우
  - 예) 사원이 채무면탈의 목적으로 회사의 법인격을 남용
  - **사원의 회사에 대한 지배**와 회사의 **법인격을 남용하려는 주관적 목적**이 필요(판례)

- "또한, 위와 같이 법인격이 형해화될 정도에 이르지 않더라도 회사의 배후에 있는 자가 회사의 법인격을 남용한 경우, 회사는 물론 그 배후자인 타인에 대하여도 회사의 행위에 관한 책임을 물을 수 있으나, 이 경우 채무면탈 등의 남용행위를 한 시점을 기준으로 하여, 회사의 배후에 있는 자가 회사를 자기 마음대로 이용할 수 있는 지배적 지위에 있고, 그와 같은 지위를 이용하여 법인 제도를 남용하는 행위를 할 것이 요구되며, 위와 같이 배후자가 법인 제도를 남용하였는지 여부는 앞서 본 법인격 형해화의 정도 및 거래상대방의 인식이나 신뢰 등 제반 사정을 종합적으로 고려하여 개별적으로 판단하여야 한다."(대법원 2008. 9. 11. 선고 2007다90982 판결)

- "[모자관계에서 모회사가 자회사의 독자적 법인격을 주장하는 것이 법인격의 남용에 해당하기 위해서는] 적어도 자회사가 그 자체의 독자적인 의사 또는 존재를 상실하고 모회사가 자신의 사업의 일부로서 자회사를 운영한다고 할 수 있을 정도로 완전한 지배력을 행사하고 있을 것이 요구되며, 구체적으로는 모회사와 자회사 간의 재산과 업무 및 대외적인 기업거래활동 등이 명확히 구분되어 있지 않고 양자가 서로 혼용되어 있다는 등의 객관적 징표가 있어야 할 것이며, 무엇보다 여기에 더하여 자회사의 법인격이 모회사에 대한 법률 적용을 회피하기 위한 수단으로 함부로 사용되거나 채무면탈이라는 위법한 목적 달성을 위하여 회사제도를 남용하는 등의 주관적 의도 또는 목적이 인정되어야 할 것이다."(대법원 2006. 8. 25. 선고 2004다26119 판결)

■ **회사의 지배주주가 채무면탈 목적으로 회사를 신설하거나 기존회사를 이용하는 경우**

- 학계에서는 법인격의 남용 사례 또는 동 이론의 적용 확대 사례로 해석

- "기존회사가 채무를 면탈할 목적으로 기업의 형태·내용이 실질적으로 동일한 신설회사를 설립하였다면, 신설회사의 설립은 기존회사의 채무면탈이라는 위법한 목적달성을 위하여 회사제도를 남용한 것이므로, 기존회사의 채권자에 대하여 위 두 회사가 별개의 법인격을 갖고 있음을 주장하는 것은 신의성실의 원칙상 허용될 수 없다 할 것이어서 기존회사의 채권자는 위 두 회사 어느 쪽에 대하여서도 채무의 이행을 청구할 수 있다고 볼 것이다."(대법원 2004. 11. 12. 선고 2002다66892 판결)

- "… 여기에서 기존회사의 채무를 면탈할 의도로 신설회사를 설립한 것인지 여부는 기존회사의 폐업 당시 경영상태나 자산상황, 신설회사의 설립시점, 기존회사에서 신설회사로 유용된 자산의 유무와 그 정도, 기존회사에서 신설회사로 이전된 자산이 있는 경우, 그 정당한 대가가 지급되었는지 여부 등 제반 사정을 종합적으로 고려하여 판단하여야 한다."(대법원 2008. 8. 21. 선고 2006다24438 판결)

- "이러한 법리는 어느 회사가 이미 설립되어 있는 다른 회사 가운데 기업의 형태·내용이 실질적으로 동일한 회사를 채무를 면탈할 의도로 이용한 경우에도 적용된다. 여기에서 기존회사의 채무를 면탈할 의도로 다른 회사의 법인격을 이용하였는지는 기존회사의 폐업 당시 경영상태나 자산상황, 기존회사에서 다른 회사로 유용된 자산의 유무와 정도, 기존회사에서 다른 회사로 자산이 이전된 경우 정당한 대가가 지급되었는지 여부 등 여러 사정을 종합적으로 고려하여 판단하여야 한다."(대법원 2019. 12. 13. 선고 2017다271643 판결)

- "… 나아가 기존회사에 대한 소멸시효가 완성되지 않은 상태에서 신설회사가 기존회사와 별도로 자신에 대하여 소멸시효가 완성되었다고 주장하는 것 역시 별개의 법인격을 갖고 있음을 전제로 하는 것이어서 신의성실의 원칙상 허용될 수 없다."(대법원 2024. 3. 28. 선고 2023다265700 판결)

5) 법인격 부인의 효력

■ 문제된 특정 사안에서 회사채권자는 사원에 대해 책임추궁 가능

- 법인격부인론이 적용되어도 회사의 법인격이 전면적으로 부정되거나 소멸되지 않음
- 사원은 회사의 각종 항변사유로 이행 거절 가능

- 회사 채무를 사원이 부담하더라도 회사에 대한 기판력이나 집행력의 범위가 사원에게까지 확장되지 않음(판례)

- "피고 회사와 [소외 회사]는 기업의 형태. 내용이 실질적으로 동일하고, 피고 회사는 소외 회사의 채무를 면탈할 목적으로 설립된 것으로서 피고 회사가 소외 회사의 채권자에 대하여 소외 회사와는 별개의 법인격을 가지는 회사라는 주장을 하는 것이 신의성실의 원칙에 반하거나 법인격을 남용하는 것으로 인정되는 경우에도 권리관계의 공권적인 확정 및 그 신속. 확실한 실현을 도모하기 위하여 절차의 명확 안정을 중시하는 소송절차 및 강제집행절차에 있어서는 그 절차의 성격상 소외 회사에 대한 판결의 기판력 및 집행력의 범위를 피고 회사에까지 확장하는 것은 허용되지 아니한다고 할 것이므로…"(대법원 1995. 5. 12. 선고 93다44531 판결)

3. 사단성(社團性)

(1) 의 의

■ 회사는 영리 목적으로 설립된 **사단**

- 회사는 영리 추구의 공동 목적을 위해 구성된 **인적 결합체**에 해당
  - 자본 결합체인 재단과 구별
  - 회사는 사원의 출자로 인하여 자본 결합체의 성격도 가짐
  - 주식회사는 사단성이 강한 회사이지만, 일반 대중의 자본을 기초로 설립되므로 자본 결합 규모가 커져 소유와 경영의 분리 현상이 발생
- 회사는 사원의 개성보다 **단체성**을 우선
  - 구성원의 개성에 초점을 두는 조합과 구별
  - **조합** 성격을 가진 회사의 전부 또는 일부 사원은 회사 경영에 참여하거나 회사채권자에 대한 책임을 부담
  - 합명회사, 합자회사, 유한책임회사의 내부관계는 민법 조합에 관한 규정 준용(195, 269, 287조의18)

(2) 1인회사의 문제

■ 회사는 사단이므로 원칙적으로 2인 이상의 사원으로 구성되어야 함

• 합명회사, 합자회사는 복수의 사원이 설립요건이자 존속요건(178, 268, 227 제3호, 269)

• 회사의 경제적 실질 판단과 법률관계 적용에서 사단성은 점차 퇴색되는 경향

– 주식회사, 유한회사, 유한책임회사는 **1인회사의 설립 및 존속 가능**(288, 543, 287조의2)

III. 회사의 종류

1. 의 의

■ 회사채권자에 대한 사원의 책임 유무, 책임 부담의 한계 등을 기준으로 분류하거나 출자자인 사원의 중요도와 역할에 따라 분류 가능

• 상법은 합명회사, 합자회사, 유한책임회사, 주식회사, 유한회사만 인정(170)

2. 상법상 분류

■ 합명회사

• 회사채권자에 대해 직접, 연대, 무한의 책임을 부담하는 무한책임사원으로 구성

– **직접책임**은 채권자가 회사를 거치지 않고 사원에게 직접 변제 청구 가능하다는 의미

– **연대책임**은 사원 간의 연대책임을 의미

– **무한책임**은 사원이 출자액에 한정하지 않고 채무 전액에 대한 책임을 부담한다는 의미

• 원칙적으로 모든 사원은 회사의 업무집행과 대표에 대한 권리 의무 보유(200, 207)

– 사원의 인적 결합이 강한 회사의 형태

■ 합자회사

- 무한책임사원과 유한책임사원으로 구성
  - 기본적으로 합명회사와 유사하여 특별한 규정이 없으면 합명회사 규정을 준용(269)
  - 유한책임사원은 업무집행권과 대표권이 없음(278)

- "합자회사에서 무한책임사원이 업무집행권한의 상실을 선고하는 판결로 인해 업무집행권 및 대표권을 상실하였다면, 그 후 어떠한 사유 등으로 그 무한책임사원이 합자회사의 유일한 무한책임사원이 되었다는 사정만으로는 형성판결인 업무집행권한의 상실을 선고하는 판결의 효력이 당연히 상실되고 해당 무한책임사원의 업무집행권 및 대표권이 부활한다고 볼 수 없다. … 결국 이러한 경우에는 유한책임사원을 포함한 총사원의 동의에 의해서만 해당 무한책임사원이 업무집행사원이나 대표사원으로 선임될 수 있을 뿐이다."(대법원 2021. 7. 8. 선고 2018다225289 판결)

■ 유한책임회사 및 유한회사

- 양자 모두 유한책임을 부담하는 사원으로만 구성
- 유한회사는 기본적으로 주식회사와 유사하지만, 감사를 두지 않거나 이사가 1인이어도 무방(561, 568)
- 유한책임회사는 내부적으로 조합의 성질을 보유
  - 다만, 사원의 업무집행이 의무가 아니어서 업무집행자는 사원 또는 사원이 아닌 자 중에서 정할 수도 있고(287조의12 제1항), 법인도 업무집행자가 될 수 있음(287조의15)

■ 주식회사

- 자본금을 주식의 형태로 투자하는 사원인 주주로 구성
  - 주주는 주식의 인수가액을 한도로 하여 출자의무만을 부담할 뿐 회사채권자에 대하여 아무런 책임을 부담하지 않음(303)

3. 강학상 분류

■ 출자자인 사원의 중요도와 역할에 따른 분류

- 인적회사
  - 사원의 개성을 중시
  - 사원의 업무집행이 원칙
  - 소수의 사원으로 구성되고 지분 양도에 일정한 제한이 있음
  - 복수 사원이 설립요건이자 존속요건(1인이 되면 해산)
  - 사원이 회사채권자에 대한 책임을 직접적으로 부담
  - 회사의 신용은 회사재산이 아닌 사원을 중심으로 형성
- 물적회사
  - 회사의 자본금에 기초
  - 내부 및 외부 관계는 인적회사와 반대

Ⅳ. 회사의 능력

■ 권리능력

- 상법상 모든 회사는 법인이므로 회사 자체가 권리 의무의 주체가 될 수 있음
  - 회사의 법인격은 법정책적으로 부여된 것이므로 필요에 따라 법으로 제한 가능

■ 의사능력 및 행위능력

- 회사의 의사능력이나 행위능력은 자연인으로 구성된 기관에 의해 발현
  - 대표기관의 대표행위는 곧 회사의 행위로 간주

■ 불법행위능력

- 회사를 대표하는 사원이 업무집행으로 타인에게 손해를 가한 때에는 회사는 그 사원과 연대하여 배상할 책임이 있음(210, 269, 389 제3항 등)

Ⅴ. 권리능력의 제한

1. 성질에 의한 제한

■ 회사는 성질상 신체, 생명에 관한 권리 의무의 귀속 주체가 될 수 없고 친족법이나 상속법상의 권리 의무의 귀속 주체도 될 수 없음

• 다만, 수유자(受遺者)의 대상에는 제한이 없으므로 유증(遺贈) 받는 것은 가능

■ 회사는 육체적 노무 제공이 불가하므로 상업사용인이 될 수 없음

2. 법률에 의한 제한

■ 회사는 다른 회사의 무한책임사원이 되지 못함(173)

■ 청산 중 회사의 권리능력은 청산의 목적 범위 내로 한정(245, 269, 542 제1항, 613 제1항)

3. 목적에 의한 제한

(1) 의 의

■ 회사의 권리능력이 정관상 회사의 목적에 의해 제한을 받는가의 문제

• 회사의 정관에는 회사의 목적이 기재되어 등기(180, 269, 287조의5, 317 제2항, 549 제2항)

– 회사는 회사의 목적에 따라 설립되고 사원은 이를 기초로 출자하며, 회사의 목적에 대한 법적 평가 이후 법인격이 부여

– 민법상 법인의 권리능력은 정관으로 정한 목적 범위 내로 제한되지만(민 34), 상법은 관련 규정 없음

(2) 학설의 논의

■ **제한부정설**(통설)

• 회사의 권리능력은 회사의 정관상 목적 범위에 의해 제한되지 않음

– 회사의 본래 목적인 **영리 추구의 범위 내**에서 광범위한 권리능력을 보유
– 회사는 법으로 부여된 권리능력이 있으므로 성질이나 법률에 따른 제한 외에 다른 제한은 불가
– 회사의 권리능력을 목적에 의해 제한하면 거래상대방 보호 및 거래 안정성 확보 불가

■ **제한설**(판례)

• 민법 제34조를 준용하여 회사의 권리능력을 **정관으로 정한 목적의 범위 내**로 제한

– 회사 대표기관의 정관상 목적을 벗어난 행위는 회사의 행위로 인정 불가
– 회사의 권리능력을 정관상 목적으로 제한하더라도 회사의 목적은 정관으로 공시되므로 거래 안정성에 문제가 없음
– 다만, 정관으로 정한 목적의 범위 내의 행위를 판단할 때 **그 목적을 수행하는 데 직·간접적으로 필요한 행위를 모두 포함**하며, 관련 행위가 목적 수행에 필요한 행위인지는 **행위의 객관적 성질에 따라 추상적으로 판단**

• "… [피고회사의 대표이사]가 피고회사를 대표하여 [1심 공동피고]의 원고로부터의 극장위탁경영으로 인한 손해배상의무를 연대보증한 사실을 인정하고 이는 피고회사의 사업 목적 범위에 속하지 아니하는 행위로서 피고회사를 위하여 효력이 있는 적법한 보증으로 되지 아니한다고 하였는 바 기록에 대조하여 살펴보면 정당하고 채증법칙을 어겨 판단을 그릇한 잘못 있다고 볼 수 없다."(대법원 1975. 12. 23. 선고 75다1479 판결)

• "회사의 권리능력은 회사의 설립근거가 된 법률과 회사의 정관상의 목적에 의하여 제한되나 그 목적 범위 내의 행위라 함은 정관에 명시된 목적 자체에 국한되는 것이 아니고 그 목적을 수행하는 데 있어 직접 또는 간접으로 필요한 행위는 모두 포함되며 목적 수행에 필요한지 여부도 행위의 객관적 성질에 따라 추상적으로 판단할 것이지 행위자의 주관적 구체적 의사에 따라 판단할 것은 아니다.

이 사건 피고가 단기금융업을 영위하는 회사로서 회사의 목적인 어음의 발행, 할인, 매매, 인수, 보증, 어음매매의 중개를 함에 있어서 어음의 배서는 행위의 객관적 성질상 위 목적 수행에 직접 간접으로 필요한 행위라고 하여야 할 것이다."(대법원 1987. 9. 8. 선고 86다카1349 판결, 금융회사의 대표이사가 어음보증 목적의 배서를 한 것은 회사의 목적 사업 수행을 위한 것이 아니었지만, 정관상의 목적에 미루어볼 때 객관적으로 어음보증 목적의 배서도 목적 수행에 필요한 행위로 판단)

제 2 장 회사의 설립

제1절 회사 설립의 일반론

Ⅰ. 회사의 설립에 대한 입법주의

■ 회사는 대내외적으로 복잡하고 다양한 법률관계를 발생시키므로 회사 설립에 대한 국가의 제약이 존재하고 시대의 상황과 인식에 따라 회사 설립에 대한 자율성 부여 정도가 상이

• 자유설립주의

– 회사의 설립에 대한 제한 없이 회사의 실체를 형성하면 회사의 설립을 인정

• 특허주의

– 특별한 허가 등으로 회사의 설립을 인정

• 허가주의

– 법적 절차에 따라 행정관청이 회사의 설립과정을 평가하여 회사의 설립을 인정

• 준칙주의

– 법 소정을 설립요건을 충족하면 회사의 설립을 인정

Ⅱ. 회사의 설립 및 설립행위의 개념

■ 회사의 설립 및 설립행위의 의의

• 회사의 설립은 정관작성부터 설립등기에 이르는 모든 과정과 행위를 의미

• 설립행위는 회사 설립을 위해 사원이 될 자가 하는 법률행위를 의미 (통설, 합동행위)

• 설립행위의 내용은 회사의 종류마다 상이

– 합명회사, 합자회사는 정관작성과 설립등기로 법인격 취득

– 주식회사는 정관작성, 자본금확정, 기관구성, 설립등기로 법인격 취득

III. 정관의 작성

■ 정관의 의의
- 실질적 의의의 정관
  - 사원들에 의해 성립되는 내부 자치법규
  - 회사의 단체법적 법률관계를 규율
  - 회사에 적용되는 성문법을 보충하거나 변경하는 기능
- 형식적 의의의 정관
  - 실질적 의의의 정관 내용을 기재한 서면
  - 회사 종류를 불문하고 설립시에 작성되고, 변경은 소정의 법적 절차에 의해서만 가능

■ 정관의 효력
- 정관의 법규성으로 인해 회사의 기관과 사원은 모두 정관에 구속
  - 제3자 구속 불가

IV. 설립등기

■ 상법은 회사와 제3자 간의 법률관계에 영향을 미치는 사항은 등기를 통해 공시하도록 규제
- 회사의 등기사항은 대부분 창설적 효력이 있음
  - 예) 회사의 설립등기(172)
- 상법은 등기사항과 등기기간을 회사의 종류에 따라 상이하게 규정
  - 예) 합명회사와 합자회사의 등기기간에 관해 아무런 상법 규정이 없으나, 주식회사나 유한회사의 설립등기는 일정한 기간 내에 하여야 함(317, 549 참조)

제2절 주식회사의 설립

Ⅰ. 주식회사의 의의

■ 사원이 회사의 자본금이 분할된 주식을 인수하거나 이미 발행된 주식을 취득하는 형태의 회사

• 주주는 유한책임을 부담

– 주식회사의 사원인 주주는 회사에 대해 주식의 인수가액을 한도로 출자의무만을 부담하고 회사채권자에 대해서는 아무런 책임을 부담하지 않음(331)

■ 자본금의 의미

• 법적 의미

– 회사가 액면주식을 발행한 경우 발행주식의 액면총액을, 무액면주식을 발행한 경우 발행가액 중 이사회가 자본금으로 계상한 금액을 의미(451 제1항 및 제2항)

• 회사와 회사채권자 입장에서의 의미

– 채무의 변제를 위한 책임재산의 기초

– 회사의 신용도를 판단하는 기능

• 주주 입장에서의 의미

– 출자의 범위와 책임의 한계를 설정

• "당사자들이 자금을 출자하여 공동으로 주식회사를 설립하여 운영하고 그에 따르는 비용의 부담과 이익의 분배를 지분 비율에 따라 할 것을 내용으로 하는 동업약정은 주식회사 주식의 매매계약과 주식회사의 공동경영과 이익분배에 관한 주주 사이의 계약이 혼합된 계약의 성격을 가지고, 특별한 사정이 없는 한 공동사업을 위하여 민법상 조합을 결성할 것을 목적으로 한다고 볼 수 없다. 이러한 동업약정은 당사자들의 공동사업을 주식회사의 명의로 하고 대외관계 및 대내관계에서 주식회사의 법리에 따름을 당연한 전제로 하므로, <u>위와 같은 동업약정에 따라 주식회사가 설립되어 그 실체가 갖추어진 이상, 주식회사의 청산에 관한 상법</u>

의 규정에 따라 청산절차가 이루어지지 않는 한 일방 당사자가 잔여재산을 분배받을 수 없다. 이러한 법리는 동업약정에 따라 주식회사가 설립된 후 당사자 일방이 동업관계에서 탈퇴하였다고 주장하며 정산을 구하는 경우에도 그대로 적용된다. 이와 같이 동업약정 당사자들의 공동사업이 주식회사 명의로 운영되고 대내관계 및 대외관계에서 주식회사의 법리에 따르기 위해서는 동업약정 당사자들이 출자한 자금으로 주식회사의 주식을 인수하여 주식회사의 주주가 되는 것이 전제되어야 한다."(대법원 2024. 6. 27. 선고 2022다302022 판결)

II. 주식회사 설립의 특징

- 인적회사는 정관작성으로 사원과 출자액이 확정(179, 270)
  - 정관작성 후 설립등기로 성립
    - 예) 합명회사는 모든 사원이 무한책임을 부담하고 업무집행권한이 있어 설립 전의 납입 완료와 별도의 기관구성이 불필요

- 주식회사는 설립등기 전에 **정관작성** 후 **자본금확정**과 **기관구성**이 필요
  - 정관작성으로 주주와 자본금이 확정되지 않음(289 참조)
    - 회사 설립 전 책임재산 확보를 위해 주주의 주식인수와 납입 등 출자이행 절차 필요
  - 주주가 유한책임을 부담하므로 자본금확정 후 업무를 집행하고 감사할 기관의 구성이 필요
  - 상법은 주식회사 설립에 걸리는 기간과 자본금의 모집을 고려하여 엄격준칙주의를 채택

III. 주식회사의 설립 방법

1. 발기설립

(1) 의의 및 절차

- 발기인들로만 주주를 구성하는 설립 방법

• 회사 설립시에 발행하는 주식의 총수를 **발기인이 모두 인수**하여 회사를 설립하는 방법

– 발기인들이 주식 전부를 인수하고 인수한 조건에 따라 주식대금을 납입(295 제1항)

• 발기인들은 **의결권의 과반수**로 이사와 감사를 선임(296 제1항)

– 선임된 이사와 감사는 바로 **설립의 경과를 조사**하여 정관 또는 법령 위반 여부를 **발기인에게 보고**(298 제1항)

– 변태설립사항이 없는 한 검사인의 조사를 받을 필요 없음

(2) 변태설립사항 등에 대한 조치

■ **검사인의 조사 및 보고**

• 이사는 변태설립사항(290)에 관한 조사를 위하여 검사인의 선임을 법원에 청구해야 함(298 제4항)

– 검사인은 변태설립사항과 발기인의 현물출자 이행에 관한 사항(295)을 조사하여 법원에 보고해야 함(299 제1항)

• 법원은 이를 근거로 변태설립사항이 부당하다고 인정한 경우 이를 변경하여 발기인에게 통고 가능(300 제1항)

– 발기인은 법원의 변경에 불복하여 주식의 인수를 취소 가능(동조 제2항)

– 법원의 통고가 있은 후 2주 내에 주식인수를 취소한 발기인이 없으면 정관은 통고에 따라 변경된 것으로 봄(동조 제3항)

■ **공증인의 조사 또는 감정인의 감정**으로 검사인의 조사 갈음(299조의2)

• 공증인의 조사 및 보고

– 변태설립사항 중 발기인이 받을 특별이익(290 제1호)

– 변태설립사항 중 설립비용과 발기인의 보수(290 제4호)

• 공인된 감정인의 감정

– 변태설립사항 중 현물출자(290 제2호)

– 변태설립사항 중 재산인수(290 제3호)

– 발기인의 현물출자 이행에 관한 사항(295)

- 공증인 또는 감정인은 조사 또는 감정 결과를 법원에 보고
  - 공증인의 조사 및 보고, 감정인의 감정이 있더라도 법원의 심사는 반드시 이루어져야 하고, 법원은 심사 후 변태설립사항의 부당함을 변경 가능(299조의2, 300)

■ **검사인의 조사 및 보고의 생략**(299 제2항)

- 현물출자(290 제2호) 및 재산인수(290 제3호)의 재산총액이 자본금의 **5분의** 1을 초과하지 않고 **5천만 원**(시행령 7 제1항)을 초과하지 않는 경우
- 현물출자(290 제2호) 또는 재산인수(290 제3호)의 재산이 거래소에서 시세가 있는 유가증권인 경우로서 정관에 적힌 가격이 대통령령으로 정한 방법(시행령 7 제2항)으로 산정된 시세를 초과하지 않는 경우
- 그 밖에 현물출자(290 제2호) 및 재산인수(290 제3호)에 준하는 경우로서 대통령령으로 정하는 경우

2. 모집설립

(1) 의 의

■ 회사 설립시에 발행하는 주식의 총수 중 발기인은 일부만을 인수하고 나머지는 인수할 주주를 모집하는 방법

- 모집주주는 주식청약서로 주식인수를 청약(302 제1항)
- 발기인은 인수시킬 주식을 배정(303)

(2) 절 차

■ 주금의 납입

- 주식인수가 완료되면 주금을 납입(303, 305)
  - 상법상 명문 규정은 없으나, 실제로 회사에 금전이 지급되어야 하므로 대물변제, 경개 등은 미허용
  - 어음, 수표로 납입된 경우 지급인의 지급이 있어야만 유효(판례)

• "납입의무는 현실 이행이 있어야 한다 할 것이므로 그에 관하여 별도의 승인이나 정관의 규정이 없는 이상 현금으로서 이를 하여야 한다 할 것이며 만약 당좌수표로서 이를 납입한 때에는 그 수표가 현실적으로 결제되어 현금화되기 전에는 납입이 있었다 할 수 없다 할 것인 바…"(대법원 1977. 4. 12. 선고 76다943 판결)

■ 창립총회 개최

• 납입 후에 주식인수인들로 구성되는 창립총회를 소집하여 이사와 감사 선임(308, 312)

– 이사와 감사는 설립 경과를 조사하여 **창립총회**에 보고(313)

– 변태설립사항(290)이 있는 경우 **발기인**이 법원에 검사인의 선임을 청구해야 하고 검사인의 보고서를 창립총회에 제출해야 함(310 제1항 및 제2항)

– 변태설립사항에 대한 공증인의 조사 또는 감정인의 감정 관련 사항을 준용(310 제3항, 298 제4항, 299조의2)

– 창립총회에서는 변태설립사항의 부당이 인정되면 변경할 수 있고, 변경에 불복한 발기인은 주식의 인수를 취소할 수 있으며, 주식인수를 취소한 발기인이 없으면 정관은 변경된 것으로 봄(314 제1항 및 제2항, 300 제2항 및 제3항)

Ⅳ. 발기인

1. 의 의

■ 법적 개념

• 정관에 **발기인으로 기재**되고 기명날인 또는 서명한 자(289 제1항 제8호)

– 발기인은 사실상 회사의 설립을 기획하고 관련 사무를 관장하는 자이지만, 법적 권한과 책임의 부여는 정관에의 기재 여부를 기준으로 판단

– 발기인으로 오인케 한 자는 유사발기인으로서 책임 부담(327)

- 발기인은 주식인수를 통해 주주가 될 것이 예정
  - 발기인은 1인이라도 무방(288)
  - 반드시 최소 1주 이상의 주식을 인수해야 함(293)
- 발기인의 자격에는 제한이 없음
  - 법인이나 제한능력자도 가능

■ 발기인제도의 필요성

- 주식회사는 다른 회사와 달리 정관에 의해 사원이 확정되지 않아 실제로 설립사무를 담당할 자가 필요
- 회사설립과정에서 생긴 제3자에 대한 손해배상책임을 부담할 주체가 필요

2. 발기인의 권한 범위

■ 발기인이 한 행위의 효력이 회사 설립 후 귀속되는 범위의 문제

- 1설
  - 발기인은 회사 설립 목적을 위한 직접적인 행위만 가능
    → 예) 정관작성, 창립총회 소집 등
  - 원칙적으로 개업준비행위는 불가하지만, 상법이 허용하는 경우는 가능
    → 예) 개업준비를 위한 재산인수(290 제3호 참조)
- 2설
  - 회사 설립을 위해 법률상, 경제상 필요한 행위 가능
  - 경제상 필요한 행위가 무엇인지 불분명
  - 개업준비행위에는 부정적
- 3설
  - 회사 설립 후의 개업준비행위도 가능
    → 예) 공장부지 매입, 원료 구매 등
  - 변태설립사항 규제를 피하기 위한 수단으로 악용될 우려가 내재
- 판례

– 불명확

– 다만, 일부 학계에서는 판례가 3설을 택한 것으로 보기도 함

• "피고회사의 설립에 관한 사무들이 추진 중이던 [발기인대표가] … 회사 설립을 위한 그 판시와 같은 필요로 인하여 … 자동차 조립계약을 체결하였던 것이고 그 계약에 의하여 조립된 자동차는 피고회사가 … 직접 인수하여 운행하게 되었던 것이라는 취지의 사실을 인정하면서 … 발기인대표로서 회사 설립사무의 집행을 위하여 위 계약을 체결하게 되었던 것이었음을 인정함으로서 그것을 위에 설시한 바와 같은 자격하에 이루어진 계약이었다고 단정한 조치에 소론이 지적하는 바와 같은 위법들이 있었다 할 수 없는 바이니…"(대법원 1970. 8. 31. 선고 70다1357 판결)

⇒ 당해 판결에서 대법원은 자동차운수사업을 목적으로 하는 회사의 설립 중 발기인대표가 제3자와 맺은 자동차조립계약에 대해 회사의 성립 후 회사의 책임으로 인정하면서, 자동차조립계약 체결행위가 발기인의 권한 범위 내 행위인지 판단하지 않았으며(단지, 회사 설립사무의 집행을 위해 자동차조립계약을 체결한 것이 인정된다고 판단), 이후에도 대법원은 개업준비행위가 발기인의 권한 범위 내에 속한다고 판시한 사례는 명확하게 없음에 유의해야 함

3. 발기인조합

■ 의의

• 발기인이 2인 이상인 때에 설립과정에서의 의사결정을 위한 발기인조합이 형성

– 민법상의 조합에 해당

– 발기인의 일련의 행위들은 조합계약의 이행에 해당(통설)

■ 발기인조합의 의사결정

• 통상적으로 조합의 의사결정의 일반원칙(민 706 제2항)에 의해 **발기인의 과반수**로 진행

– 예) 모집설립시 모집주주에 대한 주식의 배정(303)

– 발기설립시 기관구성과 비교(296)

• **발기인 전원**의 동의가 필요한 사항

– 예) 정관작성(289 제1항)
– 예) 설립 당시 주식발행사항의 결정(291)

V. 설립 중의 회사

1. 의의 및 발생시기

■ 의의

• 회사 설립사무를 시작하여 어느 정도 회사의 실체가 이루어졌을 때부터 설립등기에 이르기까지의 존재를 인정하는 강학상의 개념

– 설립 중의 회사와 성립 후의 회사는 동일(통설, **동일성설**)

– 회사 종류를 불문하고 존재할 수 있으나, 설립에 상대적으로 긴 시간이 소요되는 주식회사에서 의미가 있음

• **권리능력 없는 사단**

– 회사 설립의 목적 범위 내에서 제한적으로 권리능력이 인정

– 예) 소송상 당사자능력, 등기능력, 불법행위능력 등

■ 설립 중 회사의 발생시기

• 발기인이 한 설립행위의 효력을 귀속시킬 수 있는 시점의 문제

– 발기인이 **정관작성 후 1주 이상의 주식을 인수한 때**(통설 및 판례)

→ 발기인이 주식을 인수하면 주주의 전부 또는 일부가 확정되므로 장래에 회사로 발전할 실체가 형성된다고 판단

2. 설립 중에 발생한 법률관계의 이전

■ 권리 의무의 귀속

• 설립 중의 회사는 발기인이 한 설립행위에서 발생한 권리 의무를 취득하고 성립 후의 회사는 별도의 이전 절차 없이 그 권리 의무를 승계(판례)

• 요건

– **설립 중 회사의 실체가 성립**되었을 것

– 발기인이 **권한 범위 내의 행위**를 했을 것

– 발기인이 **설립 중의 회사의 명의**로 한 행위일 것

• "설립 중의 회사라 함은 주식회사의 설립과정에 있어서 발기인이 회사의 설립을 위하여 필요한 행위로 인하여 취득하게 된 권리 의무가 회사의 설립과 동시에 그 설립된 회사에 귀속되는 관계를 설명하기 위한 강학상의 개념으로서 정관이 작성되고 발기인이 적어도 1주 이상의 주식을 인수하였을 때 비로소 성립하는 것이고, 이러한 설립 중의 회사로서의 실체가 갖추어지기 이전에 발기인이 취득한 권리, 의무는 구체적 사정에 따라 발기인 개인 또는 발기인조합에 귀속되는 것으로서 이들에게 귀속된 권리 의무를 설립 후의 회사에 귀속시키기 위하여는 양수나 채무인수 등의 특별한 이전행위가 있어야 할 것이다."(대법원 1990. 12. 26. 선고 90누2536 판결)

VI. 정관의 작성

1. 방 법

■ 발기인의 작성과 공증인의 인증

• 주식회사의 설립 첫 단계로 발기인은 정관을 작성하고 기명날인 또는 서명해야 함(289 제1항)

– 정관작성 후 **공증인의 인증**을 받으면 원시정관의 효력 발생(292)

• 자본금 총액이 10억 원 미만인 **소규모회사를 발기설립하는 경우** 발기인의 기명날인 또는 서명으로 효력 발생(동조 단서)

2. 기재사항

■ 절대적 기재사항

• 정관에 **반드시 기재**되어야 하는 사항(289 제1항)

– 기재되지 않거나 기재의 흠결이 있으면 정관은 물론 회사 설립 자체가 무효

– 목적, 상호, 회사가 발행할 주식의 총수, 액면주식의 경우 1주의 금액, 회사 설립시 발행하는 주식의 총수, 본점 소재지, 공고의 방법,

발기인의 성명 등

■ 상대적 기재사항

• **정관에 기재하여야만** 법적 효력이 발생하는 사항

– 예) 변태설립사항(290), 종류주식의 발행(344) 등

3. 상대적 기재사항 중 변태설립사항(290)

(1) 발기인이 받을 특별이익과 이를 받을 자의 성명(동조 제1호)

■ 회사 설립 관련 위험 인수와 설립사무 관장에 따른 보상

• 자본금충실의 원칙, 주주평등원칙 및 강행규정을 해치지 않는 한 허용

– 예) 회사 설비 이용에 대한 특혜

(2) 현물출자를 하는 자의 성명과 그 목적인 재산의 종류, 수량, 가격과 이에 대하여 부여할 주식의 종류와 수(동조 제2호)

■ 금전 이외의 재산을 출자

• 대차대조표상 자산의 부에 기재할 수 있는 금전 이외의 재산

– 현물출자자는 납입기일에 지체없이 현물출자의 이행을 해야 함(295 제2항, 305 제3항)

• 무가치한 재산이 출자되거나 출자한 재산이 과대 평가되어 자본금충실을 해할 염려가 있으므로 변태설립사항으로 규정

• 현물출자의 부당 평가가 상법상 조사 절차에 따라 시정되지 않고 설립등기가 된 경우

– 부당 평가의 정도가 경미하면 발기인 등의 손해배상책임으로 해결(322, 323)

– 부당 평가의 정도가 현저하면 현물출자는 무효가 되고 회사 설립 무효의 원인에 해당

(3) 회사 설립 후에 양수할 것을 약정한 재산의 종류, 수량, 가격과 그 양도인의 성명(동조 제3호)

■ 발기인은 회사 설립 이후의 영업활동에 대한 행위는 할 수 없는 것이

원칙

- 상법은 회사 설립 후 공백 없는 영업활동을 위해 변태설립사항으로 재산인수를 허용
  - 정관의 기재 없는 재산인수는 **무효**이며, 회사와 양도인 모두 무효 주장 가능(판례)

- "아직 원시정관의 작성 전이어서 발기인의 자격이 없는 자가 장래 성립할 회사를 위하여 위와 같은 계약을 체결하고 그 후 그 회사의 설립을 위한 발기인이 되었다면 위 계약은 재산인수에 해당하고 정관에 기재가 없는 한 무효라고 할 것이다."(대법원 1992. 9. 14. 선고 91다33087 판결)

- "당사자 사이에 회사를 설립하기로 합의하면서 그 일방은 일정한 재산을 현물로 출자하고, 타방은 현금을 출자하되, 현물출자에 따른 번잡함을 피하기 위하여 회사의 성립 후 회사와 현물출자자 사이의 매매계약에 의한 방법에 의하여 위 현물출자를 완성하기로 약정하고 그 후 회사설립을 위한 소정의 절차를 거쳐 위 약정에 따른 현물출자가 이루어진 것이라면, 위 현물출자를 위한 약정은 그대로 위 법조가 규정하는 재산인수에 해당한다고 할 것이어서 정관에 기재되지 아니하는 한 무효라고 할 것이다."(대법원 1994. 5. 13. 선고 94다323 판결)

- "이 사건 토지를 피고 회사의 유효한 자산으로 취급하여 온 피고 회사로서는 피고 회사의 설립에 직접 관여하여 이 사건 토지에 관한 재산인수를 위한 약정을 체결하고 이를 이행한 다음 그 설립 후에는 장기간 피고 회사의 경영에까지 참여하여 온 원고가 이제 와서 피고 회사의 설립을 위한 이사건 토지의 양도의 효력을 문제 삼지 않을 것이라는 정당한 신뢰를 가지게 되었다고 볼 수 있고 … 원고가 피고 회사의 설립 후 15년 가까이 지난 다음 새삼 이 사건 토지의 양도가 정관의 기재 없는 재산인수임을 내세워 자신이 직접 관여한 회사설립행위의 효력을 부정하면서 그 무효를 주장하는 것은 회사의 주주 또는 회사 채권자 등 이해관계인의 이익 보호라는 상법 제290조의 목적과 무관하거나 오히려 이에 배치되는 것으로서 신의성실의 원칙에 반하여 허용될 수 없다고 봄이 타당하다."(대법원 2015. 3. 20. 선고 2013다88829 판결)

■ 정관의 기재 없는 재산인수에 대한 **추인 가능성**

• 추인부정설(다수설)

– 추인을 인정하면 변태설립사항으로 정한 취지가 몰각

• 추인긍정설

– 무권대리로 보아 추인 인정(민 130 등 참조)

• "위 현물출자를 위한 약정은 그대로 상법 제290조 제3호가 규정하는 재산인수에 해당한다고 할 것이어서 정관에 기재되지 아니하는 한 무효라고 하지 않을 수 없고, 원심의 이와 다른 판시는 찬동할 수 없으나 한편 위와 같은 방법에 의한 현물출자가 동시에 상법 제375조가 규정하는 사후설립에 해당하고 이에 대하여 주주총회의 특별결의에 의한 추인이 있었다면 원고 회사는 유효하게 위 현물출자로 인한 부동산의 소유권을 취득한다고 할 것이다."(대법원 1992. 9. 14. 선고 91다33087 판결)

⇒ 당해 판결은 현물출자의 번잡함을 피하고자 회사 설립 후 회사와 출자자 간 매매계약을 체결하고 재산을 양수하기로 한 사안에서, 대법원은 이러한 현물출자가 재산인수인 동시에 사후설립(375)에 해당하므로 이에 대하여 주주총회 특별결의에 의한 추인이 있었다면 회사는 유효하게 재산의 소유권을 취득할 수 있다고 판단하였으나, 정관에 기재하지 않은 재산인수의 추인 가능성에 대해 명시적으로 판단한 것은 아님에 유의(회사의 사후설립에 의한 재산 취득으로 이해)

(4) 회사가 부담할 설립비용과 발기인이 받을 보수액(동조 제4호)

■ 설립비용과 개업준비비용의 비교

• 설립비용은 발기인이 회사 설립을 위해 지출하는 비용을 의미

– 예) 설립사무소 임차료, 정관의 인쇄비, 주주모집 광고비, 창립총회 비용

– 예) 설립등기에 필요한 등록면허세, 정관에 대한 공증인의 인증비용

– 예) 차입금 중 설립비용으로 지출된 금액(판례)

• 회사 설립 이후 영업활동을 위한 개업준비비용은 설립비용이 아님에 유의(통설)

– 예) 공장부지 및 원재료 구입비, 회사 설립 후 사용할 사무실 임차료

– 예) 차입금 중 개업준비비용으로 지출된 금액

■ 정관에 기재하지 않은 설립비용의 부담 문제
- 대내적 부담 관계
  – 발기인이 전적으로 부담
  – 부당이득이나 사무관리의 이유로 회사에 청구 불가(통설)
  – 정관변경으로도 회사 부담으로 전환 불가
- 대외적 부담 관계
  – 회사 성립 후 미지급된 설립비용의 채권자는 누구에게 청구 가능한가의 문제
  – 회사전액부담설(다수설 및 판례)
    → 설립비용의 궁극적인 부담 주체는 회사이므로 정관의 기재 여부를 불문하고 회사가 전액 부담하지만, 정관의 미기재 부분은 발기인에게 구상 가능

■ 발기인이 받을 보수액
- 발기인이 회사 설립과정에서 제공한 노무의 대가
  – 특별이익과 구별(290 제1호)

VII. 가장납입(假裝納入)

1. 의 의

■ 주식인수 후 주금을 실제로 납입하지 않았으나, 납입한 것으로 가장한 것을 의미
- 예) 발기인이 **제3자로부터 납입금액을 차입하여 납입**하고 대표이사가 된 발기인이 **회사 설립 후** 납입금 전액을 인출하여 **차입금을 반환**하는 형태(가장 전형적인 형태)

■ 가장납입을 방지하기 위한 상법 규정
- 발기인은 납입금 보관자를 지정하여 이를 주식청약서에 기재해야 함

(302 제2항 제9호)

– 납입금 보관자는 은행 기타 금융기관만 할 수 있으며, 납입금 보관자는 발기인 또는 이사의 청구에 의해 보관금액 관련 증명서를 발급해야 함(318)

• 납입가장죄(628)

2. 가장납입의 문제점

■ 납입의 효력 문제

• 무효설(통설)

– 형식상 주금 납입이 있으나, 실질적인 자금 유입이 없으므로 납입의 효력을 부정

– 납입의 효력을 인정하면 출자 없이 주주의 지위를 인정하는 부당한 결과 발생

• 유효설(판례)

– 진실한 납입 의사의 유무는 주관적인 문제일 뿐이므로, 실제 자금의 이동에 따른 현실의 납입이 있는 이상 유효한 것으로 해석

• "회사의 설립이나 증자의 경우에 당초부터 진정한 주금의 납입으로서 회사자금을 확보할 의도 없이 일시적인 차입금으로 단지 주금납입의 외형을 갖추고 회사 설립이나 증자 절차 후 곧바로 그 납입금을 인출하여 차입금을 변제하는 주금의 가장납입 소위 견금의 경우에도 금원의 이동에 따른 현실의 불입이 있는 것이고 설령 그것이 실제로는 납입의 가장 수단으로 이용된 것이라 할지라도 이는 당해 납입을 하는 발기인 또는 이사들의 주관적 의도의 문제에 불과하고 회사가 관지할 바 아니므로 이러한 발기인 내지 이사들의 내심적 사정에 의하여 회사의 설립이나 증자와 같은 집단적 절차의 일환을 이루는 주금납입의 효력을 좌우함은 타당하지 아니한다고 할 것이므로…"(대법원 1983. 5. 24. 선고 82누522 판결)

■ 회사 설립의 효력 문제

• 통설

– 가장납입에 의한 납입의 흠결 정도로 판단

– 납입의 흠결이 경미한 경우 발기인의 납입담보책임(321 제2항)으로 해결

– 납입의 흠결이 현저한 경우 설립무효 사유로 판단

• 판례

– 납입의 효력을 인정하므로 회사 설립 역시 유효

(3) 가장납입을 야기한 발기인 등의 민·형사책임 문제

■ 민사책임

• 가장납입의 납입 효력을 인정하는 경우 발기인의 납입담보책임은 미발생(판례)

– 실재하지 않은 납입금에 대하여 회사가 주주의 납입금을 체당한 것으로 보고 회사가 주주에게 상환을 청구할 수 있음(판례)

• 발기인과 이사의 공동불법행위에 따른 회사에 대한 손해배상책임 인정(판례)

• 가장납입 관련 발기인과 이사는 회사와 제3자에 대한 손해배상책임 부담(322, 399, 401)

• "회사의 설립이나 증자의 경우에 일시적인 차입금을 가지고 주금납입의 형식을 취하여 회사 설립이나 증자 절차를 마친 후 곧 그 납입금을 인출하여 차입금을 변제하는 이른바 주금의 가장납입의 경우에도 주금납입의 효력을 부인할 수 없으므로 주금납입의 절차는 일단 완료되고 주식인수인이나 주주의 주금납입의무도 종결되었다고 보아야 함은 소론과 같다. 그러나 위와 같은 <u>가장납입에 있어서 회사는 일시차입금을 가지고 주주들의 주금을 체당 납입한 것과 같이 볼 수 있으므로 주금납입의 절차가 완료된 후에 회사는 주주에 대하여 체당 납입한 주금의 상환을 청구</u>할 수 있는 이치라 할 것인바…"(대법원 1985. 1. 29. 선고 84다카1823 판결)

• "처음부터 주식인수대금을 가장납입하는 방법으로 회사를 설립하기로 공모하였고, 회사 설립과 동시에 납입하였던 주식인수대금을 인출하여 채권자에게 변제하여 버렸다면 위 [공모자들은] 회사의 설립에 관하여 자본충실의무 등 선량한 관리자로서의 임무를 다하지 못한 발기인들로서 또는 회사의 소유재산인 주식인수납입금을 함부로 인출하여 주식인수인의 채권자에게 변제함으로써 회사에 대하

여 손해를 입힌 공동불법행위자로서의 책임을 면할 수 없다 할 것이므로…"(대법원 1989. 9. 12. 선고 89누916 판결)

■ 형사책임

- 납입가장죄(628), 설립등기에 따른 공정증서원본부실기재죄 등 성립 (형 228, 229)
  - 주금납입의무가 인정되는 한 가장납입의 효력과 무관하게 가장납입에 관여한 발기인이나 이사에게 납입가장죄 성립을 인정
  - 업무상 횡령죄는 미성립(판례)

- "[납입을 가장하고 회사 설립등기나 증자등기 이후 납입한 돈을 인출한 경우] 이를 회사를 위하여 사용하였다는 특별한 사정이 없는 한 실질적으로 회사의 자본이 늘어난 것이 아니어서 납입가장죄 및 공정증서원본불실기재죄와 불실기재공정증서원본행사죄가 성립하고 … 위와 같은 행위는 실질적으로 회사의 자본을 증가시키는 것이 아니고 등기를 위하여 납입을 가장하는 편법에 불과하여 주금의 납입 및 인출의 전 과정에서 회사의 자본금에는 실제 아무런 변동이 없다고 보아야 할 것이므로, 그들에게 회사의 돈을 임의로 유용한다는 불법영득의 의사가 있다고 보기 어렵다 할 것이고, 이러한 관점에서 상법상 납입가장죄의 성립을 인정하는 이상 회사 자본이 실질적으로 증가됨을 전제로 한 업무상 횡령죄가 성립한다고 할 수는 없다."(대법원 2004. 6. 17. 선고 2003도7645 전원합의체 판결)

- "상법 제628조 제1항의 납입가장죄는 회사의 자본충실을 기하려는 법의 취지를 해치는 행위를 단속하려는 것이므로, 주식회사의 설립 또는 증자를 위하여 은행에 납입하였던 돈을 그 설립등기 내지 증자등기가 이루어진 후 바로 인출하였다 하더라도 그 인출금을 주식납입금 상당의 자산을 양수하는 대금으로 사용한 경우에는(즉, 회사를 위해 사용한 경우) 납입가장죄가 성립하지 아니한다."(대법원 2005. 4. 29. 선고 2005도856 판결)

Ⅷ. 설립에 관한 책임

1. 발기인의 형사책임

■ 주식의 초과발행죄(629) 등

2. 발기인의 상법상 책임

(1) 회사가 성립한 경우

1) 자본금충실의 책임

■ 의의

- 자본금충실의 원칙에 위배되는 경우 부담
  - 회사 성립시 회사가 발행하는 주식의 총수가 전부 인수되지 않거나 인수된 주식이 전부 납입되지 않은 경우 부담하는 책임
  - 주식발행 관련 근소한 흠결로 회사 설립이 무효가 되는 것을 방지하려는 목적
  - 법정책임, 무과실책임
- **총주주의 동의로 면제되지 않음**
- **설립무효판결이 확정되더라도 소멸하지 않음**

■ **인수담보책임**

- 회사 설립시에 발행하는 주식 중에 회사 성립 후 아직 인수되지 않은 주식이 있거나 주식인수의 청약이 취소된 때에는 발기인이 이를 **공동으로 인수**한 것으로 봄(321 제1항)
  - 예) 발기인의 과실로 미인수된 주식이 발생한 경우
  - 예) 제한능력자인 주식인수인이 인수를 취소한 경우
- 별도의 인수 절차 없이 바로 납입의무 발생
  - 발기인 전원은 주식을 공유하므로 이들은 연대하여 주금액 납입책임 부담(동조 동항)
  - 발기인 1인을 주주권을 행사할 자로 정해야 함(333 제2항)
- 미인수의 정도가 심히 중대한 경우 설립무효 사유에 해당(통설)

- 발기인의 임무해태로 인수되지 않은 주식이 있으면 회사에 대한 손해배상책임 부담(321 제3항, 315)

■ **납입담보책임**

- 발기인은 회사 성립 후 납입을 완료하지 않은 주식이 있으면 연대하여 납입을 해야 함(321 제2항)
  - 납입하더라도 발기인이 아닌 그 주식의 인수인이 주주가 됨
  - 회사를 대위하여 변제청구 가능(민 481)
- 현물출자가 이행되지 않은 경우 설립무효 사유에 해당(다수설)
  - 현물의 대체 가능성 부족을 이유로 납입담보책임을 부담하지 않음
- 발기인의 임무해태로 납입되지 않은 경우 회사에 대한 손해배상책임 부담(321 제3항, 315)

2) 회사 및 제3자에 대한 손해배상책임

■ 회사에 대한 손해배상책임

- 발기인이 회사 설립에 관하여 임무를 해태한 경우 회사에 대해 연대하여 손해배상책임 부담(322 제1항)
  - 발기인의 임무는 법정된 것 외에 회사 설립에 필요한 모든 행위를 포함
  - 법정책임(통설)
- **총주주의 동의로 면제 가능**(324, 400)

■ 제3자에 대한 손해배상책임

- 회사의 설립에 대해 악의 또는 중과실로 그 임무를 해태한 경우 발기인은 제3자에 대해서도 연대하여 손해배상책임 부담(322 제2항)
  - 법정책임(통설)
  - 이사의 제3자에 대한 손해배상책임(401)과 법리 구성이 유사

(2) 회사가 불성립한 경우

■ 원상회복의무

- 발기인은 회사의 설립에 관한 행위에 대하여 연대하여 책임을 지고

설립행위에 관하여 지급한 비용을 부담(326 제1항 및 제2항)

- 회사 불성립시 발기인 외에는 권리 의무의 귀속 주체가 없어 채권자 보호를 위한 목적
- 동 의무로 인하여 주식인수인은 책임을 미부담

• 무과실책임

3. 기타 설립관여자의 책임

■ 이사 및 감사의 책임

• 이사, 감사가 설립절차의 조사, 보고의무를 해태한 경우 회사 또는 제3자에 대해 손해배상책임을 부담하고, 이 경우 발기인도 그 책임을 질 때는 그 이사, 감사, 발기인이 연대하여 책임 부담(323)

- 제3자에 대한 책임은 악의 또는 중과실의 경우에만 부담(통설)

■ 검사인의 책임

• 법원이 선임한 검사인이 악의 또는 중과실로 인하여 그 임무를 해태한 때에는 회사 또는 제3자에 대하여 손해배상책임 부담(325)

• 공증인 및 감정인의 책임에 관한 상법 규정이 없음

■ 유사발기인의 책임

• 주식청약서 기타 주식모집에 관한 서면에 성명과 회사의 설립에 찬조하는 뜻을 기재할 것을 승낙한 자는 발기인과 동일한 책임을 부담(327)

- 외관 창출에 따른 책임
- 발기인과 동일한 책임을 부담하지만, 직무권한은 없으므로 임무해태로 인한 손해배상책임(315, 322)은 미부담(통설)

IX. 주식회사 설립의 무효

■ 주식회사는 설립무효의 소만 인정(328)

• 주식인수인의 주관적 하자는 치유 가능하기 때문(320)

- 나머지 4개 회사는 모두 설립취소의 소와 설립무효의 소 인정

- 주주, 이사, 감사에 한하여 성립의 날로부터 **2년** 내 소만으로 주장 가능(328 제1항)
  - 법원의 재량기각, 무효판결의 대세효와 장래효 인정 등(328 제2항, 186 내지 193)
- 설립무효 사유
  - 예) 설립목적의 위법성, 발기인의 부존재, 인수와 납입 흠결의 현저성

제3장 주식 및 주주

제1절 주 식

Ⅰ. 의의 및 종류

1. 의 의

■ 자본금을 용이하게 형성하기 위한 세분화 형태
- 주주에게는 사원권인 주주권을 의미
  - 주주는 주식 소유를 통해 이익배당청구권, 의결권 등 각종 권리행사 가능
  - 상속 또는 양도 등의 주식 이전시 주주권도 모두 상속인, 양수인 등에게 이전

■ 회사는 다양한 표시 방법 또는 속성을 가진 주식의 발행 가능
- 정해진 액면가의 유무에 따른 분류
  - 액면주식 vs. 무액면주식
- 주주권 표창의 방식에 따른 분류
  - 기명주식 vs. 무기명주식
- 특수한 권리의 내용에 따른 분류
  - 종류주식

2. 액면주식 및 무액면주식

■ 액면주식
- 1주의 금액이 정관에 정해지고 주권에 표시되는 주식
  - 주식은 100원 이상의 균일한 금액이어야 함(329 제2항, 제3항)
  - 발행된 주식의 액면가는 자본금으로 산입(451 제1항)
  - 액면을 초과발행한 경우 초과액은 자본준비금으로 적립(459 제1항)

■ 무액면주식
- 1주의 금액이 표시되지 않고 주권에는 주식의 수만 기재

- 액면가 대신 발행시 회사가 정하는 발행가만 존재
- 자본금은 주식 발행가액의 2분의 1 이상의 금액으로서 이사회에서 자본금으로 계상하기로 한 금액의 총액을 의미하며, 나머지는 자본준비금으로 계상(451 제2항)
- 액면미달발행의 제한(330, 417)에 따른 재무관리의 어려움을 해소하고 주가에 따라 탄력적으로 자본금 조달 가능

■ 전환문제

- 회사는 **정관**에서 정하는 바에 따라 **선택하여** 주식 **전부**를 액면주식 또는 무액면주식으로 발행할 수 있음(329 제1항)
  - 병행하여 발행하는 것은 불가
  - 정관변경을 통해 이미 발행된 액면주식 또는 무액면주식을 상호 전환 가능(동조 제4항)
- 전환하더라도 한번 정해진 **자본금은 변경되지 않음**(451 제3항)

3. 기명주식 및 무기명주식

■ 주주권 표창을 어떻게 할 것인가의 문제일 뿐 권리 내용은 동일

- 기명주식은 주주의 성명이 주권과 주주명부에 표시되는 주식
  - 2014년 상법 개정으로 국내에서는 모두 기명주식으로만 발행 가능

II. 종류주식

1. 의 의

■ 소정의 권리에 대해 특수한 내용을 부여한 주식

- 이익배당이나 잔여재산 분배, 의결권 행사, 상환 또는 전환에 있어 권리 내용이 다른 주식을 발행 가능(344 제1항, 주주평등원칙의 예외)
  - 다양한 종류주식의 발행으로 자금조달의 편의성 도모
  - 종류주식의 중복 조합도 가능
- 종류주식 발행을 위해서는 **정관**에 각 종류주식의 내용과 수를 정해야

함(동조 제2항)

– 등기사항(317 제2항 제3호)

– 주식청약서, 주권, 주주명부에 기재하는 방식으로 공시(302, 352, 356)

• 설립시는 발기인 전원의 동의로, 신주발행시는 원칙적으로 이사회가 발행(291, 416)

• **정관에 다른 정함이 없는 경우에도** 회사는 주식의 종류에 따라 신주인수, 주식의 병합, 분할, 소각 또는 회사의 합병, 분할로 인한 주식의 배정에 관해 특수하게 정할 수 있음(344 제3항)

– 보통주와 다른 종류주식의 경제적 가치를 실질적으로 반영하기 위한 목적

– 정관의 근거 없이 이사회 또는 주주총회의 결의로 가능하도록 허용

2. 이익배당 또는 잔여재산 분배에 관한 종류주식

(1) 의 의

■ 회사는 이익배당 또는 잔여재산 분배에 관해 내용이 다른 종류주식을 발행 가능(344조의2 제1항 및 제2항)

• 정관에 그 종류주식의 주주에게 교부하는 배당재산의 종류, 배당재산 가액의 결정방법, 이익을 배당하는 조건 등 이익배당에 관한 내용을 정하고, 잔여재산의 종류, 잔여재산 가액의 결정방법, 그 밖의 잔여재산분배에 관한 내용을 정해야 함(344조의2 제1항 및 제2항)

• 보통주

– 이익배당이나 잔여재산 분배에 있어 제한이나 우선권이 없는 주식

– 종류주식이 발행되는 경우 그 표준으로 기능

– 보통주를 가진 주주는 채권자나 우선주를 가진 주주에 대해 잔여적 권리를 가짐

(2) 유 형

■ **우선주**

• 보통주보다 유리한 취급을 받는 주식

- 이익배당 등에 있어 그 전부 또는 일부에 대해 다른 주식보다 우선적 지위가 인정
- 보통주보다 소정의 비율 또는 금액으로 **먼저** 배당을 받는다는 의미의 우선적 지위

• 종류
- 회사의 이익이 많이 발생한 때에는 우선주보다 보통주 보유가 유리하므로 우선주의 종류가 세분화
- 참가적 우선주, 비참가적 우선주
- 누적적 우선주, 비누적적 우선주
- 후배주, 혼합주

3. 의결권의 배제·제한에 관한 종류주식

(1) 의 의

■ 회사는 의결권이 없거나 제한되는 종류주식을 발행할 수 있음(344조의3 제1항)

• 이익 추구를 목표로 하는 주주는 회사의 장기적 의사결정에 관심이 적음
- 회사는 정족수 미달로 인한 주주총회 불성립을 방지하고(371 제1항 참조), 지배력 약화 없는 자금 조달 가능

(2) 발 행

■ 의결권의 배제·제한되는 종류주식 발행시 **정관**에 그 내용을 두어야 함(344조의3 제1항)

• 전면적으로 의결권이 배제되는 경우에는 그 뜻을 정관에 기재하면 되지만, 일부 의결권을 제한하는 경우 제한하는 사항을 구체적으로 정관에 기재해야 함
- 배제 또는 제한되는 주식에 대해 조건을 정해 의결권 행사 또는 부활의 조건을 정하는 경우 그 조건을 정관에 정해야 함

• 의결권 배제·제한되는 종류주식의 총수는 발행주식총수의 **4분의** 1

초과 불가(동조 제2항)

– 이에 위반한 발행이 있으면 회사는 지체없이 그 제한을 초과하지 않도록 필요한 조치를 해야 함(동조 동항)

→ 한도를 초과한 발행분이 무효가 아니라는 전제에서 주식의 소각이나 추가 발행 등 필요한 조치를 하라는 의미

4. 상환주식

(1) 의 의

■ 회사 또는 주주의 청구에 의해 **이익으로써 상환하여 소각할 것이 예정**된 주식(345 제1항)

• **회사상환주식**은 회사가, **주주상환주식**은 주주가 상환 청구 가능

• **상환주식과 전환주식**을 제외한 **다른 종류주식**에 대해서 발행 가능(동조 제5항)

– 예) 상환할 수 있는 이익배당에 관한 종류주식

■ 회사는 자금조달을 위해 주주를 모집한 후 이익으로써 상환하여 경영권 안정을 도모하고, 주주는 회사의 경영상황에 따라 상환청구를 하여 투자금을 쉽게 회수 가능

(2) 발 행

■ 정관 규정이 있는 한 신주발행 절차에 따라 원칙적으로 이사회 결의로 발행(416)

• 상환조항은 주식청약서에 기재(302 제2항, 420)하고 등기해야 함(317 제2항 제6호)

■ 회사상환주식의 경우

• 정관에 회사의 이익으로써 소각할 수 있다는 뜻, 상환가액, 상환기간, 상환방법, 상환할 주식의 수를 정해야 함(345 제1항)

■ 주주상환주식의 경우

- 정관에 주주가 회사에 대해 상환을 청구할 수 있다는 뜻, 상환가액, 상환청구기간, 상환방법을 정해야 함(동조 제3항)

(3) 상환의 시기

■ 회사상환주식의 경우

- 정관 규정에 따르는 한 다른 절차 없이 이사회의 결의만으로 상환 가능
  - 다만, 상환에 쓰이는 이익은 배당가능이익이고(462), 이는 결산에 의해 확정되고 결산은 주주총회에서 가능하므로 그 범위 내에서 주주총회의 의사결정이 필요(449, 462 참조)

■ 주주상환주식의 경우

- **주주의 상환청구**가 있으면 회사는 그에 응할 의무가 발생(형성권)

- "주주가 상환권을 행사하면 회사는 주식 취득의 대가로 주주에게 상환금을 지급할 의무를 부담하고, 주주는 상환금을 지급받음과 동시에 회사에게 주식을 이전할 의무를 부담한다. 따라서 정관이나 상환주식인수계약 등에서 특별히 정한 바가 없으면 주주가 회사로부터 그 상환금을 지급받을 때까지는 상환권을 행사한 이후에도 여전히 주주의 지위에 있다고 봄이 상당하다."(대법원 2020. 4. 9. 선고 2017다251564 판결)

(4) 상환의 방법

■ 상환은 이익으로써만 가능(345 제1항)

- 이익이 없어 지연되는 경우 손해배상책임 미발생
- 회사는 현금 또는 현물로 상환 가능
  - 회사는 주식의 취득 대가로 **현금 외에 유가증권(다른 종류주식은 제외)이나 그 밖의 자산** 교부 가능(동조 제4항)
  - 일부 상환 불가(주식불가분의 원칙 적용)

(5) 상환의 효력

■ 상환은 **배당가능이익**으로 이루어지므로 자본금 변화 없음

- 상환하면 발행예정주식총수의 미발행분이 증가
  - 상환주식의 재발행은 허용되지 않음(통설)

5. 전환주식

(1) 의 의

■ 주주 또는 회사의 청구에 의해 **다른 종류주식으로 전환할 수 있는 권리**가 부여된 주식(346 제1항, 제2항)

- **주주전환주식**은 주주가, **회사전환주식**은 회사가 전환 청구 가능
  - 예) 우선주를 보통주로, 보통주를 우선주로 전환
  - 종류주식은 보통주가 아닌 주식을 의미하고(344 제1항), 전환주식에서의 전환은 **다른 종류주식으로 변경하는 것을 의미**하지만, 실무에서 무의결권 우선주를 보통주로 전환하는 것이 보통이므로 여기서는 보통주로 전환할 수 있는 주식도 전환주식에 포함하여 해석

■ 주주전환주식은 회사의 영업실적에 따라 주식 가치를 보존 또는 향상하는 수단이 되고, 회사전환주식은 자금의 조달을 용이하게 하는 동시에 경영권 방어 수단으로 활용 가능

- 예) 의결권 있는 우선주를 발행하면서 무의결권 주식으로 전환할 수 있는 권리를 회사가 가진 경우

(2) 발 행

■ 주주전환주식의 경우

- **정관**에 전환의 조건, **전환의 청구기간**, 전환으로 인하여 발행할 주식의 수와 내용을 정한 경우에 발행 가능(346 제1항)

■ 회사전환주식의 경우

- **정관**에 전환의 사유, 전환의 조건, **전환의 기간**, 전환으로 발행할 주식의 수와 내용을 정한 경우에 발행 가능(동조 제2항)

(3) 공시 및 발행할 주식 수의 확보

■ 전환주식을 발행할 때는 주식청약서 또는 신주인수권증서(347), 주권(356)에 기재하고 등기해야 함(317 제2항)

- 전환주식이 발행되면 전환의 청구기간 또는 전환의 기간 내에 전환으로 인하여 새로운 종류주식이 발행
  - 회사는 전환으로 새로 발행할 주식의 수는 **전환의 청구기간 또는 전환의 기간 내에 발행을 유보**하고 있어야 함(346 제4항)

(4) 전환의 절차 및 전환조건의 계산

■ **전환의 절차**

- 주주전환주식의 경우
  - **주주의 전환 청구**로 개시(형성권)
  - 주권을 첨부한 청구서 2통을 회사에 제출(349 제1항 및 제2항 참조)
- 회사전환주식의 경우
  - **정관**으로 정한 사유가 발생하면 가능
  - 정관의 전환 사유가 발생하면 자동적으로 전환이 되는 것이 아니라 **이사회의 전환 결정**이 있어야 함
  - 이사회의 전환 결정 후 이사회는 주주와 주주명부상 권리자에게 전환할 주식, 일정한 기간 내 주권을 제출해야 한다는 뜻 등을 통지 또는 공고(346 제3항)

■ 전환조건의 계산

- 전환으로 인하여 신주식을 발행하는 경우 전환 전의 주식의 (총) 발행가액을 신주식의 (총) 발행가액으로 함(348)
  - 전환조건의 계산방법으로 무분별한 전환주식 발행을 방지하기 위한 목적

(5) 전환의 효력

■ 전환의 효력발생시기

- 전환의 효력은 **전환 청구를 한 때** 또는 **주권제출기간이 끝난 때**(350 제

1항) 발생

- 전자는 주주전환주식의 경우, 후자는 회사전환주식의 경우에 해당
- 즉시 전환된 주식으로 주주권 행사 가능

• 의결권 행사 관련 제한

- 주주명부 폐쇄기간 중에 전환된 주식의 주주는 그 기간 중의 총회의 결의에 관하여는 의결권 행사 불가(350 제2항, 354 제1항)
  → 주주명부의 폐쇄기간 중에 전환이 이루어지면 주주는 전환 전 주식으로만 의결권 행사

■ 자본금의 변동

• 전환조건이 1:1인 경우를 제외하고는 전환으로 인해 **자본금이 증감**

- 전환조건이 1:1을 초과하면 전환으로 발행주식수가 증가하므로 자본금이 증가
- 전환조건이 1:1에 미달하면 전환으로 발행주식수가 감소하므로 자본금이 감소

• 전환으로 인하여 전환 전 주식의 종류에 대해서는 전환된 주식수만큼 발행예정주식총수 중 미발행분이 증가

- 전환 전 주식의 종류에 한하여 재발행 가능(통설)

• 전환주식에 설정된 질권의 효력은 전환으로 인한 신주식에 미침(339)

• 주식전환으로 인한 변경등기 필요(351)

제2절 주 주

Ⅰ. 개 념

■ 주식회사의 사원

- 주식의 인수 또는 양수로 주식을 취득하여 주식이 표창하는 권리 의무의 주체가 된 자
  – 자연인이나 법인 모두 가능
  – 행위능력 유무도 불문

- "주식회사의 주주는 주식의 소유자로서 회사의 경영에 이해관계를 가지고 있기는 하지만, 직접 회사의 경영에 참여하지 못하고 주주총회의 결의를 통해서 이사를 해임하거나 일정한 요건에 따라 이사를 상대로 그 이사의 행위에 대하여 유지청구권을 행사하여 그 행위를 유지시키고 대표소송에 의하여 그 책임을 추궁하는 소를 제기하는 등 회사의 영업에 간접적으로 영향을 미칠 수 있을 뿐이다. 그러므로 주주가 회사의 재산관계에 대하여 법률상 이해관계를 가진다고 평가할 수 없고, 주주는 직접 제3자와의 거래관계에 개입하여 회사가 체결한 계약의 무효 확인을 구할 이익이 없다. 이러한 법리는 회사가 영업의 전부 또는 중요한 일부를 양도하는 계약을 체결하는 경우에도 마찬가지이다."(대법원 2022. 6. 9. 선고 2018다228462, 228479 판결)

Ⅱ. 주주평등원칙

1. 의의 및 적용범위

■ 회사와의 관계에서 주주 간에 평등한 권리를 가진다는 의미

- 절대적 평등
  – 주주가 가진 주식 수를 불문하고 평등하게 취급
  – 예) 설립무효의 소(328), 주주대표소송(403)
- 비례적 또는 상대적 평등
  – 주주가 가진 주식 수에 비례하여 권리 내용이 상이

– 예) 의결권(369)

■ 적용 범위

• 회사와 주주(주식인수인 포함) 간에만 적용되고, 주주와 제3자 간에는 미적용

• 예외

– 동 원칙의 예외는 법이 인정하는 경우에만 가능하고, 정관이나 주주총회 또는 이사회의 결의로는 인정되지 않음

– 예) 종류주식(344), 감사의 선임과 관련된 의결권 행사 제한(409 제2항) 등

2. 위반의 효력

■ 원칙

• 동 원칙은 주주를 보호하기 위한 강행규범이므로, 이에 반하는 주주총회나 이사회의 결의 및 정관 규정, 업무집행 등은 **모두 무효**

– 회사가 동 원칙을 위반하여 회사가 일부 주주에게 우월한 권리나 이익을 부여하기로 하는 약정을 체결하면 그 약정은 **특별한 사정이 없는 한 무효**(판례)

– 주주 전원이 동의해도 무효(판례)

– 특정 주주와 회사 간의 약정이 주주평등원칙에 반하여 무효가 되더라도 이로 인하여 그 **특정 주주와 대표자 등 간에 체결한 약정까지 당연히 무효가 되지 않음**(판례)

• "[이 사건 손실보전약정은] 유상증자에 참여하여 주주의 지위를 갖게 될 [직원들에게] 퇴직시 그 출자 손실금을 전액 보전해 주는 것을 내용으로 하고 있어서 회사가 주주에 대하여 투하자본의 회수를 절대적으로 보장하는 셈이 되고 다른 주주들에게 인정되지 않는 우월한 권리를 부여하는 것으로서 주주평등의 원칙에 위반되어 무효라고 한 판단은 정당하다."(대법원 2007. 6. 28. 선고 2006다38161, 38178 판결)

• "회사가 신주를 인수하여 주주의 지위를 갖게 되는 자와 사이에 신주인수대금으로 납입한 돈을 전액 보전해 주기로 약정하거나, 상법 제462조 등 법률의 규정에 의한 배당 외에 다른 주주들에게는 지급되지 않는 별도의 수익을 지급하기로 약정한다면, 이는 회사가 해당 주주에 대하여만 투하자본의 회수를 절대적으로 보장함으로써 다른 주주들에게 인정되지 않는 우월한 권리를 부여하는 것으로서 주주평등의 원칙에 위배되어 무효이다."(대법원 2020. 8. 13. 선고 2018다236241 판결)

• "[주주평등의 원칙에 위배되어 무효인 약정은] 회사의 자본적 기초를 위태롭게 하여 회사와 다른 주주의 이익을 해하고 주주로서 부담하는 본질적 책임에서조차 벗어나게 하여 특정 주주에게 상법이 허용하는 범위를 초과하는 권리를 부여하는 것에 해당하므로, 회사의 다른 주주 전원이 그와 같은 차등적 취급에 동의하였다고 하더라도 주주평등의 원칙을 위반하여 효력이 없다."(대법원 2023. 7. 13. 선고 2022다224986 판결)

• "주주는 회사와 계약을 체결하면서 사적자치의 원칙상 다른 주주 내지 이사 개인과도 회사와 관련한 계약을 체결할 수 있고, 그 계약의 효력은 특별한 사정이 없는 한 주주와 회사가 체결한 계약의 효력과는 별개로 보아야 한다."(대법원 2023. 7. 27. 선고 2022다290778 판결)

■ 투하자본 회수 관련 일부 주주에의 차등 취급 가능성

- 회사가 일부 주주를 차등 취급하는 경우에 **법률이 허용하는 절차와 방식**을 따르거나 **차등 취급을 정당화할 수 있는 특별한 사정**이 있으면 허용 가능(판례)
  - 차등 취급의 허용 가능성 여부는 차등 취급의 구체적 내용, 관계 법령의 근거 여부 등 제반 사정을 고려하여 **차등 취급이 주주와 회사 전체의 이익에 부합하는지**를 따져서 정의와 형평의 관념에 비추어 신중하게 판단해야 함(판례)

• "[주주평등의 원칙에 위반하는 약정은 특별한 사정이 없는 한 무효이지만] 회사가 일부 주주에게 우월한 권리나 이익을 부여하여 다른 주주들과 다르게 대우하

는 경우에도 법률이 허용하는 절차와 방식에 따르거나 그 차등적 취급을 정당화할 수 있는 특별한 사정이 있는 경우에는 이를 허용할 수 있다. 나아가 차등적 취급을 허용할 수 있는지 여부는, 차등적 취급의 구체적 내용, 회사가 차등적 취급을 하게 된 경위와 목적 … 그 밖에 회사의 상장 여부, 사업목적, 지배구조, 사업현황, 재무상태 등 제반사정을 고려하여 일부 주주에게 우월적 권리나 이익을 부여하여 주주를 차등 취급하는 것이 주주와 회사 전체의 이익에 부합하는지를 따져서 정의와 형평의 관념에 비추어 신중하게 판단하여야 한다 … 주주평등의 원칙은 주주와 회사의 법률관계에 적용되는 원칙이고, 주주가 회사와 계약을 체결할 때 회사의 다른 주주 내지 이사 개인이 함께 당사자로 참여한 경우 주주와 다른 주주 사이의 계약은 주주평등과 관련이 없으므로, 주주와 회사의 다른 주주 내지 이사 개인의 법률관계에는 주주평등의 원칙이 직접 적용되지 않는다. 주주는 회사와 계약을 체결하면서 사적자치의 원칙상 다른 주주 내지 이사 개인과도 회사와 관련한 계약을 체결할 수 있고, 그 계약의 효력은 특별한 사정이 없는 한 주주와 회사가 체결한 계약의 효력과는 별개로 보아야 한다…"(대법원 2023. 7. 27. 선고 2022다290778 판결)

- "회사가 자금조달을 위해 신주인수계약을 체결하면서 주주의 지위를 갖게 되는 자에게 회사의 의사결정에 대한 사전동의를 받기로 약정한 경우 그 약정은 회사가 일부 주주에게만 우월한 권리를 부여함으로써 주주들을 차등적으로 대우하는 것이지만, 주주가 납입하는 주식인수대금이 회사의 존속과 발전을 위해 반드시 필요한 자금이었고 투자유치를 위해 해당 주주에게 회사의 의사결정에 대한 동의권을 부여하는 것이 불가피하였으며 그와 같은 동의권을 부여하더라도 다른 주주가 실질적·직접적인 손해나 불이익을 입지 않고 오히려 일부 주주에게 회사의 경영활동에 대한 감시의 기회를 제공하여 다른 주주와 회사에 이익이 되는 등으로 차등적 취급을 정당화할 수 있는 특별한 사정이 있다면 이를 허용할 수 있다 … 반면 회사와 주주가 체결한 동의권 부여 약정에 따른 차등적 취급이 예외적으로 허용되는 경우에 동의권 부여 약정 위반으로 인한 손해배상 명목의 금원을 지급하는 약정을 함께 체결하였고 그 약정이 사전동의를 받을 의무 위반으로 주주가 입은 손해를 배상 또는 전보하고 의무의 이행을 확보하기 위한 것이라고 볼 수 있다면, 이는 회사와 주주 사이에 채무불이행에 따른 손해배상액의 예정을 약정한 것으로서 특별한 사정이 없는 한 유효하고, 일부 주주에 대하여 투하자본의

회수를 절대적으로 보장함으로써 주주평등의 원칙에 위배된다고 단정할 것은 아니다. 다만 손해배상액의 예정 약정이 유효하다고 하더라도, 그 금액이 부당히 과다하다면 민법 제398조 제2항에 따라 법원이 이를 감액할 수 있다."(대법원 2023. 7. 13. 선고 2021다293213 판결)

- "[특정 주주와 회사 간에 상환전환우선주에 대한 인수계약을 체결하면서 회사가 회생절차를 개시하는 경우 위 주주의 사전동의를 얻어야 하고, 이를 위반시 투자계약의 해지 및 손해배상금을 지급하기로 약정한 사안에서] 이 사건 동의권 약정의 대상이 된 회사의 의사결정은 회생절차 개시신청 여부에 관한 것이다. 회생절차 개시신청은 대표이사의 업무권한인 일상 업무에 속하지 아니한 중요한 업무에 해당하여 원칙적으로 이사회의 결의가 필요한 사항이지만, 피고의 정관에서 따로 정하는 등의 특별한 사정이 없는 한 주주총회 결의까지 필요한 것은 아니므로, 이 사건 동의권 약정으로 인해 다른 주주의 의결권이 직접 침해되지는 않았다. 결국 회사의 주주 중 원고에게만 회생절차 개시신청 여부에 대한 사전 동의권을 부여함으로써 다른 주주가 실질적·직접적인 손해나 불이익을 입었다고 단정하기 어렵고, 오히려 원고에게 피고의 경영활동에 대한 감시의 기회를 제공함으로써 다른 소수주주에게 이익이 될 가능성도 있다… 이 사건 손해배상약정은 실질적으로 이 사건 동의권 약정을 불이행한 경우 원고의 손해를 배상 또는 전보하세 하여 의무의 이행을 확보하기 위한 것으로서 주주평등의 원칙에 위반하지 않는다고 볼 여지가 있다."(대법원 2023. 7. 13. 선고 2023다210670 판결)

III. 주주의 권리

1. 의 의

■ 주주가 주식 취득을 통해 회사를 상대로 갖는 권리

2. 종 류

(1) 자익권(自益權)

■ 주주의 경제적 이익을 위한 권리
- 자익권 행사의 효력은 그 주주에게 직접 귀속

• 자익권은 모두 단독주주권(單獨株主權)에 해당

– 단독주주권은 1주의 주식을 보유하더라도 행사 가능한 권리를 의미

– 예) 이익배당청구권(462), 주식전환청구권(346), 잔여재산분배청구권(538) 등

(2) 공익권(共益權)

■ 회사 경영에 대한 참여 또는 이와 관련하여 행사하는 권리

• 공익권 행사의 효력은 직접 회사에 귀속

■ 단독주주권에 해당하는 공익권

• 의결권(369), 회사설립무효의 소 제기권(328) 등

■ 소수주주권에 해당하는 공익권

• 발행주식총수의 일정 이상을 가진 주주만이 행사 가능한 공익권

– 상법은 관련 사안별 **이해의 크기**에 따라 소수주주권 요건을 규정

– **복수의 주주**가 가진 주식을 **합산 가능**(통설 및 판례)

주주권의 종류	일반규정	상장회사 특례규정
주주제안권	100분의 3(363조의2)	1천분의 10(542조의6 제2항)
대표소송제기권	100분의 1(403)	1만분의 1(542조의6 제6항)
다중대표소송제기권	100분의 1(406조의2)	1만분의 50(542조의6 제7항)
집중투표청구권	100분의 3(382조의2)	100분의 1(542조의7 제2항)
이사, 감사해임청구권	100분의 3(385 제2항, 415)	1만분의 50(542조의6 제3항)
청산인해임청구권	100분의 3(539)	1만분의 50(542조의6 제3항)
위법행위유지청구권	100분의 1(402)	10만분의 50(542조의6 제5항)
회계장부열람권	100분의 3(466)	1만분의 10(542조의6 제4항)
주주총회소집권	100분의 3(366)	1천분의 15(542조의6 제1항)
업무검사권	100분의 3(467)	1천분의 15(542조의6 제1항)
해산판결청구권	100분의 10(520)	–

■ 상장회사의 소수주주권 특례규정 관련 유의사항

• 주식 보유기간 준수

– 상장회사 주주는 일정한 소수주주권 행사시 **6개월 전부터 계속해서** 법정 보유비율을 보유해야 함(542조의6 제1항 내지 제7항)

– **집중투표청구권**은 해당 없음(542조의7)

• 주식 보유비율과 보유기간의 조정 가능성

– 상장회사는 정관 규정으로 일정한 소수주주권의 주식 보유기간보다 단기로 정하거나 낮은 주식 보유비율로 정할 수 있음(542의6 제8항)

• 소수주주권 행사요건의 선택 가능

– 원칙적으로 상장회사 특례규정은 상장회사에 **우선** 적용하지만(542조의2 제2항), 상장회사 주주는 일정한 소수주주권 행사시 특례규정과 일반규정의 행사요건 중 **선택 가능**(542조의6 제10항)

• 주식을 보유한 자의 의미

– 상장회사에서 일정한 소수주주권 행사자로서 주식을 보유한 자는 주식을 **소유**한 자, 주주권 행사에 관한 **위임**을 받은 자, 2명 이상 주주의 주주권을 **공동으로 행사**하는 자를 의미(542조의6 제9항)

3. 주주권 행사와 관련한 이익 공여 금지

■ 회사는 누구에게든지 주주의 권리행사와 관련하여 **재산상의 이익**을 공여할 수 없음(467조의2 제1항)

• 회사가 특정 주주에 대하여 **무상**으로 재산상의 이익을 공여한 경우에는 주주의 권리행사와 관련하여 이를 공여한 것으로 **추정**(동조 제2항)

– 회사가 특정 주주에 대하여 유상으로 재산상의 이익을 공여한 경우에 있어서 회사가 얻은 이익이 공여한 이익에 비하여 현저하게 적은 때에도 동일(동조 동항)

• 회사가 이를 위반하여 재산상의 이익을 공여한 때에는 그 이익을 공여받은 자는 이를 회사에 **반환**해야 하고, 이 경우 회사에 대하여 대가를 지급한 것이 있는 때에는 그 반환을 받을 수 있음(동조 제3항)

– 이익의 반환을 청구하는 소에는 주주대표소송 규정 준용(동조 제4

항, 403 내지 406)

- "한편 주주의 권리행사와 관련된 재산상 이익의 공여라 하더라도 그것이 의례적인 것이라거나 불가피한 것이라는 등의 특별한 사정이 있는 경우에는, 법질서 전체의 정신이나 그 배후에 놓여 있는 사회윤리 내지 사회통념에 비추어 용인될 수 있는 행위로서 형법 제20조에 정하여진 '사회상규에 위배되지 아니하는 행위'에 해당한다. 그러한 특별한 사정이 있는지 여부는 이익공여의 동기, 방법, 내용과 태양, 회사의 규모, 공여된 이익의 정도 및 이를 통해 회사가 얻는 이익의 정도 등을 종합적으로 고려하여 사회통념에 따라 판단하여야 한다. 위와 같은 법리와 적법하게 채택된 증거들에 비추어 살펴보면, 원심판결의 이유 설시에 일부 적절하지 아니한 부분이 있지만, 피고인이 대표이사로서 회사의 계산으로 사전투표와 직접투표를 한 주주들에게 무상으로 20만 원 상당의 상품교환권 등을 각 제공한 것은 주주총회 의결권 행사와 관련된 이익의 공여로서 사회통념상 허용되는 범위를 넘어서는 것이어서, 상법상 주주의 권리행사에 관한 이익공여의 죄에 해당한다고 본 원심의 결론은 정당하다."(대법원 2018. 2. 8. 선고 2015도7397 판결)

- "따라서 이 사건 예약권과 상품권은 주주권 행사와 관련되어 교부되었을 뿐만 아니라 그 액수도 사회통념상 허용되는 범위를 넘어서는 것으로서 상법상 금지되는 주주의 권리행사와 관련된 이익 공여에 해당하고, 이러한 이익공여에 따른 의결권 행사를 기초로 한 이 사건주주총회는 그 결의방법이 법령에 위반한 것이라고 봄이 상당하다."(대법원 2014. 7. 11. 자 2013마2397 결정)

IV. 주주의 의무

1. 주식인수인으로서의 출자의무

■ 주주는 회사에 대해 주식의 인수가액을 납입할 의무를 부담하며, 납입은 회사 설립 전 또는 신주발행 전에 **전액** 이행되어야 함(295, 303, 421)

- 출자의무는 사실상 회사에 대한 유일한 의무
  - 출자는 금전출자가 원칙이며, 현물출자는 엄격한 절차에 따라 예외적으로 인정

2. 주식불가분(株式不可分)의 원칙

■ 1개의 주식을 수인이 나누어 소유하는 것은 불가

• 1개의 주식을 수인이 공유하는 것은 가능

– 수인이 공동으로 주식을 인수하는 경우 연대하여 납입의무를 부담하고 주주권을 행사할 1인을 지정해야 하며, 주주의 권리를 행사할 자가 없는 때에는 공유자에 대한 통지나 최고는 그 1인에게 가능(333)

3. 타인 명의에 의한 주식인수

■ **주금납입에 대한 책임** 문제

• 타인의 명의에 의한 주식인수의 경우 납입의무의 부담 주체

– **가설인 명의로** 주식을 인수하거나 **타인의 승낙 없이 타인의 명의로** 주식을 인수한 자는 주식인수인으로서의 책임을 부담(332 제1항)

– **타인의 승낙을 얻어 타인의 명의로** 주식을 인수한 자는 타인과 연대하여 납입의 책임을 부담(332 제2항)

■ **주주의 지위 귀속**에 대한 문제

• 동조는 타인 명의에 의한 주식인수의 경우 납입의무에 대해서만 규정

– 납입의무 이행 후 누가 주주의 지위를 갖는지에 관한 언급이 없음

– 회사와 체결한 주식인수계약의 명의자와 실제 투자자 중 누가 주주인지 판단해야 함

• 실질설

– 주식인수계약상의 명의를 불문하고 주식의 인수행위를 한 실제 투자자를 주주로 판단

• **형식설**(판례)

– 주식인수계약의 **명의자**를 주주로 판단

• "타인의 명의로 주식을 인수한 경우에 누가 주주인지는 결국 주식인수를 한 당사자를 누구로 볼 것인지에 따라 결정하여야 한다 … 이때 누가 주식인수인이고 주

주인지는 결국 신주인수계약의 당사자 확정 문제이므로, 원칙적으로 계약당사자를 확정하는 법리를 따르되, 주식인수계약의 특성을 고려하여야 한다 … 첫째, 가설인 명의로 또는 타인의 승낙 없이 그 명의로 주식을 인수하는 약정을 한 경우이다. 가설인은 주식인수계약의 당사자가 될 수 없다. 한편 타인의 명의로 주식을 인수하면서 그 승낙을 받지 않은 경우 명의자와 실제로 출자를 한 자(이하 '실제 출자자'라 한다) 중에서 누가 주식인수인인지 문제 되는데, 명의자는 원칙적으로 주식인수계약의 당사자가 될 수 없다. 자신의 명의로 주식을 인수하는 데 승낙하지 않은 자는 주식을 인수하려는 의사도 없고 이를 표시한 사실도 없기 때문이다. 따라서 실제 출자자가 가설인 명의나 타인의 승낙 없이 그 명의로 주식을 인수하기로 하는 약정을 하고 출자를 이행하였다면, 주식인수계약의 상대방(발기설립의 경우에는 다른 발기인, 그 밖의 경우에는 회사)의 의사에 명백히 반한다는 등의 특별한 사정이 없는 한, 주주의 지위를 취득한다고 보아야 한다. 둘째, 타인의 승낙을 얻어 그 명의로 주식을 인수하기로 약정한 경우이다. 이 경우에는 계약 내용에 따라 명의자 또는 실제 출자자가 주식인수인이 될 수 있으나, 원칙적으로는 명의자를 주식인수인으로 보아야 한다. 명의자와 실제 출자자가 실제 출자자를 주식인수인으로 하기로 약정한 경우에도 실제 출자자를 주식인수인이라고 할 수는 없다. 실제 출자자를 주식인수인으로 하기로 한 사실을 주식인수계약의 상대방인 회사 등이 알고 이를 승낙하는 등 특별한 사정이 없다면, 그 상대방은 명의자를 주식인수계약의 당사자로 이해하였다고 보는 것이 합리적이기 때문이다."
(대법원 2017. 12. 5. 선고 2016다265351 판결)

제3절 주식의 관리

Ⅰ. 주 권

1. 의의 및 성질

■ 의의

• 주주권을 표창하는 유가증권

– 주식의 인수와 납입에 따른 주주권 발생을 유가증권화하여 주주의 권리를 입증

– 주식양도를 위한 수단으로 기능

■ 주권의 성질

• 비설권증권성(非設權證券性)

– 이미 존재하는 주주권을 표창할 뿐이지 주권의 발행으로 주주권이 발생하지 않음

• 요인증권성(要因證券性)

– 수권의 원인관계인 주주권의 존부에 따라 주권의 효력이 좌우

• 요식증권성(要式證券性)

– 주권에는 법 소정의 사실을 기재하고 대표이사가 기명날인 또는 서명해야 함(356)

– 다만, 본질적인 기재사항이 아닌 한 기재의 흠결이 있더라도 실체적 법률관계가 있으면 주권은 여전히 유효

• 제시증권성(提示證券性)과 상환증권성(相換證券性)은 없음

– 주주는 주주명부에 의해 주주임을 확인 가능하므로 주주권 행사시 주권 제시 불필요

– 주주권은 계속적으로 행사 가능하므로 주주권 행사시 주권을 회사에 반환하지 않음

2. 주권의 발행

(1) 주권의 기재사항

■ 상호, 회사의 성립연월일, 회사가 발행할 주식의 총수, 액면주식을 발행하는 경우 1주의 금액, 회사의 성립 후 발행된 주식에 관하여는 발행연월일, 종류주식이 있는 때는 그 주식의 종류와 내용, 주식의 양도에 대해 이사회의 승인을 얻도록 한 경우는 그 규정(356)

- 그 외 일반적으로 주권이 표창하는 주식의 수량과 주권의 발행연월일 등을 기재

(2) 주권의 발행시기

■ 회사는 **성립 후 또는 신주의 납입기일 후 지체없이** 주권을 발행해야 함(355 제1항)

- 주식양도는 주권의 교부로 해야 하므로(336 제1항) 주식의 양도성(335 제1항) 확보를 위한 목적
- 주권은 회사의 성립 후 또는 신주의 납입기일 후가 아니면 발행 불가(355 제2항)
  - **권리주**의 유통을 방지하려는 목적
  - 이를 위반한 주권 발행은 **무효**(동조 제3항)
  - 이를 위반하여 발행한 자에 대한 손해배상청구 가능(동조 동항)
  - 회사의 성립 또는 신주의 납입기일 경과로 치유되지 않음

(3) 주권의 효력발생시기

■ 적법한 주식의 양도시기 및 선의취득의 가능시기에 대한 결정요인

- **교부시설**(交付時說, 통설 및 판례)
  - 회사가 주권을 작성한 후 **회사의 의사**에 의해 **진정한 주주**에게 교부한 때에 주권의 효력이 발생한다고 보는 입장
  - 회사의 의사로 주주가 아닌 자에게 교부되거나 회사의 의사에 반해 진정한 주주에게 유출되더라도 주권으로서의 효력이 없음
  - 회사의 의사로 진정한 주주에게 주권이 교부되기 전에는 선의취득 불가

3. 주권의 불소지제도(不所持制度)

(1) 서 설

■ 주주는 정관에 다른 규정이 없는 한 주식에 대해 주권을 소지하지 않겠다는 뜻을 회사에 신고 가능(358조의2)

- 주식양도를 위해서는 주권의 교부가 원칙이지만(336 제1항), 주권 소지로 인한 분실, 도난 또는 선의취득 가능성을 사전에 차단하려는 목적

(2) 허용요건

■ **정관**에 이를 금하는 규정이 없어야 함(358조의2 제1항)

(3) 신고 시기 및 신고 방법

■ 신고 시기

- 신고 시기에 대한 제한이 없음
  - 주권 발행 전후를 불문
  - 주주명부 폐쇄기간에도 가능

■ 신고 방법

- 수권 발행 전의 경우
  - 회사에 주권 불소지를 신고하기만 하면 됨(동조 동항)
- 주권 발행 후의 경우
  - 주주는 회사에 주권을 제출해야 함(동조 제3항)
  - 만일 회사가 명의개서대리인(名義改書代理人)을 둔 경우 불소지신고는 명의개서대리인에게 해야 함
    → 명의개서대리인은 명의개서 및 주식 관련 제반 업무를 담당하는 기관으로 회사는 정관에 의해 명의개서대리인을 둘 수 있음(337 제2항, 회사의 이행보조자에 해당)
- 서면이나 구두로도 가능
- 주주는 자신의 주식 일부 또는 전부에 대해 신고 가능

(4) 회사의 조치 및 효력

■ 주권 발행 전에 불소지신고가 있는 경우

- 회사는 지체없이 주권을 발행하지 않는다는 뜻을 주주명부와 그 복본에 기재하고 그 사실을 주주에게 통지해야 함(358조의2 제2항)
  - 회사는 불소지신고된 주식의 주권을 발행하지 못함(동조 동항)
  - 만일 주주의 청구 없이 주권이 발행되면 그 주권은 무효
  - 주권 불발행의 효력은 불소지신고시에 발생

■ 주권 발행 후에 불소지신고가 있는 경우

- 회사는 주권을 제출받아 무효로 하거나 명의개서대리인에게 임치해야 함(동조 제3항)

(5) 주권의 발행 및 반환 청구

■ 불소지신고를 한 주주는 언제든지 **회사**에 대해 주권 발행 또는 반환을 청구 가능(동조 제4항)

- 주주명부 폐쇄기간 중에도 가능
  - 주식양도 및 입질에 주권이 필요하기 때문
- 회사가 주주명부 등에 주권 불발행을 기재하기 전에 주주는 불소지신고 철회 가능

4. 주권의 실효

■ 주권은 주주권의 소멸 또는 물리적 소멸에 의해서만 실효

- 주권은 비설권증권이기 때문

5. 주권 상실에 따른 재발행

■ 멸실 또는 도난 등의 이유로 주권을 상실한 경우

- 주권이 실효되는 것은 아니지만, 양도나 입질 등의 처분은 불가(336 제1항, 338 제1항)
  - 회사에 대한 주주권 행사는 가능하지만, 선의취득으로 인한 주주권

상실 가능성 내재

• 주권을 상실한 주주는 공시최고절차를 통해 주권을 무효로 할 수 있으며, 제권판결 후 회사에 대해 재발행 청구 가능(360)

■ 공시최고기간에 주권을 선의취득하였으나 법원에 권리 신고를 하지 않아 공시최고 신청인이 제권판결을 취득하였다면, 제권판결 취득자와 선의취득자 중 누구의 권리가 우선하는가의 문제

• 선의취득자우선설

– 제권판결이 주권의 권리에 영향을 미치지 않으며, 공시최고의 특성상 선의취득자와 같은 일반인이 알게 될 가능성이 희박하므로 선의취득자의 권리를 우선

• **신청인우선설**(판례)

– 주권을 상실한 자의 보호와 유통성 보호의 조정으로서 두는 공시최고절차를 존중하려는 취지에서 신청인의 권리를 우선

– 권리 신고를 하지 않은 선의취득자의 주권은 무효가 되고 주주권을 상실

6. 주식의 전자등록

■ 의의

• 회사가 **주권의 발행에 갈음하여** 상법 규정에 따라 유가증권 등의 전자등록 업무를 취급하는 것으로 지정된 기관(전자등록기관)의 전자등록부에 주식을 등록(전자등록)하는 것을 의미(356조의2 제1항)

– 전자등록에 의해 주권에 갈음하여 주식은 전자문서에 의해 관리

– 전자등록의 절차, 방법 및 효력, 전자등록기관에 대한 감독, 그 밖에 주식의 전자등록 등에 필요한 사항은 따로 법률로 정함(동조 제4항)

• 예탁결제제도와 비교

– 상장회사의 주식을 거래하는 경우 **주권 발행을 전제로** 주권의 교부 대신 예탁결제원에 주권을 예탁한 상호 계좌 간에 장부거래로 결제하는 제도

■ 회사의 전자등록제도 채택

• 회사는 정관에 규정을 두어 전자등록제도 채택 가능(동조 제1항)

– 주권 발행과 병용 불가

• 전자등록된 주식의 양도

– 주식의 양도나 입질은 전자등록부에 등록하는 방식으로 행함(동조 제2항)

■ 전자등록의 효력

• 전자등록부에 주식을 등록한 자는 그 등록된 주식에 대한 권리를 적법하게 보유한 것으로 추정하며, 이러한 전자등록부를 선의로 중과실 없이 신뢰하고 위 등록에 따라 권리를 취득한 자는 그 권리를 적법하게 취득(동조 제3항)

II. 주주명부

1. 의 의

■ 주주 및 주권에 대한 사항을 명확하게 하기 위하여 작성하는 장부(352 제1항)

• 회사는 주주명부로 주주를 인식할 수 있고, 주식의 양수인도 명의개서를 통해 회사에 대한 주주권 행사를 주장할 수 있으므로(337 제1항) 안정적으로 주주를 관리 가능

– 회사는 정관에 따라 전자문서로 전자주주명부 작성 가능(352조의2 제1항)

• 주주명부에 대한 기재만으로 주주권을 창설하거나 확정하는 것은 아님에 유의

■ 주주명부의 기재사항

• 주주의 성명과 주소, 각 주주가 가진 주식의 종류와 수, 주권 발행시 주권의 번호, 각 주식의 취득연월일(352 제1항)

• 전환주식 관련 사항(352 제2항, 347)

• 주주명부에 기재해야 할 사항을 기재하지 않거나 부실기재를 한 경우 이사 등에게 과태료 부과(635 제1항 제9호)

2. 공 시

■ 이사는 주주명부를 작성하여 본점에 비치(396 제1항)

• 명의개서대리인을 둔 경우 그 영업소에 주주명부 또는 복본을 둘 수 있음(동조 동항)

– 복본이 아닌 주주명부를 그 영업소에 두기로 한 경우 본점에 비치하지 않아도 무방

• **주주와 채권자는** 영업시간 내에 **언제든지** 열람 또는 등사 청구 가능(동조 제2항)

• "주주명부 열람, 등사 청구권이라는 권리관계에 관하여 임시의 지위를 정하기 위한 가처분 신청 사건에서 주주와 저촉되는 지위에 있는 자는 주주명부 열람 등사를 허용할 것인지를 결정하는 이사를 기관으로 하는 회사이고, 회사의 요청에 따라 필요한 조치를 취할 뿐인 명의개서대리인은 그 주장 자체로 주주와 저촉되는 지위에 있는 자라고 할 수 없다. 따라서 주주는 회사를 채무자로 하여 회사 본점 또는 명의개서대리인의 영업소에 비치된 주주명부의 열람, 등사 가처분 신청을 할 수 있을 뿐이고, 직접 명의개서대리인을 채무자로 하여 그 가처분을 신청할 수는 없다."(대법원 2023. 5. 23. 자 2022마6500 결정)

3. 효 력

(1) 주주에 대한 효력

■ 주주명부의 자격수여적 효력

• **주주명부에 주주의 이름과 주소를 기재함으로써 주주로 추정되어 주주권 행사 가능**

– 실질적 권리에 대한 입증 불필요

• 주주는 주권 점유를 통해 적법한 소지인으로 추정되므로 실질적인 권리 증명 없이 명의개서를 청구할 수 있고(336 제2항), 명의개서를 하면

회사에 대항할 수 있으므로(337 제1항) 주주명부에 기재된 자에게는 주주로서의 형식적 권리 추정 가능

■ 유의사항

• 주주명부 기재 자체가 **창설적 효력을 갖는 것은 아니므로** 실체법상 적법하게 주식을 취득하지 못한 자가 명의개서를 한다고 해서 주주권을 취득하는 것은 아님(판례)

– 주주명부에 주주로 기재된 자의 **무권리성이 입증되면 주주권은 부인**되고, 입증책임은 무권리성을 주장하는 자가 부담(판례)

• 주권을 소지하더라도 주주권 행사를 위해서는 명의개서가 필요(337 제1항)

– **명의개서**는 **주주권 행사**를 위한 회사에 대한 **대항요건**일 뿐 주주권 귀속과는 무관(명의개서가 주식 이전의 효력발생요건은 아님)

• "상법의 규정상 주권의 점유자는 이를 적법한 소지인으로 추정하고 있으나(336조 제2항) 이는 주권을 점유하는 자는 반증이 없는 한 그 권리자로 인정된다는 것, 즉 주권의 점유에 자격수여적 효력을 부여한 것이므로 이를 다투는 자는 반대사실을 입증하여 반증할 수 있는 것이며, 또한 기명주식의 이전은 취득자의 성명과 주소를 주주명부에 기재하여야만 회사에 대하여 대항할 수 있는 바(제337조 제1항), 이 역시 주주명부에 기재된 명의상의 주주는 실질적 권리를 증명하지 않아도 주주의 권리를 행사할 수 있게 한 자격수여적 효력만을 인정한 것 뿐이지 주주명부의 기재에 창설적 효력을 인정하는 것이 아니므로 반증에 의하여 실질상 주식을 취득하지 못하였다고 인정되는 자가 명의개서를 받았다 하여 주주의 권리를 행사할 수 있는 것도 아니다."(대법원 1989. 7. 11. 선고 89다카5345 판결)

• "그러나 피고 회사의 주주명부에 원고가 주주로 등재되어 있다면 원고는 일응 그 회사의 주주로 추정된다 할 것인바 … 다른 사정이 없는 한 원고는 위 신주를 인수하여 주금을 납입한 피고 회사의 적법한 주주라 할 것임에도 … 원고의 주장을 배척한 것은 필경 주주권을 부인하는 측에 있는 입증책임을 원고에게 전도한 위법이 있다 할 것이고 …"(대법원 1985. 3. 26. 선고 84다카2082 판결, 주주명부에 주주로 기재된 자의 무권리성에 대한 입증책임은 무권리성을 주장하는 자가 부담)

• "그러나 상법은 주주명부의 기재를 회사에 대한 대항요건으로 정하고 있을 뿐 주식 이전의 효력발생요건으로 정하고 있지 않으므로 명의개서가 이루어졌다고 하여 무권리자가 주주가 되는 것은 아니고, 명의개서가 이루어지지 않았다고 해서 주주가 그 권리를 상실하는 것도 아니다. 이와 같이 주식의 소유권 귀속에 관한 권리관계와 주주의 회사에 대한 주주권 행사국면은 구분되는 것이고, 회사와 주주 사이에서 주식의 소유권, 즉 주주권의 귀속이 다투어지는 경우 역시 주식의 소유권 귀속에 관한 권리관계로서 마찬가지라 할 것이다."(대법원 2020. 6. 11. 선고 2017다278385, 278392 판결)

(2) 회사에 대한 효력

■ 주주명부의 면책적 효력

- 회사는 주주명부에 기재된 자를 주주로 보아 주주권 행사를 하게 하면 주주명부상의 주주가 진정한 주주가 아니더라도 그 책임을 면할 수 있음
  - 주주명부의 자격수여적 효력에서 파생

■ 유의사항

- 주주명부의 면책적 효력은 **적법한 명의개서가 이루어진 경우에 한하여 인정**되므로 회사가 **악의로** 주주가 아닌 자의 주주권 행사를 허용했다면 회사는 면책되지 않음
  - 예) 분실된 주권을 점유한 자가 명의개서를 한 경우 회사는 주주권 행사를 허용해야 하고 면책될 수 있으나, 그러한 사정을 알았다면 회사는 면책 불가
  - 중과실에 대해서는 학설이 나뉨

• "… 특별한 사정이 없는 한, 주주명부에 적법하게 주주로 기재되어 있는 자는 회사에 대한 관계에서 … 의결권 등 주주권을 행사할 수 있고, 회사 역시 주주명부상 주주 외에 실제 주식을 인수하거나 양수하고자 하였던 자가 따로 존재한다는 사실을 알았든 몰랐든 간에 주주명부상 주주의 주주권 행사를 부인할 수 없으며,

주주명부에 기재를 마치지 아니한 자의 주주권 행사를 인정할 수도 없다."(대법원 2017. 3. 23. 선고 2015다248342 판결)

4. 주주명부의 폐쇄와 기준일

(1) 의 의

■ 주주권 행사에 있어서 권리 행사자를 확정하기 위해 마련(354)

• 회사는 이들을 병행하여 사용 가능

(2) 주주명부의 폐쇄

■ 의의

• 회사가 주주 또는 질권자로서의 권리 행사자를 확정하기 위해 일정기간 주주명부의 기재를 불허하는 제도

– 주주명부가 폐쇄되면 폐쇄개시의 시기에 주주명부상의 주주가 진정한 권리 행사자가 됨

– 예) 3. 10.의 주주총회 개최를 위해 주주명부 폐쇄기간을 1. 10.부터 3. 10.까지로 정하면 주주명부 폐쇄기간 동안 A가 B에게 주식을 양도하더라도 3. 10. 개최되는 주주총회에서 의결권은 A가 행사

■ 폐쇄기간

• 3월을 초과할 수 없음(354 제2항)

– 초과하는 경우 초과하는 기간만 무효(통설)

• 폐쇄기간을 정한 경우 그 기간의 2주 전에 이를 공고해야 하지만, 정관으로 폐쇄기간을 정한 경우 공고할 필요 없음(354 제4항)

■ 폐쇄효력

• 명의개서, 질권 등록(340) 등 권리변동에 대한 사항의 기재 불가

– 권리변동과 무관한 사항은 가능(통설)

– 만일 회사가 폐쇄기간 중에 회사가 임의로 명의개서 등을 한다면 명의개서 등의 자체 효력을 인정하지만 폐쇄기간 중에는 효력이 발생하지 않는 것으로 이해(통설)

(3) 기준일

■ 회사가 일정일(권리를 행사할 날에 앞선 3월 내의 날)에 주주명부에 기재된 주주 또는 질권자 등을 권리 행사자로 정하는 것(354 제1항 및 제3항)

- 공고 관련 사항은 폐쇄기간과 동일(동조 4항)

5. 전자주주명부

■ 상법은 주주명부를 전자문서로 작성할 수 있도록 허용

- 정관에 규정을 두어야 함(352조의2 제1항)
- 전자우편주소를 기재해야 함(동조 제2항)

■ 전자주주명부를 주주 및 채권자가 인쇄할 수 있으면 비치한 것으로 봄(동조 제3항, 시행령 11 제1항)

- 정관으로 전자주주명부를 작성하는 경우 그 문서가 유일한 주주명부로서의 효력을 가짐
  - 전자주주명부 외에 별도로 서면의 주주명부를 작성한 경우 상이한 내용이 있다면, 전자주주명부이 내용이 진정한 주주명부의 내용이 됨

제4절 주식의 양도

Ⅰ. 의 의

■ 주식양도는 주식을 법률행위에 의해 이전하는 것을 의미

- 주식양도를 통해 모든 주주권이 일괄적으로 양수인에게 이전
  - 주주의 지위에서 발생한 권리라도 이미 주주권으로부터 분리되어 구체화된 권리는 이전되지 않음
  - 예) 주주총회의 배당결의에 따른 특정 결산기의 배당금지급청구권
- 주식양도는 주주의 투하자금 회수의 유일한 방법이므로 원칙적으로 주식양도는 자유
  - 경영에 간섭할 목적을 가진 자에 대한 주식양도라도 허용(판례)
  - 다만, **정관**에 근거를 두어 주식의 양도를 제한 가능(335 제1항 단서)

• "회사와 경쟁관계에 있거나 분쟁 중에 있어 그 회사의 경영에 간섭할 목적을 가지고 있는 자에게 주식을 양도하였다고 하여 그러한 사정만으로 이를 반사회질서 법률행위라고 할 수 없다."(대법원 2010. 7. 22. 선고 2008다37193 판결)

■ 주주의 지위 상실 문제

- 주주의 지위는 주식양도 등 법 소정의 사유에 의해서만 상실
  - 그 외에 당사자 간의 약정이나 정관 규정 등 다른 방법으로 주주권을 상실하도록 할 수 없음(판례)

• "주주 간의 분쟁 등 일정한 사유가 발생할 경우 어느 주주를 제명시키되 회사가 그 주주에게 출자금 등을 환급해 주기로 하는 내용의 규정을 회사의 정관이나 내부규정에 두는 것은 그것이 회사 또는 주주 등에게 생길지 모르는 중대한 손해를 회피하기 위한 것이라 하더라도 법정사유 이외에는 자기주식의 취득을 금지하는 상법 제341조의 규정에 위반되므로, 결국 주주를 제명하고 회사가 그 주주에게 출자금 등을 환급하도록 하는 내용을 규정한 정관이나 내부규정은 물적 회사로서의 주식회사의 본질에 반하고 자기주식의 취득을 금지하는 상법의 규정에도 위반

되어 무효이다."(대법원 2007. 5. 10. 선고 2005다60147 판결)

- "주주권은 주식양도, 주식의 소각 또는 주금 체납에 의한 실권절차 등 법정사유에 의하여서만 상실되고, 단순히 당사자 간의 특약이나 주식 포기의 의사표시만으로는 주식이 소멸되거나 주주의 지위가 상실되지 아니한다."(대법원 1999. 7. 23. 선고 99다14808 판결)

- "주주권은 주식의 양도나 소각 등 법률에 정하여진 사유에 의하여서만 상실되고 단순히 당사자 사이의 특약이나 주주권 포기의 의사표시만으로 상실되지 아니하며 다른 특별한 사정이 없는 한 그 행사가 제한되지도 아니한다."(대법원 2002. 12. 24. 선고 2002다54691 판결)

II. 양도방법

1. 양도의 합의

■ 일반적으로 매매, 증여 등이 원인이 되어 그 이행으로 주식양도가 이루어짐

2. 주권의 교부

■ 주식양도는 양도의 합의에 따른 **주권의 교부**로 가능(336 제1항)

- 주식양도의 효력발생요건(판례)
  - 주권불소지제도에 따라 주권을 소지하지 않는 주주도 회사에 주권발행 또는 반환을 청구하여 주권의 교부로 주식을 양도해야 함
- 주권 교부는 주권의 점유 이전을 의미
  - 현실의 인도 외에 간이인도, 점유개정, **반환청구권의 양도**에 의하여도 가능(판례)

III. 주권 점유의 권리추정력

■ 주권의 점유자는 **적법한 소지인으로 추정**(336 제2항)

• 주식양도는 주권 교부로 가능하므로 주권 점유에 대한 권리 외관을 인정하는 것이 필요

■ 유의사항

• **주권 점유자는** 진정한 권리자 여부를 증명할 필요 없이 회사에 대해 **주권 제시를 통해 명의개서 신청이 가능**하다는 의미(337 제1항)
  – 주권을 점유하더라도 주주권 행사를 위해서는 반드시 명의개서를 해야 함
• 주권 점유자는 적법한 소지인으로 **추정**되므로 회사의 **형식적 심사**를 통해 명의개서 가능
• 주권 점유의 추정력이 인정되므로 **주권의 선의취득**도 인정

• "기명주식을 취득한 자가 회사에 대하여 주주로서의 자격을 인정받기 위하여는 주주명부에 그 취득자의 성명과 주소를 기재하여야 하고, 취득자가 그 명의개서를 청구할 때에는 특별한 사정이 없는 한 회사에게 그 취득한 주권을 제시하여야 한다. 따라서 원심이 확정한 바와 같이 원고가 … 이 사건 주식을 증여받은 뒤 피고에게 위 양수한 내용만 통지하였다면 위 통지한 사실만 가지고는 피고에게 명의개서를 요구한 것으로 보기 어렵다 할 것이므로 …"(대법원 1995. 7. 28. 선고 94다25735 판결)

• "주권이 발행되어 있는 주식을 양수한 자는 주권을 제시하여 양수사실을 증명함으로써 회사에 대해 단독으로 명의개서를 청구할 수 있다. 이때 회사는 청구자가 진정한 주권을 점유하고 있는가에 대한 형식적 자격만을 심사하면 족하고, 나아가 청구자가 진정한 주주인가에 대한 실질적 자격까지 심사할 의무는 없다. 따라서 주권이 발행되어 있는 주식을 취득한 자가 주권을 제시하는 등 그 취득사실을 증명하는 방법으로 명의개서를 신청하고, 그 신청에 관하여 주주명부를 작성할 권한 있는 자가 형식적 심사의무를 다하였으며, 그에 따라 명의개서가 이루어졌다면, 특별한 사정이 없는 한 그 명의개서는 적법한 것으로 보아야 한다."(대법원 2019. 8. 14. 선고 2017다231980 판결)

IV. 명의개서(名義改書)

1. 의 의

■ 주주의 지위에 변동이 생긴 경우 주식 취득자를 주주명부에 주주로 기재하는 것
- 회사와 주주 간의 권리관계를 안정적으로 유지하기 위한 목적

2. 주식양도의 대항요건

■ 주식 이전은 명의개서를 하지 않으면 회사에 대항 불가(337 제1항)
- 적법하게 양수인이 되더라도 명의개서를 하지 않으면 회사와의 관계에서 주주권 행사자는 여전히 양도인이고, 양수인은 양도인에 대하여 권리행사의 결과를 이전할 것을 청구 가능(판례)
- 주식양도계약이 무효 또는 취소되더라도 매도인이 다시 본인의 이름으로 명의개서하지 않으면 회사에 대해 대항 불가(판례)

3. 절 차

■ **양수인 단독**으로 **회사**에 대해 명의개서 신청 가능
- 양도인이 양수인 명의로 명의개서 청구를 하는 것은 불가(판례)
- 명의개서 청구시 주권의 제시가 필요
  - 상속, 합병 등 포괄승계의 경우 주권의 제시 없이 그 사실의 입증으로 가능
- 승계 원인에 대한 입증 불필요

■ 회사는 주권을 제시받아 주권 자체의 진정 여부만 조사하고 명의개서하면 됨(판례)
- 회사는 주권 점유자가 적법한 소지인이 아님을 증명하여 명의개서 거절 가능
  - 이러한 입증 없이 명의개서를 거절하거나 주권 점유자에게 적법한 소지인임을 입증하도록 강제할 수 없음

• 명의개서를 하면서 취득자 성명을 주권에 표시할 필요는 없음

• "… 명의개서에 따른 주주명부의 기재가 적법하다고 볼 수 없는 경우 명의개서 직전에 작성된 주주명부가 존재하고, 그 주주명부의 기재가 적법하게 이루어진 것으로 볼 수 있다면 그 주주명부상 주주가 회사에 대한 관계에서 주주권을 행사할 수 있다."(대법원 2024. 6. 13. 선고 2018다261322 판결)

• "[회사를 상대로 자신이 주주명부상 주식의 소유자인데 위조된 주식매매계약서에 의해 타인 앞으로 명의개서가 되었다며 주주권 확인을 구한 사안에서] 확인의 소는 법적 지위의 불안·위험을 제거하기 위하여 확인판결을 받는 것이 가장 유효·적절한 수단인 경우에 인정되고, 이행을 청구하는 소를 제기할 수 있는데도 불구하고 확인의 소를 제기하는 것은 분쟁의 종국적인 해결방법이 아니어서 확인의 이익이 없다. … 한편 주식을 취득한 자는 특별한 사정이 없는 한 점유하고 있는 주권의 제시 등의 방법으로 자신이 주식을 취득한 사실을 증명함으로써 회사에 대하여 단독으로 그 명의개서를 청구할 수 있다 … 따라서 원고가 피고를 상대로 주주권 확인을 구하는 것은 원고의 권리 또는 법률상의 지위에 현존하는 불안·위험을 제거하는 유효·적절한 수단이 아니거나, 분쟁의 종국적 해결방법이 아니어서 확인의 이익이 없다."(대법원 2019. 8. 14. 선고 2017다231980 판결)

4. 효 력

■ 명의개서를 통해 회사에 대해 **주주권 행사 가능**(337 제1항)

• 명의개서를 한다고 해서 무권리자가 주주로 되는 것은 아님에 유의
  – 주권은 비설권증권이고, 주주명부는 창설적 효력이 없기 때문

• 명의개서를 통해 주주로 주주명부에 기재되면 적법한 주주로 추정받을 뿐이므로 명의개서 후 무권리자임이 밝혀지면 그동안의 주주권 행사는 소급하여 효력 상실

5. 명의개서 미필주주(未畢株主)의 법적 지위 문제

(1) 제3자와의 관계

■ 명의개서를 하지 않은 취득자라도 회사 외의 제3자 간의 관계에서는

주주권 주장 가능(337 제1항 반대해석)

(2) 회사와의 관계

■ 회사가 명의개서를 하지 않은 취득자에게 주주권 행사를 인정할 수 있는가의 문제

- 편면적 구속설(片面的 拘束說)
  - 동조 제1항은 명의개서를 하지 않으면 취득자가 회사에 대해 대항하지 못한다고 규정하므로 회사가 스스로 취득자에게 주주권 행사를 허용하는 것은 무방하다는 입장
- **쌍방적 구속설**(雙方的 拘束說, 판례)
  - 동조 제1항에 따라 명의개서를 하지 않은 취득자가 회사에 대해 주주권을 행사할 수 없을 뿐만 아니라 회사도 주주권 행사를 허용할 수 없음

- "특별한 사정이 없는 한, 주주명부에 적법하게 주주로 기재되어 있는 자는 회사에 대한 관계에서 그 주식에 관한 의결권 등 주주권을 행사할 수 있고, 회사 역시 주주명부상 주주 외에 실제 주식을 인수하거나 양수하고자 하였던 자가 따로 존재한다는 사실을 알았든 몰랐든 간에 주주명부상 주주의 주주권 행사를 부인할 수 없으며, 주주명부에 기재를 마치지 아니한 자의 주주권 행사를 인정할 수도 없다. 주주명부에 기재를 마치지 않고도 회사에 대한 관계에서 주주권을 행사할 수 있는 경우는 주주명부에의 기재 또는 명의개서청구가 부당하게 지연되거나 거절되었다는 등의 극히 예외적인 사정이 인정되는 경우에 한한다."(대법원 2017. 3. 23. 선고 2015다248342 판결)

(3) 명의개서 부당거절의 문제

■ 의의

- 주식양도 등이 적법하게 이루어졌고 명의개서 청구절차가 적법함에도 정당한 사유 없이 회사가 명의개서를 거부하는 것을 의미

■ 효력

- 명의개서를 거부당한 취득자는 **명의개서 없이도 주주권 행사 가능**(판례)

• 회사가 정당한 사유 없이 명의개서를 거절하면 취득자는 명의개서에 갈음하는 판결을 구할 수 있고(민 389 제2항, 민집 263 제1항), 손해배상 청구 가능(민 389 제4항)

Ⅴ. 주권의 선의취득

1. 의 의

■ 주권을 양도한 자가 무권리자라 하더라도 일정한 요건 하에 선의로 주권을 교부받은 양수인은 **적법하게 주권을 취득**하는 동시에 **주주의 지위를 취득**(359, 수 21)

• 주권 점유의 추정력(336 제2항)의 논리적 귀결

2. 성립요건

■ **유효한 주권**의 취득

• 위조, 실효, 미발행, 불소지신고 등에 따라 무효인 주권은 대상이 되지 않음

■ **무권리자**로부터의 취득

• 무권리자가 주권을 취득하게 된 사유는 불문(수 21)

• 양도인이 무권리자인 경우뿐만 아니라 무권대리인의 경우에도 인정(판례)

■ 주식의 **양도**에 따른 취득

• 주식양도가 적법하게 이루어져야 하므로 **주권의 교부**가 필요

– 점유개정에 의한 동산의 선의취득을 부정하므로(판례) 주권의 선의취득에서도 동일하게 해석(통설)

■ 양수인의 **선의 및 무중과실**(수 21)

3. 입증책임 및 효력

■ 선의취득을 부인하는 자가 양수인의 악의, 중과실을 입증(336 제2항 참조)

■ 선의취득자가 주권 및 주주권을 적법하게 취득

- 기존의 주주는 주주권 상실

- "주권의 점유를 취득하는 방법에는 현실의 인도(교부) 외에 간이인도, 반환청구권의 양도가 있으며, 양도인이 소유자로부터 보관을 위탁받은 주권을 제3자에게 보관시킨 경우에 반환청구권의 양도에 의하여 주권의 선의취득에 필요한 요건인 주권의 점유를 취득하였다고 하려면, 양도인이 그 제3자에 대한 반환청구권을 양수인에게 양도하고 지명채권 양도의 대항요건을 갖추어야 할 것이다."(대법원 2000. 9. 8. 선고 99다58471 판결)

- "주권의 선의취득은 주권의 소지라는 권리 외관을 신뢰하여 거래한 사람을 보호하는 제도이다. 주권 취득이 악의 또는 중대한 과실로 인한 때에는 선의취득이 인정되지 않는다(상법 제359조, 수표법 제21조). 여기서 악의 또는 중대한 과실이 있는지는 그 취득 시기를 기준으로 결정하여야 하며, 악의란 교부계약에 하자가 있다는 것을 알고 있었던 경우, 즉 종전 소지인이 무권리자 또는 무능력자라거나 대리권이 흠결되었다는 등의 사정을 알고 취득한 것을 말하고, 중대한 과실이란 거래에서 필요로 하는 주의의무를 현저히 결여한 것을 말한다. 그리고 주권 등을 취득하면서 통상적인 거래기준으로 판단하여 볼 때 양도인이 무권리자임을 의심할 만한 사정이 있음에도 불구하고 이에 대하여 상당하다고 인정될 만한 조사를 하지 아니한 채 만연히 주권 등을 양수한 경우에는 양수인에게 상법 제359조, 수표법 제21조 단서에서 말하는 '중대한 과실'이 있다고 보아야 한다."(대법원 2018. 7. 12. 선고 2015다251812 판결)

제5절 주식의 양도 제한

Ⅰ. 주식양도 제한의 필요성

■ 주주는 이사와 감사를 선임하는 등 회사 지배의 주체가 되므로 그 인적 구성의 중요성을 완전히 배제할 수 없어 상법은 주식양도를 회사가 제한할 수 있도록 허용

• 폐쇄적인 주주 구성을 하고자 하는 회사의 자율적인 주식양도 제한을 허용

■ 상법은 **정관**에 의해 주식양도를 제한할 수 있도록 허용(335 제1항 단서)

• 주주 보호를 위한 방법도 동시에 마련

■ 그 외 정책적 측면을 고려하여 상법 및 특별법에서 주식양도를 제한

Ⅱ. 정관에 의한 제한

1. 제한 방법

■ 회사는 **정관**이 정하는 바에 따라 그 발행하는 주식의 **양도**에 관하여 **이사회의 승인**을 받도록 할 수 있음(335 제1항 단서)

• 다른 제한 방법은 불가

– 상속, 합병 등에는 미적용

• 정관에 주식양도 제한 규정을 두는 경우 이를 주권과 주식청약서에 기재해야 하며(356 제6호의2, 302 제2항 제5호의2) 등기해야 함(317 제2항 제3호의2)

– 전환사채와 신주인수권부사채의 청약서, 채권 및 사채원부, 신주인수권증권에도 기재(514 제1항 제5호, 516조의4 제4호, 516조의5 제2항 제5호)

– 정관에 기재했더라도 등기하지 않으면 선의의 제3자에게 대항 불가

(37 제1항)

2. 양도의 승인청구

■ 양도 제한이 있는 주식을 양도하고자 하는 주주는 회사에 대해 양도 상대방 및 양도하려는 주식의 종류와 수를 기재하여 서면으로 양도의 승인을 청구할 수 있음(335조의2 제1항)

- 양도 제한이 있는 주식을 양수하고자 하는 자도 동일한 방식으로 취득 승인 청구 가능(335조의7 제1항)
  - 양도인은 물론 양수인도 승인 청구 가능
  - 양도인의 승인 청구는 양도 전에, 양수인의 승인 청구는 당사자 간의 양도를 종결한 후 양수를 승인해 달라는 의미

■ 회사는 주주 또는 양수인의 승인 청구가 있는 날로부터 **1월** 이내에 주주 또는 양수인에게 이사회 결의를 통해 그 승인 여부를 서면으로 통지해야 함(335조의2 제2항, 335조의7 제2항)

- 위 기간 내 회사가 거부의 통지를 하지 않은 경우 이사회의 승인이 있는 것으로 봄(335조의2 제3항, 335조의7 제2항)

■ 회사가 양도 승인을 거절하는 경우 회사에 대해 상대방의 지정 청구 가능

- 양도승인거부의 통지를 받은 주주나 양수인은 통지를 받은 날로부터 **20일** 내에 회사에 대해 양도의 상대방을 지정해 줄 것을 청구할 수 있음(335조의2 제4항, 335조의7 제2항)
- 회사는 이 청구가 있는 날로부터 **2주간** 내에 이사회의 결의로 상대방을 지정하여 주주 또는 양수인 및 지정된 상대방에게 서면으로 통지해야 함(335조의3 제1항, 335조의7 제2항)
  - 만일 이 기간 내에 주주 또는 양수인에게 양도 상대방 지정 통지를 하지 않으면 주식의 양도에 대해 이사회의 승인이 있는 것으로 봄(335조의3 제2항, 335조의7 제2항)
- 지정된 상대방은 지정 통지를 받은 날로부터 **10일** 이내에 지정 청구

를 한 주주 또는 양수인에게 서면으로 그 주식의 매도를 청구할 수 있음(335조의4 제1항, 335조의7 제2항)

- 지정상대방이 위 기간 내에 매도의 청구를 하지 않은 경우 회사가 양도를 승인한 것으로 봄(335조의4 제2항, 335조의7 제2항)
- 만일 지정상대방으로부터 매도 청구를 받은 날로부터 **30일** 이내에 협의가 안 되면 법원에 매수가액 산정 청구 가능(335조의5 제1항 및 제2항, 374조의2 제4항, 335조의7 제2항)
- 법원이 매수가격을 결정할 때는 회사의 재산상태, 그 밖의 사정 등을 고려하여 공정한 가액을 산정해야 함(335조의5 제2항, 374조의2 제5항, 335조의7 제2항)

■ 회사가 양도 승인을 거절하는 경우 회사에 대한 주식의 매수청구 가능

• 주주 또는 양수인이 회사에 대해 양도 승인을 청구하였으나 회사가 이를 거부한 경우 주주 또는 양수인은 양도승인거부의 통지를 받은 날로부터 **20일** 내에 회사에 대하여 그 주식의 매수를 청구할 수 있음(335조의2 제4항, 335조의7 제2항)

- 회사는 매수청구기간이 종료하는 날로부터 **2월** 이내에 그 주식을 매수해야 함(335조의6, 374조의2 제2항)

• "주식의 양도에 관하여 이사회의 승인을 얻어야 하는 경우에 주식을 취득하였으나 회사로부터 양도승인거부의 통지를 받은 양수인은 상법 제335조의7에 따라 회사에 대하여 주식매수청구권을 행사할 수 있다. <u>이러한 주식매수청구권은 주식을 취득한 양수인에게 인정되는 이른바 형성권으로서 그 행사로 회사의 승낙 여부와 관계없이 주식에 관한 매매계약이 성립하게 되므로 …</u>"(대법원 2014. 12. 24. 선고 2014다221258, 221265 판결)

3. 이사회의 승인 없는 주식양도의 효력

■ 정관에 의한 주식양도 제한 대상인 주식을 이사회의 승인 없이 양도한 경우 **회사에 대한 관계**에서는 **효력이 없음**(335 제2항)

• 주식양도의 효력을 회사에게 주장할 수 없고 회사도 그 효력을 인정

할 수 없음

• 양도인과 양수인 간에는 **유효**(통설 및 판례)

III. 주주 간 계약에 의한 제한

■ 주주 간의 효력

• 주주 약정이 투하자본 회수를 사실상 부정하거나 공서양속에 반하지 않는 한 **주주 간에는 유효**(통설 및 판례)

– 양도 제한 약정을 위반한 주주에 대한 계약위반책임 추궁 가능

• "주식의 양도를 제한하는 방법으로서 이사회의 승인을 요하도록 정관에 정할 수 있다는 상법 제335조 제1항 단서의 취지에 비추어 볼 때, 주주들 사이에서 주식의 양도를 일부 제한하는 내용의 약정을 한 경우, 그 약정은 주주의 투하자본 회수의 가능성을 전면적으로 부정하는 것이 아니고, 공서양속에 반하지 않는다면 당사자 사이에서는 원칙적으로 유효하다…"(대법원 2008. 7. 10. 선고 2007다14193 판결)

■ 회사에 대한 효력

• 양도 제한 약정을 위반한 주식양도가 있더라도 **회사에 대한 효력은 유효**

– 상법상 단체법적으로 주식양도를 제한하는 방법은 정관에 의한 제한(335 제1항)이 유일하므로 주주 간의 양도 제한 약정을 회사에 주장하거나 회사가 그 효력을 원용하는 것은 불가

→ 회사가 그 합의의 당사자이거나 정관에 기재해도 동일

– 회사는 양도 제한 약정을 위반한 주주로부터 주식을 양수한 자의 명의개서 청구 거절 불가

• "이 사건 약정은, 그 내용 자체에 의하더라도 그 양도에 이사회의 승인을 얻도록 하는 등 그 양도를 제한하는 것이 아니라, 설립 후 5년간 일체 주식의 양도를 금지하는 내용으로, 이와 같은 내용은 위에서 본 바와 같이 정관으로 규정하였다고 하더라도 이는 주주의 투하자본 회수의 가능성을 전면적으로 부정하는 것으로서

무효라고 할 것이다. 그러므로 그와 같이 정관으로 규정하여도 무효가 되는 내용을 나아가 회사나 주주들 사이에서, 혹은 주주들 사이에서 약정하였다고 하더라도 이 또한 무효라고 할 것이다. 그리고 이 사건 약정 가운데 주주 전원의 동의가 있으면 양도할 수 있다는 내용이 있으나, 이 역시 상법 제335조 제1항 단서 소정의 양도 제한 요건을 가중하는 것으로서 상법 규정의 취지에 반할 뿐 아니라, 사실상 양도를 불가능하게 하거나 현저하게 양도를 곤란하게 하는 것으로서 실질적으로 양도를 금지한 것과 달리 볼 것은 아니다. 그러므로 이 사건 양도 제한 약정은 무효라고 할 것이고, 피고는 그와 같은 무효인 양도 제한 약정을 들어 이 사건 명의개서 청구를 거부할 수는 없는 것이다."(대법원 2000. 9. 26. 선고 99다48429 판결)

IV. 상법에 의한 제한

1. 권리주의 양도 제한

■ **주식의 인수로 인한 권리**(권리주)의 양도는 **회사에 대해** 효력이 없음(319)

• 주식인수인은 회사 설립시는 회사 설립등기 후에, 신주발행시는 납입기일 익일부터(423 제1항) 주주가 되어 주식양도 가능

– 권리주 양도는 당사자 간의 채권적 효력만 있음

– 신주발행에도 준용(425 제1항)

2. 주권 발행 전의 주식양도 제한

(1) 원 칙

■ 주권 발행 전 주식의 양도는 **회사에 대해** 효력이 없음(335 제3항)

• 회사가 주권 발행 전 주식양도를 승인하고 명의개서까지 하더라도 무효이고, 양수인은 회사에 대해 주권의 발행 및 교부 청구 불가(판례)

– 만일 회사가 양수인에게 주권을 발행하더라도 주권은 무효(판례)

■ 양도인과 양수인 간의 채권적 효력은 인정(통설 및 판례)

• 양수인은 양도인의 회사에 대한 주권 발행 및 교부청구권을 대위 행

사 가능(판례)

• "주권 발행 전의 주식양도는 회사에 대하여 대항할 수 없을 뿐 아니라 회사도 이를 승인하지 못하여 대 회사관계에 있어서는 아무런 효력이 없다는 것이나 그렇다고 양도당사자 사이에 있어서까지 양도양수의 효력을 부정하는 취지라고 해석되지 않으므로 그 당사자 간에서는 유효하다 할 것이니 주권 발행 전의 주식을 전전 양수한 원고가 회사에 대하여 원시 주주를 대위하여 직접 원고에게 주권의 발행교부를 청구할 수는 없다 할지라도 원시 주주들의 회사에 대한 주권 발행 및 교부청구권을 대위 행사하여 원시 주주에의 주권 발행 및 교부를 구할 수 있다." (대법원 1982. 9. 28. 선고 82다카21 판결)

(2) 예 외

1) 의 의

■ 회사 성립 후 또는 신주의 납입기일 후 **6월**이 경과하기까지 회사가 여전히 주권을 발행하지 않는 경우 **당사자 간은 물론 회사에 대해서도** 효력이 있음(동조 동항 단서)

- 주권의 교부 없이 주식양도가 가능하다는 의미
- 양수인은 회사에 대하여 양수 사실을 입증하여 명의개서 청구 가능하고, 명의개서 후 주권의 발행 및 교부 청구 가능(판례)

• "회사 성립 후 또는 신주의 납입기일 후 6월이 경과하도록 회사가 주권을 발행하지 아니한 경우에, 당사자 간의 의사표시만으로 주식을 양수한 사람은, 특별한 사정이 없는 한 양도인의 협력을 받을 필요없이 단독으로 자신이 주식을 양수한 사실을 증명함으로써 회사에 대하여 그 명의개서를 청구할 수 있는 것이라고 해석함이 상당하다. 또 주주 명의를 신탁한 사람이 수탁자에 대하여 명의신탁계약을 해지하면 바로 주주의 권리가 명의신탁자에게 복귀하는 것이지, 주식의 양도를 위하여 새로 법률행위를 하여야 하는 것도 아니다. 따라서, 소론과 같이 원고들이 주권 발행 전의 주식에 관한 주주 명의를 피고들에게 신탁하였다가 회사 성립 후 또는 신주의 납입기일후 6월이 경과한 다음에 명의신탁계약을 해지하였다고 하더라도, 원고들이 그와 같은 사실을 증명하여 회사를 상대로 주주명부상의 명의개서를 청구하지 아니하고 수탁자인 피고들을 상대로 명의개서 절차의 이행을 소

구하는 것은, 소의 이익이 있다고 할 수 없을 것이다."(대법원 1982. 9. 28. 선고 82다카21 판결)

• "채권담보의 목적으로 이루어진 주식양도 약정 당시에 회사의 성립 후 이미 6개월이 경과하였음에도 불구하고 주권이 발행되지 않은 상태에 있었다면, 그 약정은 바로 주식의 양도담보로서의 효력을 갖는다."(대법원 1995. 7. 28. 선고 93다61338 판결)

2) 양도 방법의 문제

■ 상법은 6월 경과로 주식양도의 효력을 인정하면서도 그 양도방법에 관한 규정이 없음

- **지명채권 양도**의 일반원칙에 따라 당사자의 의사표시에 의하여 양도 가능(통설 및 판례)

3) 대항력 문제

■ 주권 점유의 추정력을 누릴 수 없어 양도 시기가 불분명하고 이중양도의 위험에 노출

- 회사와 제3자에 대한 대항력 구비가 중요

■ **회사**에 대한 대항요건

- 회사에 대해 적법한 양수인임을 주장하여 **명의개서**를 청구할 수 있는가의 문제
  - 회사에 대하여 양수인이 대항력을 갖추기 위해서는 민법 제450조 제1항에 따라 회사에 대한 양도인의 통지 또는 회사의 승낙 필요(통설 및 판례)
  - 회사에 대해서는 **확정일자 없는** 통지 또는 승낙만으로 대항 가능

■ **제3자**에 대한 대항요건

- 권리의 **귀속** 문제
  - 이중양수인, 양도인의 채권자 등 제3자에 대하여 대항력을 갖추기

위해서는 민법 제450조 제2항에 따라 통지 또는 승낙이 **확정일자 있는 증서**에 의하여 이루어져야 함(통설 및 판례)
  - 위 증서는 **사본**이어도 무방하며, 이중양도로 인하여 확정일자에 의한 통지가 수 개라면 회사에 **최초**로 도달한 통지가 우선(판례)
- **확정일자 없는 증서**에 의한 통지나 승낙의 요건을 구비한 양수인 간의 우열관계
  - 확정일자에 의한 통지나 승낙의 요건 구비 전에는 **우선적 지위** 주장 불가(판례)
- 대항력을 갖춘 이중양수인의 배임행위
  - 이중양도라는 배임행위에 적극 가담하였으면 이중양수인에 대한 양도행위는 **무효**(판례)

- "주권 발행 전의 주식의 양도에 관하여 지명채권 양도의 일반원칙이 적용되는 결과, 주식양수인이 주권 발행 전의 주식양도를 제3자에 대항하기 위하여는, 지명채권 양도의 경우와 마찬가지로 확정일자 있는 증서에 의하여 회사에게 주식양도사실을 통지하거나 회사로부터 확정일자 있는 증서에 의한 승낙을 얻어야 한다고 새겨야 하고 이러한 법리는 채권담보의 목적으로 주식이 양도된 경우에도 마찬가지라고 할 것이다."(대법원 2006. 6. 2. 선고 2004도7112 판결)

- "주권 발행 전 주식의 이중양도가 문제되는 경우, 그 이중양수인 중 일부에 대하여 이미 명의개서가 경료 되었는지 여부를 불문하고 누가 우선순위자로서 권리취득자인지를 가려야 하고, 이때 이중양수인 상호 간의 우열은 지명채권 이중양도의 경우에 준하여 확정일자 있는 양도통지가 회사에 도달한 일시 또는 확정일자 있는 승낙의 일시의 선후에 의하여 결정하는 것이 원칙이다. … 확정일자 없는 증서에 의한 양도통지나 승낙 후에 그 증서에 확정일자를 얻은 경우 그 일자 이후에는 제3자에 대한 대항력을 취득하는 것인바, 확정일자 제도의 취지에 비추어 볼 때 원본이 아닌 사본에 확정일자를 갖추었다 하더라도 대항력의 판단에 있어서는 아무런 차이가 없다."(대법원 2006. 9. 14. 선고 2005다45537 판결)

- "주권 발행 전 주식이 양도된 경우 그 주식을 발행한 회사가 확정일자 있는 증서에 의하지 아니한 주식의 양도통지나 승낙의 요건을 갖춘 주식양수인(이하 '제1

주식양수인'이라 한다)에게 명의개서를 마쳐 준 경우, 그 주식을 이중으로 양수한 주식양수인(이하 '제2 주식양수인'이라 한다)이 그 후 회사에 대하여 양도통지나 승낙의 요건을 갖추었다 하더라도, 그 통지 또는 승낙 역시 확정일자 있는 증서에 의하지 아니한 것이라면 제2 주식양수인으로서는 그 주식 양수로써 제1 주식양수인에 대한 관계에서 우선적 지위에 있음을 주장할 수 없으므로, 회사에 대하여 제1 주식양수인 명의로 이미 적법하게 마쳐진 명의개서를 말소하고, 제2 주식양수인 명의로 명의개서를 하여 줄 것을 청구할 권리가 없다고 할 것이다. 따라서 이러한 경우 회사가 제2 주식양수인의 청구를 받아들여 그 명의로 명의개서를 마쳐 주었다 하더라도 이러한 명의개서는 위법하므로 회사에 대한 관계에서 주주의 권리를 행사할 수 있는 자는 여전히 제1 주식양수인이라고 봄이 타당하다. … 한편, 주식의 양도통지가 확정일자 없는 증서에 의하여 이루어짐으로써 제3자에 대한 대항력을 갖추지 못하였더라도 확정일자 없는 증서에 의한 양도통지나 승낙 후에 그 증서에 확정일자를 얻은 경우에는 그 일자 이후에는 제3자에 대한 대항력을 취득하는 것이나, 그 대항력 취득의 효력이 당초 주식 양도통지일로 소급하여 발생하는 것은 아니라 할 것이다."(대법원 2010. 4. 29. 선고 2009다88631 판결)

- "주권 발행 전 주식의 양도는 당사자의 의사표시만으로 효력이 발생하고, 주권 발행 전 주식을 양수한 사람은 특별한 사정이 없는 한 양도인의 협력을 받을 필요 없이 단독으로 자신이 주식을 양수한 사실을 증명함으로써 회사에 대하여 그 명의개서를 청구할 수 있지만, 회사 이외의 제3자에 대하여 양도 사실을 대항하기 위하여는 지명채권의 양도에 준하여 확정일자 있는 증서에 의한 양도통지 또는 승낙을 갖추어야 한다는 점을 고려할 때, 양도인은 회사에 그와 같은 양도통지를 함으로써 양수인으로 하여금 제3자에 대한 대항요건을 갖출 수 있도록 해 줄 의무를 부담한다. 따라서 양도인이 그러한 채권양도의 통지를 하기 전에 제3자에게 이중으로 양도하고 회사에게 확정일자 있는 양도통지를 하는 등 대항요건을 갖추어 줌으로써 양수인이 그 제3자에게 대항할 수 없게 되었고, 이러한 양도인의 배임행위에 제3자가 적극 가담한 경우라면, 제3자에 대한 양도행위는 사회질서에 반하는 법률행위로서 무효이다."(대법원 2006. 9. 14. 선고 2005다45537 판결)

4) 주권 발행 전 주식양도계약의 해제

■ 주권 발행 전 주식양도계약의 해제시에는 양수인의 통지 등을 기다릴

필요 없이 **당연히 양도인에게 주식이 복귀**(판례)

• 지명채권의 양도계약 해제와 비교

• "회사 성립 후 또는 신주의 납입기일 후 6개월이 경과한 경우 주권 발행 전의 주식은 당사자의 의사표시만으로 양도할 수 있고, 주식양도계약이 해제되면 계약의 이행으로 이전된 주식은 당연히 양도인에게 복귀한다는 것이 판례이다. 위에서 보았듯이 제1 양도계약 해제 당시까지 피고가 양수한 [주식]에 대해서는 주권이 발행되지 않았고, 양도대금이 완납되지 않아 피고 앞으로 명의개서도 되지 않은 상태였다. 이러한 사정을 위 법리에 비추어 보면, 제1 양도계약이 해제됨에 따라 [주식은] 피고의 통지 등을 기다릴 필요 없이 당연히 양도인인 소외인에게 복귀한다고 봄이 타당하다."(대법원 2022. 5. 26. 선고 2020다239366 판결).

(3) 하자의 치유 문제

■ 주식양도는 **이미 6월 경과 전**에 이루어졌으나 **6월이 경과하도록** 여전히 회사가 주권을 발행하지 않은 경우 6월 경과 전의 주식양도의 하자는 치유(통설 및 판례)

• 회사에 대해서도 유효(통설 및 판례)

• "주권 발행 전에 한 주식의 양도가 회사성립 후 또는 신주의 납입기일 후 6월이 경과하기 전에 이루어졌다고 하더라도 그 이후 6월이 경과하고 그때까지 회사가 주권을 발행하지 않았다면, 그 하자는 치유되어 회사에 대하여도 유효한 주식양도가 된다고 봄이 상당하다."(대법원 2002. 3. 15. 선고 2000두1850 판결)"

3. 자기주식(自己株式)의 취득 금지

(1) 의 의

■ 상법은 회사가 주주로부터 주식을 양수하는 것을 원칙적으로 금지

• 자기주식을 증여, 유증 등에 의해 무상으로 취득하는 것은 허용

• 이론적 근거 및 정책적 이유

– 자기주식의 원시취득은 **자본금충실**을 저해

– 자기주식의 유상 취득은 주주에 대한 환급과 사실상 동일

– 자기주식 매입시 기회의 불평등과 대가의 불공정성을 초래할 가능성 존재

(2) 적용 범위

■ 회사의 계산으로 하는 취득 금지

• 상법상 회사는 자기의 명의와 **자기의 계산**으로 하는 자기주식 취득 금지(341)

– 회사가 타인의 명의와 **자기의 계산**으로 하는 자기주식 취득도 금지(판례)

• "비록 회사 아닌 제3자의 명의로 회사의 주식을 취득하더라도, 그 주식 취득을 위한 자금이 회사의 출연에 의한 것이고 그 주식 취득에 따른 손익이 회사에 귀속되는 경우라면, 상법 기타의 법률에서 규정하는 예외사유에 해당하지 않는 한, 그러한 주식의 취득은 회사의 계산으로 이루어져 회사의 자본적 기초를 위태롭게 할 우려가 있는 것으로서 상법 제341조가 금지하는 자기주식의 취득에 해당한다고 할 것이다. 다른 한편, 주식회사의 자본충실의 원칙상 주식의 인수대금은 그 전액을 현실적으로 납입하여야 하고 그 납입에 관하여 상계로써 회사에 대항하지 못하는 것이므로(상법 제295조, 제334조, 제421조, 제422조) 회사가 제3자에게 주식인수대금 상당의 대여를 하고 제3자는 그 대여금으로 주식인수대금을 납입한 경우에, 회사가 처음부터 제3자에 대하여 대여금 채권을 행사하지 아니하기로 약정되어 있는 등으로 대여금을 실질적으로 회수할 의사가 없었고 제3자도 그러한 회사의 의사를 전제로 하여 주식인수청약을 한 때에는, 그 제3자가 인수한 주식의 액면금액에 상당하는 회사의 자본이 증가되었다고 할 수 없으므로 위와 같은 주식인수대금의 납입은 단순히 납입을 가장한 것에 지나지 아니하여 무효라고 할 것이다."(대법원 2003. 5. 16. 선고 2001다44109 판결)

(3) 예 외

1) 배당가능이익에 의한 취득(341)

■ 사외유출이 예정된 배당가능이익으로 하는 자기주식 취득은 허용

■ 요건 및 절차

• 자기의 명의와 계산으로 취득

- **배당가능이익의 한도 내**에서 취득(341 제1항, 462 제1항)
  - 자기주식 취득가액의 총액이 배당가능이익을 초과해서는 안 된다는 것을 의미할 뿐이므로 차입금으로 자기주식을 취득하는 것도 허용(판례)
- 주주총회의 **보통결의**가 필요(동조 제2항)
  - 이사회 결의로 이익배당을 할 수 있다는 정관 규정이 있는 경우 이사회 결의로 갈음

■ 취득방법

- 주주평등원칙에 입각
  - 거래소에서 시세가 있는 주식의 경우에는 거래소에서 취득(341 제1항 제1호)
  - 상환주식 외에 각 주주가 가진 주식 수에 따라 균등한 조건으로 취득하는 것으로서 대통령령으로 정하는 방법으로 취득(동조 동항 제2호, 시행령 9 제1항)

■ 이사의 자본금충실책임

- 해당 영업연도 결산기에 배당가능이익이 없음에도 회사가 자기주식을 취득한 경우 이사는 회사에 대해 연대하여 그 미치지 못한 금액을 배상할 책임을 부담(341 제4항)
  - 이사가 결손이 날 우려가 없다고 판단하는 때에 주의를 게을리하지 않았음을 증명한 경우에는 면책 가능(동조 동항)

2) 특정 목적의 취득(341조의2)

■ 회사의 합병 또는 다른 회사의 영업 전부의 양수로 인한 경우(동조 제1호)

- 합병시 소멸회사가 존속회사의 주식을 가진 경우 또는 영업양도 대상이 되는 영업재산 중에 양수회사의 주식이 포함된 경우

■ 회사의 권리를 실행함에 있어 그 목적을 달성하기 위해 필요한 경우(동조 제2호)

• 회사의 권리 실행을 위한 최후적 방법으로 자기주식 취득이 불가피한 경우

– 회사는 채무자의 다른 재산 없음에 대한 입증책임 부담(판례)

■ 단주(端株) 처리를 위해 필요한 경우(동조 제3호)

• 주주가 회사로부터 원시취득한 주식에 단주가 있을 경우 회사는 이를 환가하여 주주에게 대금으로 지급하는 과정에서 회사는 자기주식을 취득

– 단주는 일정한 단위 미만의 주식을 의미

– 예) 전환주식의 전환

■ 주주가 주식매수청구권을 행사한 경우(동조 제4호)

• 정관에 의한 주식양도 제한이 있는 주식에 대하여 양도인 등이 회사에 주식매수청구권을 행사하는 경우(335조의2 제4항, 335조의7 제2항 등 참조)

• 반대주주가 주식매수청구권을 행사하는 경우(374조의2 제1항 등 참조)

• "따라서 [상법에 따라 반대주주가 주식매수청구권을 행사하는 경우 상법 제341조의2 제4호에 따라] 회사가 제한 없이 자기주식을 취득할 수 있으나, 회사가 특정 주주와 사이에 특정한 금액으로 주식을 매수하기로 약정함으로써 사실상 매수청구를 할 수 있는 권리를 부여하여 주주가 그 권리를 행사하는 경우는 [상법] 제341조의2 제4호가 적용되지 않으므로, [상법] 제341조에서 정한 요건 하에서만 회사의 자기주식취득이 허용된다."(대법원 2003. 5. 16. 선고 2001다44109 판결)

3) 그 외 상법상의 예외

■ 질취(質取)의 허용범위에서의 자기주식 취득(341조의3)

• 회사는 발행주식총수의 **20분의** 1을 초과하여 자기주식을 질권의 목적으로 받을 수 없음

• 다만, 합병 또는 다른 회사의 영업 전부의 양수로 인한 경우, 회사의 권리를 실행함에 있어 그 목적을 달성하기 위하여 필요한 경우에는 그 한도를 초과하여 질권의 목적으로 받는 것이 가능(동조, 341조의2

제1호 및 제2호)

- 예) 합병으로 존속회사가 소멸회사가 가진 자기주식에 대한 질권을 승계하는 경우
- 예) 영업양수로 인해 양도회사가 가진 양수회사의 주식에 대한 질권을 승계하는 경우

(4) 위법한 자기주식 취득의 효력

■ 관여자에 대한 책임추궁

- 위법한 자기주식 취득에 관여한 이사, 집행임원, 감사 등에 벌칙 부여(625, 625조의2)
- 이사에 대한 손해배상책임 추궁(399)

■ 채권행위의 효력

- 강행규정 위반을 무효
  - 자기주식 취득의 원인행위인 채권적 합의는 무효
  - 자기주식 취득을 전제해야만 이행이 가능한 계약도 무효

■ 취득행위의 효력

- 상법 규정에 위반하여 자기주식을 취득하거나 질취한 경우의 효력 문제
- **무효설**(통설 및 판례)
  - 양도인의 선의, 악의 불문하고 무효

(5) 취득한 자기주식의 처분 여부

■ 회사의 선택에 따라 자기주식의 **처분** 또는 **보유** 가능(342)

- 처분의 경우 다음 사항을 정관 또는 이사회의 결의로 결정(동조)
  - 처분할 주식의 종류와 수
  - 처분할 주식의 처분가액과 납입기일
  - 처분할 상대방 및 처분방법
- 보유의 경우 상환주식의 상환, 현물배당 등에서 활용(345 제4항, 462조의4 등)

■ 예외적으로 취득한 자기주식의 지위

• **의결권** 등 주주권의 부정

– 자기주식으로 의결권 행사 불가(369 제2항, 371 제1항)

– 그 외 모든 자익권과 공익권 행사 불가(통설)

• 자기주식의 새로운 양수인은 모든 권리행사 가능

4. 상호주 소유의 제한

(1) 의 의

■ 2개 이상의 회사가 상호 출자하고 있는 경우의 주식을 의미

• 자기주식 취득 금지 규정(341)을 회피할 목적으로 이용

– 예) A회사가 B회사의 주식의 30%를 보유하고, B회사가 A회사의 주식을 40% 보유한다면, A는 40×0.3=12%에 대한 자기주식을 보유하는 결과와 동일

• 회사는 상호주의 의결권 행사를 통해 다른 회사에 대한 간접적인 경영권 행사가 가능

• 상법은 모자관계와 비(非)모자관계로 구분하여 상호주를 제한

(2) 자회사의 모회사 주식 취득 금지

■ 모회사와 자회사의 기준

• 다른 회사의 발행주식총수의 **100분의 50을 초과**하는 주식을 가진 회사(342조의2 제1항)

– 모회사와 자회사가 합산하여 또는 자회사 단독으로 다른 회사의 발행주식총수의 100분의 50을 초과하는 주식을 가지고 있는 경우 그 다른 회사는 모회사의 자회사로 인정(342조의2 제3항)

■ 원칙 및 예외

• 자회사는 **모회사의 주식 취득 불가**(342조의2 제1항)

– 모자회사 간의 상호주는 자기주식의 성격이 강하여 취득을 금지

• 예외적으로 모회사 주식 취득 가능

– 주식의 포괄적 교환 및 이전, 회사의 합병 또는 다른 회사의 영업

전부의 양수로 인한 경우(동조 동항 제1호)

- 회사의 권리를 실행함에 있어 그 목적을 달성하기 위하여 필요한 경우(동조 동항 제2호)
- 흡수합병시 존속회사가 소멸회사의 주주에게 합병대가로 모회사 주식을 제공하려고 하는 경우(523조의2 제1항)

• 모회사 주식의 처분

- 예외적으로 자회사가 모회사 주식을 취득하더라도 모회사 주식은 처분해야 함
- 모회사 주식을 취득한 날로부터 또는 합병의 효력이 발생한 날로부터 **6월** 이내 처분(342조의2 제2항, 523조의2 제2항)
- 처분시까지 자회사는 모회사 주식에 대한 일체의 권리행사 불가(통설)

(3) 비모자회사 간의 상호주에 대한 의결권 제한

■ 내용

• 회사(A), 모회사(B) 및 자회사(b) 또는 자회사(b)가 다른 회사(C)의 발행주식총수의 10분의 1을 초과하는 주식을 가지고 있는 경우 그 다른 회사(C)가 가지고 있는 회사(A) 또는 모회사(B)의 주식은 **의결권이 없음**(369 제3항)

- 위반으로 인한 의결권 행사는 주총결의취소 사유에 해당(376 제1항)
- 비모자회사 간의 상호주는 출자 없는 지배를 방지하기 위해 의결권 행사를 제한

■ 비모자회사 간의 상호주 판단시점 및 판단기준

• 판단시점

- 주주총회일설(판례), 기준일설

• 판단기준

- 명의개서불요설(판례), 명의개서필요설

• "상법 제354조가 규정하는 기준일 제도는 일정한 날을 정하여 그 날에 주주명부에 기재되어 있는 주주를 계쟁 회사의 주주로서의 권리를 행사할 자로 확정하기 위한 것일 뿐, 다른 회사의 주주를 확정하는 기준으로 삼을 수는 없으므로, 기준일에는 상법 제369조 제3항이 정한 요건에 해당하지 않더라도, 실제로 의결권이 행사되는 주주총회일에 위 요건을 충족하는 경우에는 상법 제369조 제3항이 정하는 상호소유 주식에 해당하여 의결권이 없다. 이때 회사, 모회사 및 자회사 또는 자회사가 다른 회사 발행주식 총수의 10분의 1을 초과하는 주식을 가지고 있는지 여부는 앞서 본 '주식 상호소유 제한의 목적'을 고려할 때, 실제로 소유하고 있는 주식수를 기준으로 판단하여야 하며 그에 관하여 주주명부상의 명의개서를 하였는지 여부와는 관계가 없다."(대법원 2009. 1. 30. 선고 2006다31269 판결)

Ⅴ. 그 외 주식 취득에 있어서의 유의사항

1. 통지의무

■ 회사가 다른 회사의 발행주식총수의 **10분의** 1을 초과하여 취득하는 경우 지체없이 그 다른 회사에 통지해야 함(342조의3)

• 위반시 의결권 행사 불가(통설)

2. 소수주식의 강제매수, 강제매도제도

(1) 의 의

■ 의사결정과정에서의 각종 비용과 소수주주권 행사 대비를 위한 비용 절감 가능

• 1인회사 전환으로 인한 경영의 효율성 제고 가능

• 시장성을 상실한 지분을 가진 소수주주의 투하자금 회수 기회 제공

(2) 지배주주의 매도청구권

■ 의의

• 지배주주는 소수주주가 가진 주식의 매도 청구 가능(360조의24 제1항)

– 지배주주는 발행주식총수의 **100분의 95 이상**을 자기의 계산으로 보

유하고 있는 주주를 의미(동조 동항)

- 보유주식 수 산정시 유의사항
  - 모회사와 자회사가 보유한 주식을 합산하고, 이 경우 회사가 아닌 주주가 발행주식총수의 100분의 50을 초과하는 주식을 가진 회사가 보유하는 주식도 그 주주가 보유하는 주식과 합산(동조 제2항)
  - 자회사의 **자기주식**은 발행주식총수에 포함(판례, 동조 제1항 참조)
  - 자회사의 **자기주식**은 모회사의 보유주식에 합산(판례, 동조 제2항 참조)

- "상법 제360조의24 제1항은 회사의 발행주식총수를 기준으로 보유주식의 수의 비율을 산정하도록 규정할 뿐 발행주식총수의 범위에 제한을 두고 있지 않으므로 <u>자회사의 자기주식은 발행주식총수에 포함되어야 한다.</u> 또한 상법 제360조의24 제2항은 보유주식의 수를 산정할 때에는 모회사와 자회사가 보유한 주식을 합산하도록 규정할 뿐 자회사가 보유한 자기주식을 제외하도록 규정하고 있지 않으므로 <u>자회사가 보유하고 있는 자기주식은 모회사의 보유주식에 합산되어야 한다.</u>" (대법원 2017. 7. 14. 자 2016마230 결정)

■ 요건

- 발행주식총수의 **100분의** 95 이상을 보유한 지배주주의 존재
  - 지배주주의 계산으로 보유한다면 명의는 불문
- 경영상 목적 달성의 필요성(동조 제1항)
- 주주총회의 사전 승인(동조 제3항)
  - 개인적 이해관계가 아니므로 지배주주는 의결권 행사 가능
  - 주총 소집통지에는 지배주주의 주식 보유 현황 등이 기재되어야 하고, 지배주주는 그 내용을 주총에서 설명해야 함(동조 제4항)
  - 지배주주는 소수주주의 **주식 전부**에 대하여 권리를 행사해야 함(판례)

■ 매도청구권의 행사 절차

- 요건을 구비한 지배주주는 매도청구시 매도청구의 날 1개월 전까지

소정의 사실을 공고하고 주주명부에 적힌 주주와 질권자에게 따로 통지해야 함(동조 제5항)

• 소수주주는 매도청구를 받은 날로부터 **2월** 내에 지배주주에게 주식을 매도해야 함(동조 제6항)
  – 지배주주의 매도청구권은 **형성권**에 해당
  – 2개월은 지배주주의 **매수대금 지급의무의 이행기**이므로 매매가액의 협의 여부를 불문하고 2개월이 경과하면 지배주주의 지체책임 발생
• 매도가격은 소수주주와 지배주주 간의 협의로 결정(동조 제7항)
  – 협의가 이루어지지 않은 경우 소수주주 또는 지배주주는 법원에 매매가액 결정을 청구 가능(동조 제8항)
  – 법원은 회사의 재산상태와 그 밖의 사정을 고려하여 공정한 가액으로 산정(동조 제9항)

(3) 소수주주의 매수청구권

■ 소수주주는 지배주주에게 **언제든지** 보유주식의 매수 청구 가능(360조의25)

• 매수청구권은 **형성권**이므로 바로 매매계약이 체결
• 지배주주는 소수주주가 매수를 청구한 날을 기준으로 **2월 내**에 주식을 매수해야 함
  – 2월은 지배주주의 매수대금 지급의무의 이행기
  – 2월이 경과하면 바로 지배주주의 지체책임 발생
• 가격 결정은 지배주주의 매도청구와 동일

(4) 주식의 이전 등

■ 주식은 지배주주가 소수주주에게 **매매가액을 지급한 때**에 이전(360조의26 제1항)

• 매매가액을 지급할 소수주주를 알 수 없거나 소수주주가 수령을 거부할 때는 지배주주는 가액을 공탁 가능(동조 제2항)
  – 공탁한 날에 주식이 이전(동조 제2항)

- 매매가액의 의미
  - 지배주주가 일방적으로 산정하여 제시한 금액이 아니라 소수주주와의 협의로 결정된 금액 또는 법원이 산정한 공정한 가액을 의미(판례)

제6절 주식의 담보

I. 서 설

■ 담보로서 주식 제공 가능

• 주식은 재산적 가치를 가지므로 채권의 담보가 될 수 있음

• 주식의 담보 제공방식으로 입질(入質, 338)과 양도담보(讓渡擔保)가 활용

II. 질권의 설정

1. 설정방법

■ 약식질(略式質)

• 질권설정의 **합의**와 **주권의 교부**에 의해 효력이 발생(338 제1항)

– 질권자는 계속하여 주권을 **점유**하지 않으면 제3자에게 대항 불가 (동조 제2항)

■ 등록질(登錄質)

• 질권설정의 합의, 주권의 교부 외에 **질권설정자인 주주의 청구**에 의해 질권자의 성명과 주소를 **주주명부에 기재**하고 그 성명을 주권에 기재

– 주권에 질권자의 성명을 기재하지 않아도 질권은 성립(통설)

• 질권자는 회사에 대해 바로 질권자로서 권리행사 가능

– 주권의 제시 등과 같은 권리 입증 불필요

2. 질권의 효력

■ 일반적인 효력

• 기본적으로 민법상 질권과 효력이 동일

– 질권자는 유치권(민 335, 355) 등을 행사 가능

• 상법의 특칙

– 질권자는 주식의 소각, 병합, 전환 등 다양한 사유로 인해 질권설정자가 받을 금전이나 주식에 대하여 종전의 주식을 목적으로 질권 행사 가능(339, 461조 제5항, 432 제3항, 530 제4항 등)

– 등록질은 상기 행사 외에도 회사로부터 이익배당(주식배당 포함), 잔여재산의 분배, 질권의 물상대위(339)에 따른 금전의 지급을 받아 다른 채권자에 우선하여 자기 채권의 변제에 충당할 수 있음(340 제1항, 462조의2 제6항)

• 질권의 행사 방법

– 등록질권자는 물상대위의 대상이 주식인 경우 회사에 대해 그 주권의 교부를 청구할 수 있고(340 제3항), 금전인 경우 회사로부터 지급받아 채권 변제에 충당 가능(동조 제1항)

→ 등록질권자는 주권 교부나 금전 지급을 위해 압류할 필요 없음

→ 약식질권자는 압류 필요(민 342, 355 참조)

■ 기타 문제

• 주주권의 귀속 문제

– 질권자는 주식의 교환가치를 장악하는 것이고 주주권을 취득하는 것은 아니므로 의결권 등 **주주권 행사 불가**(판례)

• 회사의 통지의무

– 회사는 질권자가 적시에 권리를 행사할 수 있도록 주식이 변형되어 물상대위할 사항이 발생할 경우 질권자에 통지해야 함(440, 461조 제5항, 462조의2 제5항 등)

– 통지는 등록질권자에게만 하면 됨

• "또한 주식에 대해 질권이 설정되었다고 하더라도 질권설정계약 등에 따라 질권자가 담보제공자인 주주로부터 의결권을 위임받아 직접 의결권을 행사하기로 약정하는 등의 특별한 약정이 있는 경우를 제외하고 질권설정자인 주주는 여전히 주주로서의 지위를 가지고 의결권을 행사할 수 있다."(대법원 2017. 8. 18. 선고 2015다5569 판결)

Ⅲ. 주식의 양도담보

1. 의의 및 설정방법

■ 의의

- 당사자 간의 질권설정의 합의에 의해 **주권을 교부**하고 채무 변제가 없을 때 채권자가 주식 처분을 할 수 있는 **주식처분승낙서**를 첨부하여 채권자에게 교부

■ 설정 방법

- 약식양도담보는 주권의 교부, 양도담보권자의 주권 점유로 설정
- **등록양도담보**는 주권의 교부, 양도담보권자의 주권 점유, 양도담보권자의 주주명부에의 **명의개서**로 설정

2. 양도담보의 효력

■ 주주권의 행사

- 양도담보권자는 대외적으로 **주식의 소유자**에 해당
  - 등록양도담보권자는 **주주권 행사** 가능(판례)

> - "채무자가 채무담보 목적으로 주식을 채권자에게 양도하여 채권자가 주주명부상 주주로 기재된 경우, 그 양수인이 주주로서 주주권을 행사할 수 있고 회사 역시 주주명부상 주주인 양수인의 주주권 행사를 부인할 수 없다."(대법원 2020. 6. 11.자 2020마5263 결정)

■ 민법상 유치권 등 권리행사 가능

- 보통 등록양도담보의 물상대위권은 등록질의 범위와 동일하게 취급하고, 약식양도담보의 경우는 약식질과 동일하게 취급

제 4 장 회사의 기관

제1절 주주총회

Ⅰ. 주식회사의 기관 개설

■ 의의

- 회사는 법인으로서 법인격을 가짐(169)
  - 실제로는 회사 자체가 의사를 직접 결정하고 그에 따른 행위를 하는 것이 불가능하므로 그 의사와 행위는 회사의 기관에 의해 실현
- 소유와 경영의 분리로 기능별 여러 기관이 설치
  - 주식회사는 주총 외의 기관은 주주 자격 불필요
  - 인적회사는 원칙적으로 각 사원이 업무집행권과 대표권을 가지므로 기관과 사원이 일치

■ 주주총회

- 주주들로 구성
- 이사와 감사 선임 등 소정의 중요사항에 대한 최고(最高)의 의사결정 기관(361)

■ 이사회 및 대표이사

- 주총에서 수인의 이사를 선임하고 이들이 이사회를 구성
  - 이사회는 회사의 업무집행에 대한 의사결정권을 가짐(393)
  - 이사회가 결정한 내용에 대한 현실적인 집행은 이사회가 선임한 대표이사가 수행
- 대표이사는 대외적으로 회사를 대표하여 다양한 법률관계를 형성
  - 이사회는 대표이사를 감독(393 제2항)
  - 회사는 대표이사에 갈음하여 집행임원 선택 가능(408조의2)

■ 감사 및 감사위원회

- 이사회와 대표이사의 업무집행을 감사하는 기관
  - 비상장회사의 경우 감사와 감사위원회 중 선택 가능

– 감사는 주총이 선임하는 독립기관이고(409) 감사위원회는 이사회 내부에 설치되고 이사들로 구성되는 회의체 기관임(415조의2)

II. 주주총회의 의의

■ 회사의 최고의사결정기관

- 주총은 이사, 감사 등 타 기관의 구성원을 임면하고, 결의내용은 모든 회사 기관을 구속
  – 주주 전원으로만 구성(의결권 유무 무관)
  – 주주는 의결권 행사를 통해 회사 경영에 참여 가능
- 필요적 상설기관

■ 결의사항

- 주총은 **상법 또는 정관**에서 정하는 사항에 한하여 결의 가능(361)
  – 상법 또는 정관에서 주총 권한으로 정한 사항은 반드시 주총 결의로 결정해야 함(강행규정)
  – 상법 또는 정관에서 주총 권한으로 정한 사항이 아니라면 주총 결의가 있어도 무효
  – 상법 또는 정관에서 정한 주총의 권한은 타 기관에 위임 불가

- "상법 제374조 제1항 제1호는 주식회사가 영업의 전부 또는 중요한 일부의 양도 행위를 할 때에는 제434조에 따라 출석한 주주의 의결권의 3분의 2 이상의 수와 발행주식총수의 3분의 1 이상의 수로써 결의가 있어야 한다고 규정하고 있는데 이는 주식회사가 주주의 이익에 중대한 영향을 미치는 계약을 체결할 때에는 주주총회의 특별결의를 얻도록 하여 그 결정에 주주의 의사를 반영하도록 함으로써 주주의 이익을 보호하려는 강행법규라고 할 것이므로, 주식회사가 영업의 전부 또는 중요한 일부를 양도한 후 주주총회의 특별결의가 없었다는 이유를 들어 스스로 그 약정의 무효를 주장하더라도 주주 전원이 그와 같은 약정에 동의한 것으로 볼 수 있는 등 특별한 사정이 인정되지 않는다면 위와 같은 무효 주장이 신의성실 원칙에 반한다고 할 수는 없다."(대법원 2018. 4. 26. 선고 2017다288757 판결)

Ⅲ. 주주총회의 소집

1. 소집결정

(1) 이사회에 의한 소집

■ 원칙적으로 이사회가 소집(362)

- 이사회에서는 주총의 일시, 장소, 의안 등을 결정하고 대표이사가 그 결정 내용을 집행

(2) 소수주주에 의한 소집

■ 소수주주가 중요한 의사결정과정에 실질적으로 참여할 수 있도록 보장하는 제도적 장치

- 주주의 공익권에 해당

■ 절차

- 발행주식총수의 **100분의** 3 이상을 가진 주주는 **회의의 목적사항**과 **소집의 이유**를 기재한 **서면 또는 전자문서**를 **이사회**에 제출하여 임시총회의 소집 청구 가능(366 제1항)
  - 상장회사의 주주는 1천분의 15 이상을 6개월 전부터 보유해야 함(542조의6 제1항)
- 소수주주의 청구를 받은 이사회는 지체없이 주총 소집의 절차 시작해야 함(366 제2항)
  - 소집이유가 상당한지 판단하는 과정
- 주주의 소집 청구가 있은 후 이사회가 지체없이 총회 소집의 절차를 밟지 않으면 소집을 청구한 주주는 **법원**의 허가를 얻어 **직접** 총회 소집 가능(동조 동항)
  - 주주는 총회 소집에 필요한 모든 절차 개시 가능
  - 법원은 이해관계인의 청구나 직권으로 의장 선임 가능(동조 동항)
  - 동일한 안건에 대한 이사회의 소집 권한은 인정되지 않음
- 소집된 총회는 회사의 업무와 재산상태를 조사하게 하기 위하여 검사인 선임 가능(동조 제3항)

• "소수주주가 상법 제366조에 따라 주주총회 소집허가 신청을 하는 경우, 주주총회 결의사항이 아닌 것을 회의 목적사항으로 할 수 없다. 주주총회는 상법 또는 정관이 정한 사항에 한하여 결의할 수 있고(상법 제361조), 대표이사는 정관에 특별한 정함이 없는 한 이사회 결의로 선임되므로(상법 제389조), 정관에서 주주총회 결의사항으로 '대표이사의 선임 및 해임'을 규정하지 않은 경우에는 이를 회의 목적사항으로 삼아 상법 제366조에서 정한 주주총회 소집허가 신청을 할 수 없다."(대법원 2022. 4. 19. 자 2022그501 결정)

• "상법 제366조 제1항에서 정한 소수주주는 회의의 목적사항과 소집이유를 적은 서면 또는 전자문서를 이사회에 제출하는 방법으로 임시주주총회의 소집을 청구할 수 있다(상법 제366조 제1항). 이때 '이사회'는 원칙적으로 대표이사를 의미하고, 예외적으로 대표이사 없이 이사의 수가 1인 또는 2인인 소규모회사의 경우에는 각 이사를 의미한다(상법 제383조 제6항). 한편 상법 제366조 제1항에서 정한 '전자문서'란 정보처리시스템에 의하여 전자적 형태로 작성·변환·송신·수신·저장된 정보를 의미하고, 이는 작성·변환·송신·수신·저장된 때의 형태 또는 그와 같이 재현될 수 있는 형태로 보존되어 있을 것을 전제로 그 내용을 열람할 수 있는 것이어야 하므로, 이와 같은 성질에 반하지 않는 한 전자우편은 물론 휴대전화 문자메시지·모바일 메시지 등까지 포함된다."(대법원 2022. 12. 16. 자 2022그734 결정)

• "… 법원이 총회의 소집기간을 구체적으로 정하지 않은 경우에도 소집허가를 받은 주주는 소집의 목적에 비추어 상당한 기간 내에 총회를 소집하여야 한다."(대법원 2018. 3. 15. 선고 2016다275679 판결)

• "[소집청구서에는 회의의 목적사항이 대표이사의 해임 및 선임으로 기재되어 있었으나, 소집이유에는 현 대표이사의 이사직 해임과 후임 이사 선임으로 되어 있는 사안에서] 임시총회 소집청구서에 기재된 회의의 목적사항과 소집의 이유가 이사회에 먼저 제출한 청구서와 서로 맞지 않는다면 법원의 허가를 구하는 재판에서 그 청구서에 기재된 소집의 이유에 맞추어 회의의 목적사항을 일부 수정하거나 변경할 수 있고, 법원으로서는 위와 같은 불일치 등에 관하여 석명하거나 지적함으로써 신청인에게 의견을 진술하게 하고 회의 목적사항을 수정·변경할 기회를 주어야 한다."(대법원 2022. 9. 7. 자 2022마5372 결정)

(3) 감사에 의한 소집

■ 감사(또는 감사위원회)는 회의의 목적사항과 소집의 이유를 기재한 서면을 이사회에 제출하여 임시총회의 소집을 청구할 수 있고, 이사회가 소집을 게을리 할 경우 법원의 허가를 얻어 직접 소집 가능(412조의3, 415조의2 제7항)

(4) 법원의 명령에 의한 소집

■ 회사의 업무집행에 관하여 부정행위 또는 법령이나 정관에 위반한 중대한 사실이 있음을 의심할 사유가 있는 경우 발행주식총수의 100분의 3 이상에 해당되는 주식을 가진 주주는 회사의 업무와 재산상태를 조사하게 하기 위해 법원에 검사인의 선임 청구 가능(467 제1항)

- 이 경우 검사인의 보고에 의하여 필요하다고 인정되는 경우 법원은 대표이사에게 주총 소집을 명할 수 있음(동조 제3항)
  - 이사회의 소집결의 필요 없이 바로 대표이사가 소집

2. 주주총회의 시기

■ 정기총회

- 매 결산기에 1회 일정한 시기에 소집(365 제1항, 제2항)
  - 결산기가 1년을 넘더라도 매년 1회는 반드시 개최해야 함(동조 제1항)
  - 정기총회의 주요 의제는 재무제표 승인

■ 임시총회

- 필요시마다 수시로 개최(365 제3항)
  - 정기총회와 소집시기만 다를 뿐 그 권한이나 결의의 효력은 동일

3. 소집통지 및 공고

■ 총회일의 **2주 전**에 각 주주에게 서면으로 통지를 발송하거나 각 주주의 동의를 받아 전자문서로 통지를 발송(363 제1항)

- 대표이사가 담당

- 상장회사는 의결권 있는 발행주식총수의 100분의 1 이하를 가진 주주에게는 정관에 정하는 바에 따라 회일 2주간 전에 총회 소집의 뜻과 목적사항을 2개 이상의 일간신문에 각각 2회 이상 공고하거나 전자적 방법으로 공고 가능(542조의4 제1항, 시행령 31)

• 통지에는 **회의의 목적사항**을 적어야 함(363 제2항)

• 통지 및 공고를 게을리하거나 부적법하게 한 경우는 결의취소 사유에 해당(376 제1항)

• 소규모회사는 주총 소집시 총회일의 **10일 전**에 각 주주에게 서면으로 통지를 발송하거나 각 주주의 동의를 받아 전자문서로 통지를 발송(363 제3항)

- 주주 **전원**의 동의가 있으면 소집절차 없이 주총 개최 가능(동조 제4항)

■ 주주 관련 유의사항

• 명의개서한 주주에게 통지

• 회사는 **주총 소집통지**가 **3년**간 주주명부상 주주의 주소에 도달하지 않은 경우 해당 주주에게 통지 안 해도 무방(동조 제1항)

• **의결권 없는 주주**에게는 통지할 필요 없음(동조 제7항)

- 상법에서 의결권을 제한하는 모든 경우를 포함(344조의3 제1항, 369 제3항 등 참조)
- 회의의 목적사항에 **반대주주의 주식매수청구권**이 인정되는 경우에는 의결권 유무를 불문하고 통지해야 함(363 제7항)

4. 회의 일시 및 소집장소

■ 총회는 정관에 정함이 없으면 본점 소재지 또는 이에 인접한 지(地)에 소집(364)

• 회의 일시나 소집장소는 소집절차가 현저하게 불공정하지 않은 범위에서 결정되면 무방

5. 회의의 목적사항

■ 총회에서 결의할 의안을 의미

• 주주가 향후 의결할 사항이 무엇인지 알 수 있을 정도면 무방

– 예) 재무제표의 승인, 이사의 선임

• 통지 및 공고된 목적사항 외의 내용은 **결의 불가**

• 특별결의사항은 의안(議案)의 요령(要領)도 기재해야 함(433 제2항 등)

– 의안의 요령은 결의할 사항의 구체적인 내용을 의미

– 예) 정관의 변경내용, 합병의 조건 등

6. 주주제안권(株主提案權)

(1) 의 의

■ 소수주주가 향후 소집될 주총에서 일정한 사안을 주총의 목적사항으로 할 것을 제안할 수 있도록 하는 권리

(2) 제안권자

■ **의결권 있는** 발행주식총수의 **100분의** 3 이상을 소유한 주주가 행사(363조의2 제1항)

• 상장회사의 주주는 1천분의 10(최근 사업연도 말 현재의 자본금이 1천억원 이상인 상장회사는 1천분의 5) 이상을 6개월 전부터 보유해야 함(542조의6 제2항, 시행령 32)

(3) 제안내용

■ 의제(議題) 제안(363조의2 제1항)

• 총회의 구체적인 목적사항을 의미

– 예) 이사 선임 건의 제안

■ 의안(議案) 제안(동조 제2항)

• 총회의 특정한 목적사항 관련 구체적인 내용을 의미

– 예) 이사 선임 건에 대하여 A를 이사로 선임하자는 제안

(4) 절 차

■ 의제 제안의 경우

- 주주는 이사에게 총회일의 **6주** 전에 이사에게 서면 또는 전자문서로 일정한 사항을 총회의 목적사항으로 할 것을 제안(363조의2 동항)
  - 이사는 주주제안을 이사회에 보고하고, 이사회는 제안의 내용이 법령 또는 정관을 위반하는 경우와 그 밖에 대통령령으로 정하는 경우를 제외하고는 총회의 목적사항으로 해야 함(동조 제3항, 시행령 12)
    → 예) 상장회사의 임기 중에 있는 임원의 해임에 관한 사항(시행령 12 제4호)
  - 제안한 주주의 청구가 있는 경우 주총에서 당해 의안을 설명할 기회를 부여해야 함(363조의2 제3항)

■ 의안 제안의 경우

- 주주는 이사에게 총회일의 **6주** 전에 서면 또는 전자문서로 회의의 목적으로 할 사항에 추가하여 당해 주주가 제출하는 의안의 요령을 총회의 소집통지에 기재할 것을 청구 가능(동조 제2항)

(5) 위반시 결의의 효력

■ 주주의 **의안 제안을 무시**하고 이와 상충하는 결의를 한 경우 **결의취소 사유**에 해당(판례)

- 의제 제안을 무시한 경우 이와 대응하는 결의가 없으므로 다른 결의는 유효(판례)

- "먼저 이사회가 주주의 의안 제안을 부당하게 거절한 경우, 즉 주주가 의안제안권을 행사하여 회사의 제안에 대하여 수정 제안이나 반대 제안 등을 하였음에도 제안한 의안의 요령을 통지와 공고에 기재하지 않은 경우에는 소집절차 및 결의방법이 법령에 위반하여 당해 의안에 대응하는 의제에 대한 결의는 상법 제363조의2를 위반한 위법한 결의이다. 따라서 의안 제안을 무시한 결의는 상법 제376조에 따라 취소할 수 있다. 반면 이사회가 주주가 제안한 의제 자체를 부당하게 거절하여 주주총회의 의제로 상정하지 않은 경우라면 그 의제 자체가 주주총회에서

다루어지지 않게 되므로 주주제안에 대응하는 결의 자체가 존재하지 않는다. 그러므로 주주의 주주제안권이 부당하게 침해되었다고 하더라도 의제 제안의 부당 거절이 주주총회에서 이루어진 다른 결의의 효력에는 영향을 미치지 않는다."(서울고등법원 2015. 8. 22. 선고 2015나2019092 판결)

7. 주총 소집절차상의 하자에 대한 치유

■ 소집통지에 대한 하자

- 하자가 일부 주주에 한정된 경우는 당해 주주의 동의로 치유
- 하자가 주주 전원에 미치는 경우는 전원의 동의로 치유

■ 소집결의에 대한 하자

- 이사회의 소집결의에 하자가 있거나 아예 소집결의가 없더라도 주주 **전원**이 출석하여 **만장일치**로 결의하면 유효(판례, 전원출석총회)

- "임시주주총회가 법령 및 정관상 요구되는 이사회의 결의 없이 또한 그 소집절차를 생략하고 이루어졌다 하더라도 주주명부상의 주주 전원이 참석하여 총회를 개최하는 데 동의하고 아무런 이의 없이 만장일치로 결의가 이루어졌다면, 이는 특별한 사정이 없는 한 유효한 것이라 할 것이고…"(대법원 1996. 10. 11. 선고 96다24309 판결)

- "주식회사에 있어서 회사 발행의 총 주식을 한사람이 소유하고 있는 1인회사의 경우에는 그 주주가 유일한 주주로서 주주총회에 출석하면 전원총회로서 성립하고, 그 주주의 의사대로 결의될 것임이 명백하므로 따로이 총회소집절차가 필요없다 할 것이고, 실제로 총회를 개최한 사실이 없다 하더라도 그 1인 주주에 의하여 의결이 있었던 것으로 주주총회 의사록이 작성되었다면 특별한 사정이 없는 한 그 내용의 결의가 있었던 것으로 볼 수 있어 형식적인 사유에 의하여 결의가 없었던 것으로 다툴 수는 없다 할 것이다."(대법원 1993. 6. 11. 선고 93다8702 판결)

8. 주총 소집의 철회 또는 변경

■ 특별한 사정이 없는 한 총회 소집의 철회 또는 변경 가능

• 소집시에 준하여 **이사회 결의**를 거쳐 대표이사가 그 뜻을 통지하거나 공고하는 방법으로 하되, 반드시 당초 소집시와 동일한 방법으로 할 필요는 없으며, 변경이나 철회를 알리는 뜻이 모든 주주에게 도달하는 방법이면 충분(판례)

• "임시주주총회의 소집을 철회하기로 하는 내용의 이사회결의가 이루어지자마자 임시주주총회가 개최될 장소의 출입문에…임시주주총회가 이사회 결의로 철회되었다는 취지의 공고문을 부착하고, 이사회에 참석하지 않은 주주들에게는 퀵서비스를 이용하여 … 개최 예정이었던 임시주주총회가 이사회 결의로 그 소집이 철회되었다는 내용의 소집철회통지서를 보내는 한편 전보와 휴대전화(직접 통화 또는 메시지 녹음)를 이용하여 같은 취지의 통지를 한 사실 … 이 사건 임시주주총회의 소집을 철회하기로 하는 이사회 결의를 거친 후, 소집통지와 같은 방법인 서면에 의한 소집철회통지를 한 이상, 위 임시주주총회의 소집이 적법하게 철회되었다고 볼 수 있으므로, 같은 취지의 원심 판단은 정당하다."(대법원 2011. 6. 24. 선고 2009다35033 판결)

9. 회의의 연기 또는 속행

■ 총회에서는 회의의 속행(續行) 또는 연기(延期)의 결의 가능(372 제1항)
  • 연기는 총회 성립 후 의안을 다루지 못하여 회일을 후일로 정하는 것을 의미
  • 속행은 총회에서 의안 심의에 착수했으나 결의에 이르지 못하여 회일을 후일로 정해 동일 의안을 계속 다루는 것을 의미
  • 통지 등 별도의 소집절차 불필요(동조 제2항)
    – 동일한 총회로 인식하기 때문

10. 검사인(檢査人)의 선임

■ 서류검사인
  • 총회는 이사가 제출한 서류와 감사의 보고서를 조사하게 하기 위해 검사인 선임 가능(367 제1항)

■ 총회검사인

- 회사 또는 발행주식총수의 **100분의** 1 이상의 주식을 가진 주주는 총회의 소집절차나 결의방법의 적법성을 조사하기 위해 총회 전 법원에 검사인의 선임 청구 가능(동조 제2항)

Ⅳ. 주주총회의 결의

1. 정족수와 의결권의 계산

■ 보통결의

- 상법 또는 정관에 다른 정함이 있는 경우를 제외하고는 출석한 주주의 의결권 **과반수**와 발행주식총수의 **4분의** 1 이상의 수로 하는 결의(368 제1항)
  - 보통결의 요건은 정관으로 가중 가능(통설 및 판례)
  - 보통결의 요건의 완화에 대해서는 학설이 나뉨

- "상법 제368조 제1항은 … 주주총회의 성립에 관한 의사정족수를 따로 정하고 있지는 않지만, 보통결의 요건을 정관에서 달리 정할 수 있음을 허용하고 있으므로, 정관에 의하여 의사정족수를 규정하는 것은 가능하다[과반수+과반수로 한 정관 규정은 유효] … 따라서 주식회사의 정관에서 이사의 선임을 발행주식총수의 과반수에 해당하는 주식을 가진 주주의 출석과 그 출석주주의 의결권의 과반수에 의한다고 규정하는 경우, 집중투표에 관한 위 상법조항이 정관에 규정된 의사정족수 규정을 배제한다고 볼 것은 아니므로, 이사의 선임을 집중투표의 방법으로 하는 경우에도 정관에 규정한 의사정족수는 충족되어야 한다."(대법원 2017. 1. 12. 선고 2016다217741 판결)

■ 특별결의

- 출석한 주주의 의결권 **3분의** 2 이상의 수와 발행주식총수의 **3분의** 1 이상의 수로 하는 결의(434)
  - 특별결의 요건은 정관으로 완화 불가(통설)
  - 특별결의 요건의 가중에 대해서는 학설이 나뉨

■ 특수결의

- 의결권 없는 주식을 포함하여 총주주의 동의를 요하는 결의

2. 결의방법

■ 서면투표

- **정관**이 정한 바에 따라 총회에 주주가 참석하지 않고 서면으로 의결권 행사 가능(368조의3 제1항)
  - 서면투표를 하더라도 총회 소집은 반드시 이루어져야 하고 총회 생략 불가
  - 서면투표를 하면 소집통지서에 주주가 서면에 의한 의결권을 행사하는 데 필요한 서류와 참고자료를 첨부해야 함(동조 제2항)

■ 전자투표

- **이사회**의 결의로 주주가 총회에 출석하지 않고 전자적 방법으로 의결권 행사 가능(368조의4 제1항)
  - 전자투표를 하는 경우 총회 소집통지를 할 때 전자투표 방법으로 의결권을 행사할 수 있다는 내용을 통지해야 함(동조 제2항)
  - 전자투표를 하는 경우 주주는 주주 확인절차 등 대통령령으로 정하는 바에 따라 의결권을 행사하여야 하고 회사는 의결권 행사에 필요한 양식 등을 전자적 방법으로 주주에게 제공해야 함(동조 제3항, 시행령 13)
- 동일한 주식에 관하여 회사가 서면투표와 전자투표를 하는 경우 하나를 선택해야 함(368조의4 제4항)
- 회사는 의결권 행사에 관한 전자적 기록을 총회가 끝난 날로부터 3개월간 본점에 비치하여 열람하게 하고, 총회가 끝난 날로부터 5년간 보존해야 함(동조 제5항)

■ 소규모회사의 서면결의

- 소규모회사에서는 **서면에 의한 결의**로 주총의 결의를 갈음 가능(363 제4항 전단)

- 서면결의는 주주들이 대면하여 회의하는 것을 생략하고 주주 전원의 의사를 동시에 서면으로 묻는 결의방식을 의미
- 서면결의는 주총결의와 동일한 효력이 있음(동조 제5항)
- 서면결의에 대해서는 주총에 관한 규정을 준용(동조 제6항)

• 소규모회사에서 결의의 목적사항에 대하여 주주 전원이 **서면으로** 동의를 하면 서면에 의한 결의가 있는 것으로 봄(동조 제4항 후단)

- 주주 전원의 서면동의를 서면결의로 갈음
- 총회일을 정하여 10일 전에 소집통지를 발송하는 절차를 생략하고 언제든지 주주 전원의 동의로 결의 가능

3. 의사록의 작성

■ 주총의 의사에는 의사록을 작성해야 함(373 제1항)

• 의사록에는 의사의 경과요령과 그 결과를 기재하고 의장과 출석한 이사가 기명날인 또는 서명해야 함(동조 제2항)

■ 의사록은 본점과 지점에 비치(396 제1항)

• 주주와 회사채권자는 영업시간 내에 언제든지 열람 또는 등사 청구 가능(동조 제2항)

■ 의사록의 부실기재 또는 미작성이 주총결의 효력에 영향을 미치지 않음(통설)

• 의사록 보존기간에 대한 상법 규정 없음

4. 결의의 성립 및 효력발생시기

■ 결의 시작 후 결의요건을 충족하는 의결권 수가 확인되면 결의가 성립

• 결의의 효력은 결의의 성립과 동시에 발생

- 총회의 결의로 별도로 성립시기 지정 가능

V. 주주의 의결권

1. 의 의

■ 주총에 출석하여 안건의 표결에 참여할 수 있는 권리

- 주주는 의결권 행사를 통해 회사 경영에 참여
- 주주의 가장 중요한 공익권
  - 법률에 다른 규정이 없는 한 정관 또는 주주총회의 결의로도 제한 또는 박탈 불가
- 모든 주주는 1주마다 1개의 의결권을 가짐(369 제1항)
  - 강행규정

2. 의결권의 제한

(1) 의결권이 없는 주식

■ 의결권의 배제·제한에 관한 종류주식

- 의결권의 **배제·제한**에 관한 종류주식은 주총 안건의 전부 또는 제한되는 사항에 대해 의결권이 없음(344조의3 제1항)
  - 주식의 속성에 따른 제한으로 주주평등원칙의 예외
  - 양도되더라도 배제 또는 제한이 그대로 양수인에게도 유지
- 의결권 없는 주식의 수는 **발행주식총수에 산입하지 않음**(371 제1항)

(2) 의결권이 일시적으로 제한되는 주식

■ 의의

- 상법은 주주의 특성이나 주총의 안건에 따라 의결권 행사를 제한
  - 특정 주주의 의결권 행사가 결의의 공정성을 저해하는 등 예외적인 상황에서 제한
  - 양도되면 의결권 부활이 원칙이지만, 상법에 따라 재차 제한 가능
  - 상법은 주총 의결시 정족수, 의결권 수의 계산 방법을 규정(371)

■ 자기주식

- 회사가 가진 **자기주식**은 의결권이 없음(369 제2항)
- **발행주식총수에 산입하지 않음**(371 제1항)

■ 상호주

- 회사, 모회사 및 자회사 또는 자회사가 다른 회사의 발행주식총수의 **10분의** 1을 초과하는 주식을 가지고 있는 경우 그 다른 회사가 가지고 있는 회사 또는 모회사의 주식은 의결권이 없음(369 제3항)
- 자회사가 가진 **모회사 주식**은 처분시까지 의결권이 없음(통설)
- **발행주식총수에 산입하지 않음**(371 제1항)

■ 특별이해관계인

- 총회의 결의에 관하여 **특별한 이해관계**가 있는 주주는 의결권이 없음(368 제3항)
  - 회사의 기관 구성 관련 이해관계가 있는 주주는 의결권 행사 가능
  - 예) 이사 선임(382 제1항) 또는 해임(385 제1항) 결의에서 당사자가 주주인 경우
- **개인법설**(통설 및 판례)
  - 주주가 총회 결의에 관하여 주주의 지위와 상관없이 **개인적으로** 이해가 있을 때 특별한 이해관계가 있다고 판단
  - 예) 이사의 책임면제(400 제1항) 결의에서 그 이사가 주주인 경우
  - 예) 영업양도(374 제1항) 결의에서 주주가 그 거래상대방인 경우
  - 예) 이사 보수(388)를 결정하는 결의에서 이사가 주주인 경우
- 특별한 이해관계로 인하여 행사할 수 없는 주식의 의결권 수는 **출석한 주주의 의결권 수에 산입하지 않음**(371 제2항)

■ 감사 또는 감사위원회 위원의 임면

- 비상장회사 감사의 경우
  - 의결권 없는 주식을 제외한 발행주식총수의 **100분의** 3을 초과하는 수의 주식을 가진 주주는 **그 초과하는 주식**에 관하여 감사의 **선임**

에 있어서는 의결권 행사 불가(409 제2항)

– 정관에서 더 낮은 주식 보유비율을 정할 수 있으며, 정관에서 더 낮은 주식 보유비율을 정한 경우에는 그 비율에 의함(동조 동항)

• 상장회사 감사의 경우

– 감사를 **선임** 또는 **해임**할 때는 의결권 없는 주식을 제외한 발행주식총수의 **100분의 3**을 초과하는 수의 주식을 가진 주주는 **그 초과하는 주식**에 관하여 의결권 행사 불가(542조의12 제7항, 제4항)

– 정관에서 더 낮은 주식 보유비율을 정할 수 있으며, 정관에서 더 낮은 주식 보유비율을 정한 경우에는 그 비율에 의함(542조의12 제7항, 제4항)

– **최대주주**의 경우에는 위 100분의 3을 계산할 때 그의 특수관계인, 그 밖에 대통령령으로 정하는 자가 소유하는 주식을 합산하고(542조의12 제7항, 제4항, **합산 3% rule**), 그 외 주주는 자신의 보유주식만으로 계산

• 상장회사의 감사위원회 위원의 경우

– 최근 사업연도 말 현재의 자산총액이 **2조 원** 이상인 대규모 상장회사가 감사위원회 위원을 **선임** 또는 **해임**할 때는 의결권 없는 주식을 제외한 발행주식총수의 **100분의** 3을 초과하는 수의 주식을 가진 주주는 **그 초과하는 주식**에 관하여 의결권 행사 불가(542조의12 제4항)

– 정관에서 더 낮은 주식 보유비율을 정할 수 있으며, 정관에서 더 낮은 주식 보유비율을 정한 경우에는 그 비율에 의함(동조)

– **최대주주**의 경우에는 **사외이사가 아닌** 감사위원회 위원을 **선임** 또는 **해임**할 때 위 100분의 3 계산시 그의 특수관계인, 그 밖에 대통령령으로 정하는 자가 소유하는 주식을 합산(동조, **합산 3% rule**)

• 100분의 3 초과로 인하여 행사할 수 없는 주식의 의결권 수는 **출석한 주주의 의결권 수에 산입하지 않음**(371 제2항)

• "만약 3% 초과 주식이 상법 제368조 제1항에서 말하는 '발행주식총수'에 산입된다고 보게 되면, 어느 한 주주가 발행주식총수의 78%를 초과하여 소유하는 경우

와 같이 3% 초과 주식의 수가 발행주식총수의 75%를 넘는 경우에는 상법 제368조 제1항에서 말하는 '발행주식총수의 4분의 1 이상의 수'라는 요건을 충족시키는 것이 원천적으로 불가능하게 되는데, 이러한 결과는 감사를 주식회사의 필요적 상설기관으로 규정하고 있는 상법의 기본 입장과 모순된다. 따라서 감사의 선임에 있어서 3% 초과 주식은 위 제371조의 규정에도 불구하고 상법 제368조 제1항에서 말하는 '발행주식총수'에 산입되지 않는다고 보아야 한다. 그리고 이는 자본금 총액이 10억 원 미만이어서 감사를 반드시 선임하지 않아도 되는 주식회사라고 하여 달리 볼 것도 아니다."(대법원 2016. 8. 17. 선고 2016다222996 판결)

3. 행사방법

(1) 주주의 직접적인 의결권 행사

- 주주는 명의개서를 통해 의결권 행사 가능

(2) 의결권의 대리 행사

- 주주는 의결권을 **대리인**이 행사하도록 할 수 있음(368 제2항)
  - 대리 행사를 위해서는 대리권을 증명하는 **서면**을 총회에 제출해야 함(동조 동항)
  - 정관 등으로 의결권의 대리 행사 금지 불가(강행규정)
    - 보통 정관 규정으로 대리인의 자격을 주주로 제한하는 것이 일반적
  - 의결권 행사의 포괄적 위임, 재위임도 가능(판례)

• "'대리권을 증명하는 서면'이라 함은 위임장을 일컫는 것으로서 회사가 위임장과 함께 인감증명서, 참석장 등을 제출하도록 요구하는 것은 대리인의 자격을 보다 확실하게 확인하기 위하여 요구하는 것일 뿐, 이러한 서류 등을 지참하지 아니하였다 하더라도 주주 또는 대리인이 다른 방법으로 위임장의 진정성 내지 위임의 사실을 증명할 수 있다면 회사는 그 대리권을 부정할 수 없다. 한편, 회사가 주주 본인에 대하여 주주총회 참석장을 지참할 것을 요구하는 것 역시 주주 본인임을 보다 확실하게 확인하기 위한 방편에 불과하므로, 다른 방법으로 주주 본인임을 확인할 수 있는 경우에는 회사는 주주 본인의 의결권 행사를 거부할 수 없다."(대법원 2009. 4. 23. 선고 2005다22701, 22718 판결)

• "주식회사의 주주는 상법 제368조 제2항에 따라 타인에게 의결권 행사를 위임하거나 대리 행사하도록 할 수 있다. 이 경우 의결권의 행사를 구체적이고 개별적인 사항에 국한하여 위임해야 한다고 해석하여야 할 근거는 없고 포괄적으로 위임할 수도 있다."(대법원 2014. 1. 23. 선고 2013다56839 판결)

• "주주의 자유로운 의결권 행사를 보장하기 위하여 주주가 의결권의 행사를 대리인에게 위임하는 것이 보장되어야 한다고 하더라도 주주의 의결권 행사를 위한 대리인 선임이 무제한적으로 허용되는 것은 아니고, 그 의결권의 대리 행사로 말미암아 주주총회의 개최가 부당하게 저해되거나 혹은 회사의 이익이 부당하게 침해될 염려가 있는 등의 특별한 사정이 있는 경우에는 회사는 이를 거절할 수 있다."(대법원 2009. 4. 23. 선고 2005다22701, 22718 판결)

• "주주의 대리인의 자격을 제한할 만한 합리적인 이유가 있는 경우 정관의 규정에 의하여 상당하다고 인정되는 정도의 제한을 가하는 것까지 금지하는 취지는 아니라고 해석되는바, 대리인의 자격을 주주로 한정하는 취지의 주식회사의 정관 규정은 주주총회가 주주 이외의 제3자에 의하여 교란되는 것을 방지하여 회사 이익을 보호하는 취지에서 마련된 것으로서 합리적인 이유에 의한 상당한 정도의 제한이라고 볼 수 있으므로 이를 무효라고 볼 수는 없다. 그런데 위와 같은 정관 규정이 있다 하더라도 주주인 국가, 지방공공단체 또는 주식회사 등이 그 소속의 공무원, 직원 또는 피용자 등에게 의결권을 대리 행사하도록 하는 때에는 특별한 사정이 없는 한 그들의 의결권 행사에는 주주 내부의 의사결정에 따른 대표자의 의사가 그대로 반영된다고 할 수 있고 이에 따라 주주총회가 교란되어 회사 이익이 침해되는 위험은 없는 반면에, 이들의 대리권 행사를 거부하게 되면 사실상 국가, 지방공공단체 또는 주식회사 등의 의결권 행사의 기회를 박탈하는 것과 같은 부당한 결과를 초래할 수 있으므로, 주주인 국가, 지방공공단체 또는 주식회사 소속의 공무원, 직원 또는 피용자 등이 그 주주를 위한 대리인으로서 의결권을 대리 행사하는 것은 허용되어야 하고 이를 가리켜 정관 규정에 위반한 무효의 의결권 대리 행사라고 할 수는 없다."(대법원 2009. 4. 23. 선고 2005다22701, 22718 판결, 제한적 유효설)

(3) 의결권의 불통일 행사

■ 주주가 2 이상의 의결권을 가지고 있는 때 불통일하여 행사 가능(368조의2 제1항)

- 이 경우 총회일의 **3일** 전에 회사에 대해 서면 또는 전자문서로 그 뜻과 이유를 통지해야 함(동조 동항)
- 회사는 주주가 주식의 신탁을 인수하였거나 기타 타인을 위해 주식을 가지고 있는 경우 외에는 주주의 의결권 불통일 행사를 거부할 수 있음(동조 제2항)

- "여기서 3일의 기간이라 함은 의결권의 불통일행사가 행하여지는 경우에 회사 측에 그 불통일행사를 거부할 것인가를 판단할 수 있는 시간적 여유를 주고, 회사의 총회 사무운영에 지장을 주지 아니하도록 하기 위하여 부여된 기간으로서, 그 불통일행사의 통지는 주주총회 회일의 3일 전에 회사에 도달할 것을 요한다. 다만, 위와 같은 3일의 기간이 부여된 취지에 비추어 보면, 비록 불통일행사의 통지가 주주총회 회일의 3일 전이라는 시한보다 늦게 도착하였다고 하더라도 회사가 스스로 총회운영에 지장이 없다고 판단하여 이를 받아들이기로 하고 이에 따라 의결권의 불통일행사가 이루어진 것이라면, 그것이 주주평등의 원칙을 위반하거나 의결권 행사의 결과를 조작하기 위하여 자의적으로 이루어진 것이라는 등의 특별한 사정이 없는 한, 그와 같은 의결권의 불통일행사를 위법하다고 볼 수는 없다."(대법원 2009. 4. 23. 선고 2005다22701, 22718 판결)

VI. 주주총회의 의사집행

■ 총회의 의장은 정관에서 정함이 없는 때에는 총회에서 선임(366조의2 제1항)

- 의장은 총회의 질서 유지와 의사의 정리를 담당(동조 제2항)
- 의장은 고의로 의사진행을 방해하기 위한 발언·행동을 하는 등 현저히 질서를 문란하게 하는 자에 대하여 그 발언의 정지 또는 퇴장을 명할 수 있음(동조 제3항)

VII. 주주총회의 결의사항(권한)

1. 상법상의 권한

(1) 의 의

- 주총의 법정 결의사항은 주총의 전속적인 권한에 해당
  - 주총 결의나 정관으로 다른 기관 또는 제3자에게 위임 불가

- 주총은 회사와 주주의 이해에 영향을 미치는 중요사항에 대해 결의

(2) 결의사항의 중요도에 따른 분류

- 보통결의사항
  - 예) 이사, 감사, 청산인의 선임과 보수 결정(382, 384, 389, 409, 415, 542)
  - 예) 재무제표의 승인(449), 주식배당(462조의2)

- 특별결의사항
  - 예) 정관변경(433), 영업양도, 양수, 임대 등(374 제1항)
  - 예) 이사 또는 감사의 해임(385 제1항, 415)
  - 예) 자본금 감소(438), 합병계약서 승인(530조의3 제1항 및 제2항)

- 특수결의사항
  - 예) 발기인에 대한 회사의 손해배상책임 면제(324)
  - 예) 이사에 대한 회사의 손해배상책임 면제(400)
  - 예) 유한회사로의 조직변경(604)

2. 정관에 의한 권한 확장

- 주총의 권한은 법률에서 정한 사항 외에도 정관에 따라 정할 수 있음(361)
  - 원래 이사회 권한이지만 상법으로 주총 권한으로 유보할 수 있음을 정한 경우(416 단서)는 물론 유보조항이 없어도 주총 권한으로 할 수

있음(확장설, 다수설)

– 다만, 주총의 소집 권한(362)은 제외

Ⅷ. 주요 특별결의사항

1. 영업의 양도와 양수

(1) 영업의 전부 또는 중요한 일부의 양도(374 제1항 제1호)

■ 영업양도의 의미

• **영업재산양도설**(통설 및 판례)

• "영업의 양도란, 영업목적을 위하여 조직화된 유기적 일체로서의 기능재산의 동일성이 유지된 일괄 이전을 의미하는 것"(대법원 1989. 12. 26. 선고 88다카10128 판결)

■ **중요한 일부**에 대한 판단기준

• "… 주식회사가 그 사업목적으로 삼는 영업 중 일부를 양도하는 경우 상법 제374조 제1항 제1호 소정의 '영업의 중요한 일부의 양도'에 해당하는지는 양도대상 영업의 자산, 매출액, 수익 등이 전체 영업에서 차지하는 비중, 일부 영업의 양도가 장차 회사의 영업규모, 수익성 등에 미치는 영향 등을 종합적으로 고려하여 판단하여야 한다."(대법원 2014. 10. 15 선고 2013다38633 판결)

(2) 회사의 영업에 중대한 영향을 미치는 다른 회사의 영업 전부 또는 일부의 양수(동조 동항 제3호)

■ **중대성**은 위 중요성과 동일한 맥락으로 해석

2. 중요한 재산의 양도 등 처분

■ 원칙적으로 영업의 양도가 아닌 한 영업용 재산의 처분은 주총의 특별결의사항이 아님

• 회사의 유일한 재산이라도 마찬가지임(판례)

■ 다만, 영업용 재산의 특성 또는 성질에 따라 그 처분이 영업양도와 동일한 효력이 있는 경우 주총의 특별결의 필요

• 회사 **존속의 기초**가 되는 중요한 재산의 처분은 **영업의 폐지** 또는 **중단**을 초래하므로 상법 제374조 제1항 제1호를 **유추 적용**(판례)

– 다만, 중요한 재산의 처분이라도 처분 당시 이미 영업을 폐지하거나 중단하고 있었던 경우에는 주총의 특별결의 불요(판례)

• "본건 부동산이 원고 회사의 영업용 재산이고 또 이를 처분하므로 말미암아 원고 회사의 영업 전부 또는 그 일부를 다른 사람에게 양도하거나 폐지하는 것과 같은 결과를 가져오는 것이 아니라고 하면 본건 부동산이 원고 회사의 유일한 재산이라고 하더라도 그 처분에 반드시 주주총회의 특별결의가 필요하다고 할 수 없는 것이다."(대법원 1964. 7. 23. 선고 63다820 판결)

• "상법 제374조 제1호에 의하면 주식회사가 그 영업의 전부 또는 중요한 일부를 양도함에는 같은 법 제434조가 정하는 주주총회의 특별결의를 거치도록 규정하고 있고 여기서 말하는 영업의 양도란 같은 법 제1편 제7장의 영업양도를 가리키는 것이므로 영업용 재산의 양도에 있어서는 그 재산이 주식회사의 유일한 재산이거나 중요한 재산이라 하여 그 재산의 양도를 곧 영업의 양도라 할 수는 없겠지만 주식회사 존속의 기초가 되는 중요한 재산의 양도는 영업의 폐지 또는 중단을 초래하는 행위이므로 이는 영업의 전부 또는 일부 양도의 경우와 다를 바 없다고 봄이 상당하고 이러한 경우에는 상법 제374조 제1호의 규정을 유추 적용하여 주주총회의 특별결의를 거쳐야 할 것이다."(대법원 1988. 4. 12. 선고 87다카1662 판결)

• "다만 회사가 위와 같은 회사 존속의 기초가 되는 영업재산을 처분할 당시에 이미 영업을 폐지하거나 중단하고 있었던 경우에는 그 처분으로 인하여 비로소 영업의 전부 또는 일부가 폐지되거나 중단되기에 이른 것이라고 할 수 없으므로 주주총회의 특별결의를 요하지 않는 것이나, 위에서 '영업의 중단'이라고 함은 영업의 계속을 포기하고 일체의 영업활동을 중단한 것으로서 영업의 폐지에 준하는 상태를 말하고 단순히 회사의 자금사정 등 경영상태의 악화로 일시 영업활동을 중

지한 경우는 여기에 해당하지 않는다."(대법원 2014. 9. 4. 선고 2014다6404 판결)

• "매도담보에 의하여 회사의 영업재산 전부를 양도하는 행위는 위 회사의 영업의 전부 또는 그 중요 부분을 폐업하는 결과를 초래하여 영업의 양도와 동일한 결과를 초래할 것이므로 회사 존속의 기초가 되는 영업재산의 전부를 매도담보에 의하여 양도하는 행위는 [상법] 소정 주주총회의 특별결의를 요하는 사항이라 해석함이 상당하다 할 것이며…"(대법원 1965. 12. 21. 선고 65다2099 판결)

3. 영업 전부의 임대 등

(1) 영업 전부의 임대 또는 경영위임(동조 동항 제2호)

■ 영업임대

• 타인에게 일정한 대가를 받고 영업재산과 영업조직을 사용하도록 임대하는 것

– 임대인은 영업재산 등에 대한 소유권 보유

– 임차인은 자신의 명의와 계산으로 영업활동을 수행

■ 경영위임

• 회사의 경영을 타인에게 위임하는 것

– 위임인은 영업재산 등에 대한 소유권 보유

– 수임인은 위임인의 명의와 계산으로 영업활동을 수행하고 일정한 보수 수령

■ 영업임대와 경영위임은 영업양도가 아니지만 주총의 특별결의사항으로 지정

• 영업주의 지위 이전은 없으나, 제3자가 모든 회사의 영업재산 등을 사용하게 되므로 신중한 의사결정을 위한 목적

– 영업 전부의 임대 및 영업 전부의 경영위임에 국한

(2) 타인과 영업의 손익 전부를 같이 하는 계약, 그 밖에 이에 준하는 계약의 체결, 변경 또는 해약(동조 동항 제2호)

■ 타인과 일정 비율에 따른 영업손익을 모두 함께하는 계약 및 그에 준하는 계약을 체결하는 경우 등에 있어서 신중한 의사결정을 위해 주총의 특별결의사항으로 지정

4. 간이영업양도 · 양수 · 임대 등

■ 상법 제374조 제1항 각호의 어느 하나에 해당하는 행위를 하는 회사의 **총주주** 동의가 있거나 발행주식총수의 **100분의** 90 이상을 해당 행위의 상대방이 소유하고 있는 경우 주총 승인을 이사회 승인으로 갈음 가능 (374조의3 제1항)

• 영업양도 등의 계약서 작성일로부터 2주 이내에 주총 승인 없이 해당 행위를 한다는 뜻을 공고하거나 주주에게 통지해야 함(동조 제2항)

– 총주주의 동의가 있는 경우는 생략 가능(동조 동항)

■ 반대주주의 주식매수청구권 인정

• 위 공고 또는 통지를 한 날로부터 **2주** 이내에 회사에 대하여 **서면으로** 영업양도 등에 반대하는 의사를 통지한 주주는 그 기간이 경과한 날부터 **20일** 이내에 주식의 종류와 수를 기재한 서면으로 회사에 대해 주식의 매수청구 가능(동조 제3항)

5. 사후설립

■ 회사가 그 성립 후 **2년** 내에 그 **성립 전**부터 존재하는 재산으로서 영업을 위해 계속하여 사용하여야 할 것을 자본금의 **100분의** 5 이상에 해당하는 대가로 취득하는 계약을 체결하는 경우 주총의 특별결의 필요 (375, 374)

IX. 반대주주의 주식매수청구권

1. 의 의

■ 주총에서 주주의 이해관계에 중요한 영향을 미치는 결의가 이루어진 경우 그 결의에 반대한 주주가 회사에 대하여 주식의 매수청구를 할 수 있는 권리

- 다수결 논리에 따라 회사의 경영에 큰 변화가 발생하는 경우 투하자본 회수 가능성을 열어두어 소수주주를 보호하려는 목적
- 사전 반대통지를 통해 회사의 신중한 의사결정과정과 공정성 담보 가능

2. 요 건

(1) 일부 특별결의사항에서 인정

■ 인정되는 특별결의사항

- 예) 영업양도 등(374조의2), 간이영업양도 등(374조의3 제3항)
- 예) 주식의 포괄적 교환 및 이전(360조의5, 360조의22)
- 예) 합병 및 분할합병(522조의3, 530조의11 제2항)

■ 인정되지 않은 특별결의사항

- 예) 정관변경(434), 자본금 감소(438), 분할(530조의3) 등

(2) 반대주주의 존재

■ 의결권 유무와 무관

- **의결권이 없거나 제한되는 주주**도 행사 가능(374조의2 제1항 등)

■ 결의사항별 인정되는 주주의 예시

- 영업양도의 경우(374 제1항 제1호 및 제3호)
  - 영업 전부를 양도하거나 중요한 일부를 양도하는 회사의 반대주주에게 인정

– 양수하는 영업의 전부 또는 일부 구분 없이 양수하는 회사에 중대한 영향을 미칠 때만 반대주주에게 인정

• 합병의 경우

– 존속회사와 소멸회사의 모든 반대주주에게 인정(522조의3)

– **간이합병**은 소멸회사의 반대주주에게도 인정(527조의2)

– **소규모합병**은 존속회사에서는 인정되지 않음(527조의3 제5항)

• 주식의 포괄적 교환의 경우

– 완전모회사 및 완전자회사의 모든 반대주주에게 인정(360조의5)

– **간이주식교환**은 완전자회사의 반대주주에게도 인정(360조의9)

– **소규모주식교환**은 완전모회사에서는 인정되지 않음(360조의10 제7항)

3. 절 차

■ 총회 소집통지에의 기재

• 소집통지에 주식매수청구권의 내용 및 그 행사방법을 명시해야 함(374 제2항, 360조의5 제3항, 360조의22, 530 제2항, 530조의11 제2항)

– **의결권 없는 주주**도 매수청구권을 가지므로 이들에게도 알려야 함(363 제7항 단서)

• 소집통지에서 이를 명시하지 않았다면 주주는 **사전 반대의 통지 없이** 행사 가능(판례)

■ 주주의 사전 반대의 통지

• 결의에 반대하는 주주는 **주총 전**에 회사에 대해 **서면으로** 그 결의에 반대하는 의사를 통지해야 함(374조의2 제1항, 360조의5 제1항, 360조의22, 522조의3 제1항, 530조의11 제2항)

• 간이합병, 간이주식교환의 경우 간이합병, 간이주식교환을 한다는 뜻을 공고 또는 통지한 날로부터 2주 내에 회사에 대해 서면으로 반대하는 의사를 통지해야 함(360조의5 제2항, 360조의9 제2항, 522조의3 제2항, 527조의2 제2항)

■ 주주의 서면 청구

• 반대주주는 총회의 결의일로부터 **20일** 내에 회사에 대해 주식의 종류와 수를 기재한 서면으로 매수를 청구해야 함(374조의2 제1항, 360조의5 제1항, 360조의22, 522조의3 제1항, 530조의11 제2항)

• 간이합병, 간이주식교환의 경우 간이합병, 간이주식교환을 한다는 뜻을 공고 또는 통지한 날로부터 2주 내에 회사에 대해 서면으로 반대하는 의사를 통지한 주주는 그 기간이 경과한 날로부터 **20일** 이내에 매수를 청구해야 함(360조의5 제2항, 360조의9 제2항, 522조의3 제2항, 527조의2 제2항)

• 사전 반대의 통지를 한 주주가 다시 총회에 출석하여 반대할 필요 없음
  – 반대주주의 의결권은 반대표에 합산

4. 매수청구의 효과

■ 회사의 주식매수

• 매수청구기간이 종료하는 날(총회 결의일로부터 20일)로부터 **2개월** 이내에 주식을 매수해야 함(374조의2 제2항, 360조의5 제3항, 360조의22, 530 제2항, 530조의11 제2항).

• 주식의 매수가액은 주주와 회사 간의 협의로 결정(374조의2 제3항 내지 제5항, 360조의5 제3항, 360조의22, 530 제2항, 530조의11 제2항)
  – 매수청구기간이 종료하는 날로부터 **30일** 이내에 협의가 안 되면 회사 또는 주주는 법원에 매수가액의 결정을 청구 가능하고, 법원은 회사의 재산상태 기타 사정을 참작하여 공정한 가액으로 산정해야 함(374조의2 제3항 내지 제5항, 360조의5 제3항, 360조의22, 530 제2항, 530조의11 제2항)

■ 주주의 지위 유지 관련

• 주식매수청구권을 행사한 주주라도 회사로부터 주식의 매매대금을 받지 않는 동안에는 주주의 지위를 유지하므로 각종 주주권 행사 가능(판례)

- "반대주주의 주식매수청구권은 이른바 형성권으로서 그 행사로 회사의 승낙 여부와 관계없이 주식에 관한 매매계약이 성립하고, 상법 제374조의2 제2항의 [매수청구기간이 종료하는 날로부터 2개월은] 주식매매대금 지급의무의 이행기를 정한 것이라고 해석된다. 그리고 이러한 법리는 위 2월 이내에 주식의 매수가액이 확정되지 아니하였다고 하더라도 다르지 아니하다."(대법원 2011. 4. 28. 선고 2009다72667 판결)

- "반대하는 주주가 회사에 대하여 비상장주식의 매수를 청구하는 경우, 그 주식에 관하여 객관적 교환가치가 적정하게 반영된 정상적인 거래의 실례가 있으면 그 거래가격을 시가로 보아 주식의 매수가액을 정하여야 할 것이나, 그러한 거래사례가 없으면 비상장주식의 평가에 관하여 보편적으로 인정되는 시장가치방식… 등 여러 가지 평가방법을 활용하되, 비상장주식의 평가방법을 규정한 관련 법규들은 그 제정 목적에 따라 서로 상이한 기준을 적용하고 있으므로, 어느 한 가지 평가방법이 항상 적용되어야 한다고 단정할 수는 없고, 당해 회사의 상황이나 업종의 특성 등을 종합적으로 고려하여 공정한 가액을 산정하여야 할 것이다."(대법원 2006. 11. 24. 자 2004마1022 결정)

- "한편 주식매수청구권을 행사한 주주도 회사로부터 그 주식의 매매대금을 지급받지 아니하고 있는 동안에는 주주로서의 지위를 여전히 가지고 있으므로 특별한 사정이 없는 한 주주로서의 권리를 행사하기 위하여 필요한 경우에는 위와 같은 회계장부열람·등사권을 가진다. 주주가 주식의 매수가액을 결정하기 위한 경우뿐만 아니라 회사의 이사에 대하여 대표소송을 통한 책임 추궁이나 유지청구, 해임청구를 하는 등 주주로서의 권리를 행사하기 위하여 필요하다고 인정되는 경우에는 특별한 사정이 없는 한 그 청구는 회사의 경영을 감독하여 회사와 주주의 이익을 보호하기 위한 것이므로, 주식매수청구권을 행사하였다는 사정만으로 청구가 정당한 목적을 결하여 부당한 것이라고 볼 수 없다."(대법원 2018. 2. 28. 선고 2017다270916 판결)

5. 매수주식의 처분

■ 회사의 자기주식 취득

- 특정 목적에 의한 자기주식의 취득에 해당(341조의2 제4호)

X. 주주총회 결의의 하자

1. 서 설

- 상법은 결의에 흠결이 있는 경우 원칙적으로 소만으로 이를 주장할 수 있도록 규정
  - 총회의 결의는 성립과 이후 후속행위에서 다수의 이해관계를 형성하므로 취소, 무효의 일반 법리로 해결하면 단체법적 법률관계에 불안을 야기
    - 결의의 절차적, 내용적 하자의 유형에 따라 다툴 수 있는 소의 종류, 관련 절차 및 효력을 규정하여 획일적인 이해관계 조정 및 법적 안정성 도모

2. 결의취소의 소

(1) 의 의

- **소집절차 또는 결의방법**이 법령 또는 정관에 위반하거나 현저하게 불공정한 때 또는 **결의내용**이 정관에 위반한 때 **주주, 이사, 감사**는 결의의 날로부터 **2월** 내 제기(376 제1항)

(2) 취소원인(판례)

- 소집절차의 하자
  - 하자 있는 이사회 소집결의
    - 예) 이사회 소집결의가 있으나, 그 효력에 다툼이 있는 경우
  - 소집권한 없는 자에 의한 소집
    - 예) 이사회 소집결의는 있으나, 소집권자가 아닌 자가 소집한 경우
  - 하자 있는 소집통지
    - 예) **일부 주주**(100분의 41)에게 소집통지를 하지 않는 경우
    - 예) 통지기간을 준수하지 않거나 통지방법이 틀린 경우
    - 예) 명의개서 부당거절 후 소집통지를 하지 않은 경우
  - 목적사항 외의 결의

– 예) 총회의 소집 목적사항 외의 사항에 대해 결의한 경우
– 예) 법원의 허가를 받아 소집하는 총회에서 허가받은 목적 외의 사항을 결의하는 경우

• "위 주주총회의 결의는 위 회사의 [발행주식총수 중 59%를 가진 주주들이] 출석하여 그들의 만장일치로 이루어진 것이라고 할 것이어서 … 위 임시주주총회의 결의가 부존재한다거나 무효라고 볼 정도의 중대한 하자라고 볼 수는 없다고 판단한 [원심판결에] 소론과 같이 채증법칙을 위반하거나 상법 제362조나 제363조를 위반한 위법이 있다고 볼 수 없다."(대법원 1993. 1. 26. 선고 92다11008 판결)

• "상법 제363조 제1항, 제2항의 규정에 의하면 … 회의의 목적사항으로 한 것 이외에는 결의할 수 없는 것이며, 이에 위배하여 목적사항 이외의 안건을 부의하여 결의하였다면 특별한 사정이 없는 한 상법 제376조 소정의 총회의 소집절차 또는 결의방법이 법령에 위반하는 것으로 보아야 할 것이니 … 피고 회사 정관[에] 주주총회는 미리 주주에게 통지한 회의의 목적사항 이외에는 결의를 하지 못하나 주주 전원의 동의가 있으면 그러하지 아니하다고 규정되어 있으며 … 원심은 위 정관상의 주주전원이란 출석주주전원을 의미하는 것이 아니고 재적주주 전원을 의미하는 것으로 보아야 한다 할 것이라 하여 피고의 위 주장을 배척하고 … 그 결의의 취소를 구하는 원고의 청구를 이유있다 하여 인용하고 있는바, 이를 기록에 대조하여 살펴보면 원심의 위와 같은 사실인정에 의한 판단조처는 정당하다 시인되고…(대법원 1979. 3. 27. 선고 79다19 판결)

■ 결의방법의 하자

• 하자 있는 의결권 행사
  – 예) 주주(또는 대리인) 아닌 자가 의결권을 행사한 경우(**일부** 주주에 한정)
  – 예) 의결권이 배제되는 주식을 가진 주주가 의결권을 행사한 경우
  – 예) 특별이해관계가 있는 주주가 의결권을 행사한 경우(**일부** 주주에 한정)

• 결의요건의 위반
  – 예) 정족수, 의결권 계산이 위법한 경우

• 불공정한 의사진행

– 예) 결의에 반대할 것으로 예상되는 주주의 출석을 지연시키고 가결한 경우

• 강행법규 위반으로 무효인 정관 규정을 따른 결의

– 예) **1주 1의결권 원칙을 위반**하는 정관 규정에 따라 감사를 선임한 경우

• "상법 제369조 제1항에서 주식회사의 주주는 1주마다 1개의 의결권을 가진다고 하는 1주 1의결권의 원칙을 규정하고 있는바, 위 규정은 강행규정이므로 법률에서 위 원칙에 대한 예외를 인정하는 경우를 제외하고, 정관의 규정이나 주주총회의 결의 등으로 위 원칙에 반하여 의결권을 제한하더라도 그 효력이 없다. 그런데 상법 [제409조 제2항은] 주주가 일정 비율을 초과하여 소유하는 주식에 관하여 감사의 선임에 있어서 그 의결권을 제한하고 있고, [상법 제542조의12 제7항 및 제4항에서 상장회사의 감사 임면시 최대주주에 한하여 3% rule을 적용하게 되어 있음에도], <u>최대주주가 아닌 주주와 그 특수관계인 등에 대하여도 일정 비율을 초과하여 소유하는 주식에 관하여 감사의 선임 및 해임에 있어서 의결권을 제한하는 내용의 정관 규정이나 주주총회 결의 등은 무효라고 보아야 한다.</u> 원심은 … 피고 회사가 이 사건 정관조항에 따라 원고 및 그 특수관계인 등의 의결권을 제한한 것은 위법하여 이 사건 결의는 결의방법에 법령에 위반한 하자가 있는 경우에 해당한다고 보아 이 사건 주주총회결의의 취소를 구하는 원고의 청구를 받아들였다. 앞서 본 법리와 기록에 비추어 살펴보면, 원심의 위와 같은 판단은 정당하고…"(대법원 2009. 11. 26. 선고 2009다51820 판결)

■ 결의내용의 정관 위반

• 유효한 정관 규정을 위반하는 내용을 결의한 경우

– 예) 정관이 정하는 이사의 자격에 부합하지 않는 자를 이사로 선임한 경우

– 예) 정관이 정하는 이사의 수를 초과하여 이사를 선임한 경우

(3) 소의 성질

■ 형성의 소

• 주총 결의는 판결로 취소되기 전에는 유효(판례)

(4) 제소권자

■ 주주, 이사 또는 감사

- 주주
  - 명의개서된 주주를 의미
  - 단독주주권으로 보유주식 수는 불문
  - 하자와 무관한 주주나 결의에 찬성했던 주주도 제기 가능(판례)
  - 제소 당시 주주면 충분(통설)
  - 의결권 없는 주주도 가능(통설)
- 이사 또는 감사
  - 제소 당시 이사 또는 감사여야 함(퇴임이사 등 포함, 386 제1항, 415)
  - 하자 있는 결의로 해임된 이사 또는 감사도 가능
  - 청산 중 회사는 청산인 또는 감사가 가능(542 제2항, 376)

■ 제소권자의 자격 유지

- 소를 제기한 자는 소 제기 후 변론종결시까지 그 자격을 유지해야 함
  - 만일 주식의 양도, 사망 등이 발생하면 제소권 소멸로 소 각하
    → 다른 제소권자에 의한 소송 수계 가능(민소 237 제2항 유추 적용)

- "이사가 그 지위에 기하여 주주총회결의 취소의 소를 제기하였다가 소송 계속 중에 사망하였거나 사실심 변론종결 후에 사망하였다면, 그 소송은 이사의 사망으로 중단되지 않고 그대로 종료된다. 이사는 주식회사의 의사결정기관인 이사회의 구성원이고, 의사결정기관 구성원으로서의 지위는 일신전속적인 것이어서 상속의 대상이 되지 않기 때문이다."(대법원 2019. 2. 14. 선고 2015다255258 판결)

(5) 피고 및 제소기간

■ 회사

- 명문 규정은 없지만, 회사를 피고로 해석
  - 대표이사가 회사를 대표하여 소송 수행(389 제3항, 209)
  - 대표이사가 취소소송의 대상인 주총 결의에서 선임된 경우라도 소송 수행 가능(판례)

– 이사가 소를 제기한 경우 감사가 대표(394 제1항)

(6) 제소기간

■ 제소기간

- 결의의 날로부터 **2월** 내
  - 경미한 절차상 내용상 하자가 대상이므로 제소기간의 경과로 치유될 기회 부여
  - 수 개의 결의가 하나의 총회에서 이루어졌을 때는 다투고자 하는 **결의별로** 제소기간 준수해야 함(판례)

3. 결의무효확인의 소

(1) 의 의

■ 총회의 **결의내용**이 **법령**을 위반한 때에 제기(380)

- 해석상 총회의 결의내용이 현저하게 불공정한 때에도 가능
- 총회의 결의내용이 법령과 정관을 동시에 위반하는 때는 무효의 소 제기

(2) 무효원인

■ 법령의 위반

- 결의내용이 주주총회의 권한이 아닌 경우
  - 예) 주총에서 다음 주총의 소집에 관해 결의한 경우
- 결의내용이 주주평등원칙에 반하는 경우
  - 예) 주주에 따라 의결권 수를 차별하는 내용을 결의한 경우
- 결의내용이 주주의 유한책임에 반하는 경우
  - 예) 주주에게 추가출자를 요구하는 내용을 결의한 경우
- 결의내용이 주총의 권한을 타인에게 위임하는 경우
  - 예) 이사 선임을 이사회에 위임하는 내용을 결의한 경우
- 강행법규나 사회질서에 반할 때
  - 예) 이사 자격을 특정 성별로 제한하는 내용을 결의한 경우

(3) 소의 성질

■ 확인의 소(다수설 및 판례)

• "원심이 주주총회의 결의의 효력이 그 회사 아닌 제3자 사이의 소송에 있어 선결 문제로 된 경우에는 당사자는 언제든지 당해 소송에서 주주총회결의가 처음부터 무효 또는 부존재하다고 다투어 주장할 수 있는 것이고, 반드시 먼저 회사를 상대로 제소하여야만 하는 것은 아니며, 이와 같이 제3자 간의 법률관계에 있어서는 상법 제380조, 제190조는 적용되지 아니한다라고 판시하여 이에 관한 피고의 주장을 배척한 것도 정당하여 거기에 주주총회결의 무효 또는 부존재와 상법 제380조, 제190조에 관한 법리를 오해한 위법이 없다."(대법원 1992. 9. 22. 선고 91다5365 판결)

(4) 제소권자, 피고, 제소기간

■ 상법 규정 없음

- 소의 이익이 있는 자는 누구나 언제든지 제기 가능
- 피고는 회사(판례)

4. 결의부존재확인의 소

(1) 의 의

■ 총회의 소집절차 또는 결의방법에 총회 **결의가 존재한다고 볼 수 없을 정도**의 중대한 하자가 때에 제기(380)

- 소집절차와 결의방법을 다룬다는 점에서 취소의 소와 유사
- 총회 결의의 존재 여부에 대한 원고와 피고 간의 다툼이 존재
  - 회사는 결의가 있었다는 사실에 대해 입증책임을 부담하고, 부존재로 볼 만한 중대한 하자의 존재에 대한 입증책임은 원고가 부담(판례)

(2) 소의 성질

■ 확인의 소(다수설 및 판례)

- 결의무효확인의 소와 동일

(3) 부존재원인(판례)

■ 총회 결의의 존재를 부정할 정도의 절차상 중대한 하자

- 소집결의와 소집통지 모두에 하자가 있는 경우
  - 예) **소집권한 없는 자가 이사회 결의 없이 소집**하는 경우
- 주주의 의결권 행사에 중대한 하자가 있는 경우
  - 예) **대부분**의 주주에게 소집통지를 하지 않은 경우
  - 예) 대부분 주주가 아닌 자가 모여 결의한 경우
  - 예) 유효하게 회의가 종료한 후 일부 주주들만 다시 모여 결의한 경우
  - 예) 주총 소집절차 없이 주식 대다수를 가진 주주에 의해 의사록이 작성된 경우

- "임시주주총회를 소집함에 있어 주주인 원고들을 제외한 나머지 주주에게만 구두로 소집통지를 하였다는 것으로서 이러한 경우 그 총회 소집이 이사회에서 결정된 것이 아니고 또 그 소집통지가 이를 할 수 있는 권한 있는 자에 의한 것이 아니라면 위 총회는 그 성립과정에 있어 그 하자가 너무나도 심한 것이어서 사회통념상 총회 자체의 성립이 인정되기 어렵다고 봄이 상당할 것임에도 불구하고, 1심 및 원판결은 위 총회 소집이 이사회에서 결정된 것인지 그 소집절차가 권한 있는 자에 의하여 행하여 진 것인지의 여부에 관하여는 전연 심리 단도함이 없이 [일부 주주가 참석하여] 위 총회가 성립되어 결의가 존재한 것같이 판단한 원판결에는 심리미진 나아가 이유불비의 위법이 아니면 주주총회의 성립에 관한 법리를 오해한 위법이 있다 할 것으로서…"(대법원 1973. 6. 29. 선고 72다2611 판결)

- "이와 달리 주식의 소유가 실질적으로 분산되어 있는 경우에는 상법상의 원칙으로 돌아가 실제의 소집절차와 결의절차를 거치지 아니한 채 주주총회의 결의가 있었던 것처럼 주주총회 의사록을 허위로 작성한 것이라면 설사 1인이 총 주식의 대다수를 가지고 있고[발행주식총수 중 100분의 98을 가진 주주] 그 지배주주에 의하여 의결이 있었던 것으로 주주총회 의사록이 작성되어 있다 하더라도 도저히 그 결의가 존재한다고 볼 수 없을 정도로 중대한 하자가 있는 때에 해당하여 그 주주총회의 결의는 부존재하다고 보아야 할 것이다."(대법원 2007. 2. 22. 선고 2005다73020 판결)

• "이사가 임원개임의 주주총회결의에 의하여 임기만료 전에 이사직에서 해임당하고 그 후임이사의 선임이 있었다 하더라도 그 후에 적법한 절차에 의하여 후임이사가 선임되었을 경우에는 당초의 이사개임결의가 부존재이거나 무효라 할지라도 이에 대한 부존재 또는 무효확인을 구하는 것은 과거의 법률관계 또는 권리관계의 확인을 구하는 것에 불과하여 확인의 소로서의 권리보호요건을 결여한 것이라 할 것이다."(대법원 1993. 10. 12. 선고 92다21692 판결)

(4) 제소권자, 피고, 제소기간

■ 상법 규정 없음

• 소의 이익이 있는 자는 누구나 언제든지 제기 가능
  – 주주의 경우는 결의취소의 소와 동일
  – 부존재인 결의에 의해 해임된 이사는 그 결의의 부존재 주장 가능 (판례)
  – 채권자도 소의 이익이 있으면 가능

• 피고는 회사(판례)

• "무효 또는 존재하지 않는 주주총회의 결의에 의하여 [이사직]을 해임당한 자는 그가 주주가 아니라도 그 무효 또는 부존재확인의 청구를 할 수 있다."(대법원 1962. 1. 25. 선고 4294민상525 판결)

• "이사가 임원개임의 주주총회결의에 의하여 임기만료 전에 이사직에서 해임당하고 그 후임이사의 선임이 있었다 하더라도 그 후에 적법한 절차에 의하여 후임이사가 선임되었을 경우에는 당초의 이사개임결의가 부존재이거나 무효라 할지라도 이에 대한 부존재 또는 무효확인을 구하는 것은 과거의 법률관계 또는 권리관계의 확인을 구하는 것에 불과하여 확인의 소로서의 권리보호요건을 결여한 것이라 할 것이다."(대법원 1993. 10. 12. 선고 92다21692 판결)

■ 주식의 포괄적 교환과 소의 이익 문제

• "주주총회결의 부존재 확인의 소는 제소권자의 제한이 없으므로 결의의 부존재의

확인에 관하여 정당한 법률상 이익이 있는 자라면 누구나 소송으로써 그 확인을 구할 수 있으나 … 확인의 소에 있어서 확인의 이익은 원고의 권리 또는 법률상의 지위에 현존하는 불안·위험이 있고 그 불안·위험을 제거함에는 확인판결을 받는 것이 가장 유효·적절한 수단일 때에만 인정된다 … 그리고 주식회사의 주주는 주식의 소유자로서 회사의 경영에 이해관계를 가지고 있다고 할 것이나, 회사의 재산관계에 대하여는 단순히 사실상, 경제상 또는 일반적, 추상적인 이해관계만을 가질 뿐, 구체적 또는 법률상의 이해관계를 가진다고는 할 수 없다. … 이 사건 주주총회결의가 부존재하는 것으로 확인이 되어 이 사건 주주총회결의에 근거한 배당액이 모두 피고에게 반환됨으로써 피고의 [완전모회사]에 이익이 된다고 하더라도, 이로 인하여 [완전모회사]의 주주인 원고들이 갖는 이익은 사실상, 경제상의 것에 불과하다고 할 것이므로, 원고들은 이 사건 주주총회결의 부존재의 확인을 구할 법률상 이익을 가진다고 할 수 없다. … 주주총회결의 취소소송의 계속 중 원고가 주주로서의 지위를 상실하면 원고는 상법 제376조에 따라 그 취소를 구할 당사자적격을 상실하고 … 이는 원고가 자신의 의사에 반하여 주주의 지위를 상실하였다 하여 달리 볼 것은 아니다."(대법원 2016. 7. 22. 선고 2015다66397 판결)

5. 상기 3개의 소 관련 절차 등

(1) 소 절차

- 관할, 소 제기의 공고, 병합심리
  - 회사 본점 소재지의 지방법원 전속관할(376 제2항, 380, 186)
  - 소가 제기되면 회사는 지체없이 공고해야 함(376 제2항, 380, 187)
  - 수 개의 소가 제기되면 법원은 이를 병합심리 해야 함(376 제2항, 380, 188)
    - 필수적 공동소송(판례)

• "이 사건 소는 주주총회결의의 부존재 또는 무효 확인을 구하는 소로서, 상법 제380조에 의해 준용되는 상법 제190조 본문에 따라 청구를 인용하는 판결은 제3자에 대하여도 효력이 있다. 이러한 소를 여러 사람이 공동으로 제기한 경우 당사자 1인이 받은 승소판결의 효력이 다른 공동소송인에게 미치므로 공동소송인 사이에 소송법상 합일확정의 필요성이 인정되고, 상법상 회사관계소송에 관한 전속

관할이나 병합심리 규정(상법 제186조, 제188조)도 당사자 간 합일확정을 전제로 하는 점 및 당사자의 의사와 소송경제 등을 함께 고려하면, 이는 민사소송법 제67조가 적용되는 필수적 공동소송에 해당한다."(대법원 2021. 7. 22. 선고 2020다284977 전원합의체 판결)

■ 제소주주의 담보제공의무

- 소가 제기된 경우 법원은 **회사의 청구**에 따라 주주에게 **상당한 담보**를 제공할 것을 명할 수 있음(377 제1항, 380, 176 제4항)
  - 이때 회사는 주주가 **악의**임을 소명해야 함(377 제2항, 380, 176 제4항)
  - 악의는 취소 등의 사유가 없음을 알면서도 소를 제기하는 것을 의미
  - 법원이 회사의 불이익을 고려하여 재량으로 가액을 결정(판례)
- **주주가 이사 또는 감사인 때**에는 동 의무 부담하지 않음(377 제1항, 380)

■ 화해 등의 가능성

- 청구의 인낙이나 그 결의의 부존재 등을 확인하는 내용의 화해, 조정은 불가(판례)

- "주주총회결의의 부존재·무효를 확인하거나 결의를 취소하는 판결이 확정되면 당사자 이외의 제3자에게도 그 효력이 미쳐 제3자도 이를 다툴 수 없게 되므로, 주주총회결의의 하자를 다투는 소에 있어서 청구의 인낙이나 그 결의의 부존재·무효를 확인하는 내용의 화해, 조정은 할 수 없고, 가사 이러한 내용의 청구인낙 또는 화해, 조정이 이루어졌다 하여도 그 인낙조서나 화해, 조정조서는 효력이 없는바…"(대법원 2004. 9. 24. 선고 2004다28047 판결)

(2) 판결내용

■ **법원의 재량기각** 가능

- 결의취소의 소가 제기된 경우 결의의 내용, 회사의 현황과 제반사정을 참작하여 그 취소가 부적당하다고 인정한 때에는 법원은 그 청구를 기각 가능(379)

- 결의취소의 소만 인정
- 당사자 주장이 없어도 법원이 재량으로 기각 가능(판례)
- 심리 중에 원인이 된 하자의 보완을 요구하지 않음(189 등 참조)

■ 원고승소판결의 효력

- 대세효 ○, 소급효 ○(376 제2항, 380, 190 본문)

■ 원고패소판결의 효력

- 대세효 ×
  - 다른 제소권자의 새로운 소 제기 가능
- 원고의 손해배상책임 부담
  - 패소한 원고가 악의 또는 중과실이 있는 때에는 회사에 대하여 연대하여 손해배상책임 부담(376 제2항, 380, 191)

(3) 소의 종류와 소송물

■ 주총결의의 효력을 다투는 소의 소송물의 일치 여부

- 하자 있는 결의에 따라 발생한 효력을 대세적으로 해소하려는 목적과 소송물이 동일한 측면이 있으며(통설), 판례는 유연하게 처리
  - 부존재 원인이 있는데 결의취소의 소를 제기한 경우 부적법 각하(판례)
  - 부존재 원인이 있는데 결의무효확인의 소를 제기한 경우 부존재확인청구로 인정(판례)
  - 결의부존재확인의 소 또는 결의무효확인의 소를 결의취소의 소의 제소기간 내 제기한 이상 그 기간이 경과한 후에 결의취소의 소로 변경하거나 추가하더라도 소급하여 제소기간을 준수한 것으로 인정(판례)

- "여러 안건에 대한 결의 중 이사선임결의에 대하여 그 결의의 날로부터 2개월 내에 주주총회결의 무효확인의 소를 제기한 뒤, 위 임시주주총회에서 이루어진 정관변경결의 및 감사선임결의에 대하여 그 결의의 날로부터 2개월이 지난 후 주주

총회결의 무효확인의 소를 각각 추가적으로 병합한 후, 위 각 결의에 대한 주주총회결의 무효확인의 소를 주주총회결의 취소의 소로 변경한 경우, 위 정관변경 결의 및 감사선임결의 취소에 관한 부분은 위 각 주주총회결의 무효확인의 소가 추가적으로 병합될 때에 주주총회결의 취소의 소가 제기된 것으로 볼 수 있으나, 위 추가적 병합 당시 이미 2개월의 제소기간이 도과되었으므로 부적법하다…"(대법원 2010. 3. 11. 선고 2007다51505 판결)

(4) 다른 소송과의 관계

■ 후속행위의 효력을 다투는 소와의 관계

- **흡수설**(통설 및 판례)
  - 주총 결의에 기초하여 이루어지는 후속행위의 효력을 다투는 별도의 소가 있으면 주총 결의의 하자는 후속행위의 하자로 흡수되어 후속행위의 효력을 다투는 소만 제기 가능

6. 부당결의 취소 및 변경의 소

(1) 의의 및 소의 성질

■ 특별이해관계인과의 관련성

- 주총 결의에 대해 특별한 이해관계가 있어 의결권을 행사하지 못한 경우(368 제3항) 결의가 현저하게 부당하고 그 주주가 의결권을 행사하였더라면 이를 저지할 수 있었을 때에는 결의의 날로부터 2월 내에 결의의 취소 또는 변경의 소 제기 가능(381 제1항)
  - 특별한 이해관계가 있는 주주를 배제하여 불공정한 결의를 방지하고자 하는 목적을 오히려 소수주주들이 악용하는 경우에 적용
- 형성의 소

(2) 제소요건

■ 주총 결의에 특별한 이해관계가 있는 주주가 의결권을 행사하지 못했을 것

■ 결의내용이 현저하게 부당할 것

• 결의내용이 법령이나 정관에 위반하지 않더라도 사회통념상 회사나 이해관계 있는 자의 이익을 현저하게 해한다고 볼 수 있는 경우

■ 특별한 이해관계가 있는 주주가 의결권을 행사했더라면 결의를 저지할 수 있었을 것

• 특별한 이해관계가 있는 주주의 의결권 수를 출석주주의 의결권 수에 산입하고(371 제2항 참조) 결의에 찬성한 의결권 수가 결의요건에 부합하는지 판단(과반수 또는 3분의 2)

(3) 제소권자 및 피고

■ 제소는 특별한 이해관계가 있는 주주만 가능

■ 피고는 회사

(4) 기 타

■ 관할, 제소기간, 승소판결의 대세효 및 소급효, 원고의 손해배상책임, 제소주주의 담보제공의무 등은 모두 결의취소의 소와 동일(381 제2항)

제2절 종류주주총회

Ⅰ. 의 의

■ 특정한 종류주식을 가진 주주만으로 구성된 회의체 기구

- 일정한 주총 결의사항에 대해 추가로 종류주주총회의 결의를 요구
  - 종류주식을 가진 주주 간의 이해관계를 조정하고 수적으로 열세인 종류주식을 가진 주주를 보호하기 위한 목적
  - 종류주주총회는 회사의 독립된 기관은 아님

Ⅱ. 종류주주총회의 결의가 추가로 필요한 경우

■ 정관을 변경함으로써 어느 종류주식의 주주에게 손해를 미치게 될 때 (435 제1항)

- 예) 우선주의 배당률을 낮추도록 정관을 변경하는 경우
- 예) 정관변경으로 유리함과 불리함이 같이 있는 경우(판례)

> • "여기서의 '어느 종류의 주주에게 손해를 미치게 될 때'라 함에는, 어느 종류의 주주에게 직접적으로 불이익을 가져오는 경우는 물론이고, 외견상 형식적으로는 평등한 것이라고 하더라도 실질적으로는 불이익한 결과를 가져오는 경우도 포함되며, 나아가 어느 종류의 주주의 지위가 정관의 변경에 따라 유리한 면이 있으면서 불이익한 면을 수반하는 경우도 이에 해당된다고 할 것이다."(대법원 2006. 1. 27. 선고 2004다44575 판결)

■ 상법 제344조 제3항에 의하여 주식의 종류에 따라 특수한 정함을 하는 경우 어느 종류의 주주에게 손해를 미치게 될 때(436, 435)

- 예) 어느 종류주식을 가진 주주에게 신주의 인수조건을 불리하게 정하는 경우
- 예) 우선주보다 보통주를 가진 주주에게 더 많은 신주를 배정하는 경우

■ 회사 분할, 분할합병, 주식의 포괄적 교환과 이전, 합병으로 인하여 어느 종류의 주주에게 손해를 미치게 될 때(436, 435)
  • 예) 소멸회사에서 보통주보다 우선주의 합병조건이 불리한 경우

Ⅲ. 결의요건

■ 출석한 주주의 의결권의 3분의 2 이상의 수와 그 종류의 발행주식총수의 3분의 1 이상의 수로써 결의(435 제2항)
  • 그 외 다른 방법을 정할 수 없음
  • 의결권 없는 주식도 의결권을 가짐(435 제3항)

Ⅳ. 소집과 운영

■ 주주총회의 내용 준용(435 제3항)
  • 의결권 없는 주식에 관한 규정은 제외

Ⅴ. 결의의 하자

■ 종류주총의 결의에 하자가 있으면 종류주총결의의 취소의 소 등의 형식으로 독립적으로 다툴 수 있음(다수설)

Ⅵ. 종류주총 결의를 흠결한 주총 결의의 효력

■ 결의불발효설(決議不發效說, 다수설)
  • 종류주총의 결의가 필요한 사안에서 종류주총 결의가 없는 경우 주총은 완전한 효력을 발생하지 못하고 부동적 또는 불발효 상태에 있음
    – 만일 종류주총의 결의가 있으면 확정적으로 유효, 없으면 확정적으로 무효가 됨
    – 민사소송법상 확인의 소인 주총결의불발효확인의 소로써 효력을

다툼

■ 판례는 불발효 개념을 인정하지 않음

• 종류주총 결의를 주총 결의의 효력을 발생시키기 위한 **특별요건**으로 파악(판례)

– 만일 종류주총 결의가 없으면 주총결의의 효력은 **아직 발생**하지 않은 것일 뿐 주총결의의 효력은 **인정**

• "종류주총의 결의는 정관변경이라는 법률효과가 발생하기 위한 하나의 특별요건이라 할 것이므로 그와 같은 내용의 정관변경에 관하여 종류주주총회의 결의가 아직 이루어지지 않았다면 그러한 정관변경의 효력이 아직 발생하지 않은 데에 그칠 뿐이고 그러한 정관변경을 결의한 주주총회결의 자체의 효력에는 아무런 하자가 없다 … 회사가 종류주주총회의 개최를 명시적으로 거부하고 있는 경우에 … 정관변경에 필요한 특별요건이 구비되지 않았음을 이유로 하여 정면으로 그 정관변경이 무효라는 확인을 구하면 족한 것이지, 그 정관변경을 내용으로 하는 주주총회의 결의가 불발효 상태에 있다는 것의 확인을 구할 필요는 없다."(대법원 2006. 1. 27. 선고 2004다44575 판결)

제3절 이 사

Ⅰ. 개 관

■ 이사, 이사회, 대표이사의 관계

- 주총에서 이사를 선임(382 제1항)
  - 소유와 경영이 분리되는 특성에 따라 주총이 선임에 대한 전속적 권리를 보유(판례)
  - 선임된 이사로 이사회를 구성
- 이사회는 회사의 업무집행에 대한 의사결정권한을 가짐(393)
- 대표이사는 회사의 업무집행기관(389 제3항, 209)
  - 이사회가 결정한 업무의 현실적 집행을 담당
  - 이사회는 대표이사와 이사의 업무집행을 감독(393 제2항 내지 제4항)

Ⅱ. 이사 선임의 일반론

1. 의 의

■ 이사회의 구성원으로 이사회의 업무집행 관련 의사결정에 참여

- 상법은 소정의 의무와 책임을 부여하여 경영의 투명성과 책임을 강조
- 회사의 기관은 아님(다수설)
- 이사의 인적사항은 등기사항임
  - 상법은 이사를 사내이사, 사외이사, 그 밖에 상무에 종사하지 않는 이사로 구분하여 등기하도록 하고 있음(317 제2항 제8호)

2. 선임방법

■ 주총에서 보통결의(368 제1항)로 선임(382 제1항)

- 회사의 발기설립에서는 발기인이, 모집설립에서는 창립총회에서 선임(296 제1항, 312)

– 별도의 **임용계약 체결 여부와 무관**하게 이사 지위 획득(판례)

• 주총에서 선임되지만, 주주가 아닌 **회사의 수임인**(受任人)에 해당(382 제2항)

– 회사와 이사의 관계는 민법상 위임 규정 준용(동조 동항)

– 주주에 대한 직접적인 의무를 부담하지 않음(통설 및 판례)

• "상법은 제382조 제1항, 제409조 제1항에 이사·감사의 선임에 관하여 '이사·감사는 주주총회에서 선임한다'고 규정하고 있는데, 위 조항의 취지는 원칙적으로 소유와 경영이 분리되는 주식회사의 특수성을 고려하여 주주가 회사의 경영에 관여하는 유일한 통로인 주주총회에 이사·감사의 선임 권한을 전속적으로 부여하기 위한 데에 있다. 그럼에도 불구하고 이사·감사의 지위가 주주총회의 선임결의와 별도로 대표이사와 사이에 임용계약이 체결되어야만 비로소 인정된다고 보는 것은, 이사·감사의 선임을 주주총회의 전속적 권한으로 규정하여 주주들의 단체적 의사결정 사항으로 정한 상법의 취지에 배치된다. 또한 상법상 대표이사는 회사를 대표하며, 회사의 영업에 관한 재판상 또는 재판외의 모든 행위를 할 권한이 있으나(제389조 제3항, 제209조 제1항), 이사·감사의 선임이 여기에 속하지 아니함은 법문상 분명하다. 그러므로 이사·감사의 지위는 주주총회의 선임결의가 있고 선임된 사람의 동의가 있으면 취득된다고 보는 것이 옳다."(대법원 2017. 3. 23. 선고 2016다251215 전원합의체 판결)

• "신주발행은 주식회사의 자본조달을 목적으로 하는 것으로서 신주발행과 관련한 대표이사의 업무는 회사의 사무일 뿐이므로 신주발행에 있어서 대표이사가 납입된 주금을 회사를 위하여 사용하도록 관리·보관하는 업무 역시 회사에 대한 선관주의의무 내지 충실의무에 기한 것으로서 회사의 사무에 속하는 것이고, 신주발행에 있어서 대표이사가 일반 주주들에 대하여 그들의 신주인수권과 기존 주식의 가치를 보존하는 임무를 대행한다거나 주주의 재산보전 행위에 협력하는 자로서 타인의 사무를 처리하는 자의 지위에 있다고는 볼 수 없을 뿐만 아니라, 납입을 가장하는 방법에 의하여 주금이 납입된 경우 회사의 재산에 대한 지분가치로서의 기존 주식의 가치가 감소하게 될 수는 있으나, 이는 가장납입에 의하여 회사의 실질적 자본의 감소가 초래됨에 따른 것으로서 업무상 배임죄에서의 재산상 손해에 해당된다고 보기도 어려우므로, 신주발행에 있어서 대표이사가 납입의 이행을 가장한 경우에는 상법 제628조 제1항에 의한 가장납입죄가 성립하는 이외에

따로 기존 주주에 대한 업무상 배임죄를 구성한다고 할 수 없다."(대법원 2004. 5. 13. 선고 2002도7340 판결)

3. 이사의 종류

■ 사내이사

- 회사의 상무에 종사하는 이사
  - **상무**는 일상적인 업무를 의미
  - 상근으로 회사의 경영에 직접 참여(업무담당이사)

■ 사외이사

- 회사의 상무에 종사하지 않는 이사(382 제3항)
  - 회사의 경영과 업무집행에 직접적으로 참여하지 않는 비상근이사
  - 회사 경영진으로부터 독립성을 확보하여 회사의 의사결정과정을 견제
  - 사내이사와 동일한 상법상의 의무와 책임 부담
- 사외이사의 결격사유
  - 사내이사, 집행임원 등은 선임 불가(382 제3항)
  - 상장회사의 사외이사에는 결격사유가 추가됨(542조의8 제2항)
- 상장회사에 대한 제한
  - 자산규모 등을 고려하여 대통령령이 정하는 경우를 제외하고는 이사 총수의 **4분의** 1 이상을 사외이사로 선임해야 함(542조의8 제1항, 시행령 34)
- 대규모 상장회사에 대한 제한
  - 사외이사는 **3명** 이상으로 하되, 이사 총수의 **과반수**가 되어야 함(542조의8 제1항 단서, 시행령 34 제2항)
  - 사외이사 후보를 추천하기 위하여 **사외이사 후보추천위원회**를 설치해야 하고, 동 위원회는 사외이사가 총 위원의 **과반수**가 되도록 구성해야 함(542조의8 제4항)
  - 주총에서는 사외이사 후보추천위원회의 추천을 받은 자 중에서 사

외이사를 선임해야 함(동조 제5항)

– 사외이사 후보추천위원회가 사외이사 후보를 추천할 때는 주주제안의 요건을 갖춘 소수주주가 총회일의 6주 전에 추천한 후보를 반드시 포함해야 함(동조 동항)

■ **그 밖에 상무에 종사하지 않는 이사**

• 회사의 상무에 종사하지 않으면서 사외이사가 아닌 자

– 비상근이사, 평이사 등을 지칭

– 사내이사와 동일한 상법상의 의무와 책임 부담

III. 집중투표제(集中投票制)

1. 의 의

■ 1주에 선임하고자 하는 이사 수에 상당하는 복수의 의결권을 부여하는 방법(382조의2)

• 지배주주의 경영권 독점을 경계하기 위한 수단

– 소수주주가 자신이 선호하는 후보를 이사로 선임할 기회로 활용

– 소수주주가 지배주주의 이사 선임과정을 견제 가능

2. 행사요건

■ **2인** 이상의 이사를 선임하는 경우에만 가능(동조 제1항)

■ **정관에 다른 정함**이 없어야만 가능(동조 동항)

• 집중투표제를 원하지 않는 회사는 정관에 집중투표제를 허용하지 않는 규정을 두어 동 제도의 적용 배제 가능

• 대규모 상장회사가 정관으로 집중투표를 배제하거나 그 배제된 정관을 변경하려는 경우 의결권 있는 발행주식총수의 **100분의** 3을 초과하는 수의 주식을 가진 주주는 그 초과하는 주식에 관하여 의결권 행사 불가(542조의7 제3항)

– 정관으로 낮은 보유비율로 정할 수 있음(동조 동항)

■ **주주의 청구**

• 의결권 있는 발행주식총수의 **100분의** 3 이상에 해당하는 주식을 가진 주주가 집중투표로 이사를 선출할 것을 청구해야 함(382조의2 제1항)

– 대규모 상장회사의 주주는 100분의 1 이상을 보유해야 함(542조의7 제2항)

– 대규모가 아닌 상장회사의 주주는 일반규정 적용

• 주주의 청구는 이사 선임을 위한 주총 **7일** 전까지 서면 또는 전자문서로 해야 함(382조의2 제2항)

– 상장회사는 주총 **6주** 전까지 청구(542조의7 제1항)

3. 의결권 행사 및 이사의 선임방법

■ 주주는 의결권을 이사 후보자 1인 또는 수인에게 집중하여 투표하는 방법으로 행사 가능(382조의2 제3항)

■ 이사는 투표의 최다수를 얻은 자부터 순차적으로 선임(동조 제4항)

• 일반적인 이사의 선임과정과 상이

Ⅳ. 이사의 수 및 임기

■ 이사는 **3인** 이상이어야 함(383 제1항)

• 최대 인원수에 대한 제한은 없음

• 소규모회사의 경우 1인 또는 2인으로 가능(동조 동항)

– 1인 또는 2인으로 하는 경우 **이사회는 구성되지 않음**에 유의

– 이사회 기능은 주주총회 또는 이사(대표이사를 정한 경우는 대표이사)가 담당(동조 제4항, 제6항)

■ 이사의 임기는 **3년**을 초과하지 못함(동조 제2항)

• 회사가 정할 수 있는 임기의 한계가 3년이라는 의미

– 회사가 임기를 정하지 않은 경우 임기를 3년으로 한다는 의미가 아님(판례)
– 이사는 원칙적으로 임기를 초과하여 재임 불가
– 재선은 가능

• 정관으로 이사 **임기 중의 최종 결산기에 관한 정기주총의 종결**에 이르기까지 연장 가능(동조 제3항)

• "위 규정상의 '임기 중의 최종의 결산기에 관한 정기주주총회'라 함은 임기 중에 도래하는 최종의 결산기에 관한 정기주주총회를 말하고, 임기 만료 후 최초로 도래하는 결산기에 관한 정기주주총회 또는 최초로 소집되는 정기주주총회를 의미하는 것은 아니므로…"(대법원 2010. 6. 24. 선고 2010다13541 판결)

V. 이사의 자격

■ 이사는 자연인만 가능

• 법인, 파산선고를 받은 자는 불가(통설)
• 제한능력자의 가능 여부에 대해서는 학설 대립
• 이사는 감사 겸직 불가(411)

■ 자격주

• 원칙적으로 이사는 주주 자격을 전제로 하지 않음
– 다만, 정관으로 이사 자격을 주주로 제한 가능(387, 판례)
– 정관에 이사가 가질 주식 수를 정한 경우 다른 규정이 없는 한 이사는 그 수의 주권을 감사에게 공탁해야 함(387)

VI. 이사의 퇴임

1. 임기 만료

■ 보통 정관으로 임기를 정하고 그 임기가 만료되면 퇴임

• 가장 보편적 퇴임사유

- **퇴임이사**(退任理事)
  - 법률 또는 정관에 정한 이사의 원수를 결한 경우에 임기의 만료 또는 사임으로 인하여 퇴임한 이사는 새로 선임된 이사가 취임할 때까지 이사의 권리 의무가 있음(386 제1항)
  - 업무집행의 공백을 방지하기 위한 목적
- **일시이사**(一時理事)
  - 위 경우 필요하다고 인정할 때에는 법원은 이사, 감사 기타의 이해관계인의 청구에 의하여 일시 이사의 직무를 행할 자를 선임 가능(동조 제2항, 임시이사)
  - **필요하다고 인정될 때**는 임기의 만료 또는 사임에 국한하지 않고, 사망이나 해임 등 이유를 불문하고 정원을 결한 모든 경우를 의미(판례)
  - 등기사항(동조 동항)
- 퇴임이사와 일시이사는 통상의 이사와 **동일한 권리 의무**를 가짐(판례)
  - **상무로 제한되지 않음**에 유의

- "이러한 특정경제범죄법 제14조 제1항의 규정 내용과 입법 취지 및 상법 제386조, 제389조 제3항의 입법 취지를 종합하여 보면, 임기 만료 당시 이사 정원에 결원이 생기거나 후임 대표이사가 선임되지 아니하여 퇴임이사 또는 퇴임대표이사의 지위에 있던 중 특정재산범죄로 유죄판결이 확정된 사람은 유죄판결된 범죄행위와 밀접한 관련이 있는 기업체의 퇴임이사 또는 퇴임대표이사로서의 권리 의무를 상실한다고 보아야 한다."(대법원 2022. 11. 10. 선고 2021다271282 판결)

- "상법 제386조가 규정한 '임시이사 선임이 필요하다고 인정되는 때'라 함은 이사가 사임하거나 장기간 부재중인 경우와 같이 퇴임이사로 하여금 이사로서의 권리 의무를 가지게 하는 것이 불가능하거나 부적당한 경우를 의미하는 것으로서 그의 필요성은 임시이사 제도의 취지와 관련하여 사안에 따라 개별적으로 판단되어야 하는 것이며…"(대법원 2001. 12. 6. 자 2001그113 결정)

2. 회사의 해산 또는 위임의 종료사유 발생

■ 합병 등 회사의 해산사유, 사망 등 위임의 종료사유가 발생하면 퇴임

(517, 민 690)

3. 사 임

■ 이사는 언제나 사임 가능(민 689 제1항)

- 사임은 회사에 대한 일방적 의사표시로서 곧 효력이 발생
  - 회사의 승낙이나 변경등기 없이 즉시 그 자격을 상실(판례)
  - 사임의 의사표시는 대표이사에게 해야 하고 대표이사에게 도달함으로써 효력 발생
- 원칙적으로 사임의 의사표시는 철회 불가
  - 다만, 정관에서 사임을 위한 의사표시의 효력발생시기를 정한 경우 그 시기에 이르기 전에는 철회 가능(판례)

4. 해 임

■ 주총은 **언제나 특별결의**로 해임 가능(385 제1항)

- 이사의 귀책사유 등 **정당한 이유 없이도** 해임 가능
- 주주인 이사는 해임결의에서 의결권 행사 가능

■ 이사의 손해배상청구

- 회사가 이사의 임기를 정한 경우에 **정당한 이유 없이** 그 **임기 만료 전**에 이사를 해임한 때에는 그 이사는 회사에 대하여 해임으로 인한 손해배상청구 가능(동조 동항)
  - 회사에 대한 지배권을 확보하려는 주주의 이익과 경영자 지위의 안정이라는 이사의 이익을 조화시키려는 규정(판례)
  - 이사의 임기를 정하지 않았거나 이사가 사임한 때는 손해배상청구 불가
  - 법정책임, 과실상계 불가(판례)
- 정당한 이유
  - 이사가 업무집행을 하는 데 장애가 될 **객관적 상황**이 발생한 경우를 의미(판례)

- 존부에 관한 입증책임은 손해배상을 청구하는 **이사**가 부담(판례)

• 손해배상액의 범위

- 이사가 임기 동안 받을 수 있었던 **보수**를 의미(통설 및 판례)
- 위자료 청구 불가(판례)
- **손익상계** 가능(판례)

• "여기에서 '정당한 이유'란 주주와 이사 사이에 불화 등 단순히 주관적인 신뢰관계가 상실된 것만으로는 부족하고, 이사가 법령이나 정관에 위배된 행위를 하였거나 정신적·육체적으로 경영자로서의 직무를 감당하기 현저하게 곤란한 경우, 회사의 중요한 사업계획 수립이나 그 추진에 실패함으로써 경영능력에 대한 근본적인 신뢰관계가 상실된 경우 등과 같이 당해 이사가 경영자로서 업무를 집행하는 데 장해가 될 객관적 상황이 발생한 경우에 비로소 임기 전에 해임할 수 있는 정당한 이유가 있다고 할 것이다."(대법원 2004. 10. 15. 선고 2004다25611 판결)
"이러한 상법 제385조 제1항의 문언 내용과 규정 취지, 손해배상책임의 법적 성질 등을 고려하면, 정당한 이유가 있는지는 해임결의 당시 객관적으로 존재하는 사유를 참작하여 판단할 수 있고, 주주총회에서 해임사유로 삼거나 해임결의 시 참작한 사유에 한정되는 것은 아니다."(대법원 2023. 8. 31. 선고 2023다220639 판결)

• "채무불이행이나 불법행위 등으로 인하여 손해를 입은 채권자 또는 피해자 등이 동일한 원인에 의하여 이익을 얻은 경우에는 공평의 관념상 그 이익은 손해배상액을 산정함에 있어서 공제되어야 하고, 이와 같이 손해배상액의 산정에 있어 손익상계가 허용되기 위해서는 손해배상책임의 원인이 되는 행위로 인하여 피해자가 새로운 이득을 얻었고, 그 이득과손해배상책임의 원인인 행위 사이에 상당인과관계가 있어야 한다. 임기가 정하여져 있는 감사가 그 임기 만료 전에 정당한 이유 없이 주주총회의 특별결의로 해임되었음을 이유로 상법 제415조, 제385조 제1항에 의하여 회사를 상대로 남은 임기 동안 또는 임기 만료 시 얻을 수 있었던 보수 상당액을 해임으로 인한 손해배상액으로 청구하는 경우, 당해 감사가 그 해임으로 인하여 남은 임기 동안 회사를 위한 위임사무 처리에 들이지 않게 된 자신의 시간과 노력을 다른 직장에 종사하여 사용함으로써 얻은 이익이 해임과 사이에 상당인과관계가 인정된다면 해임으로 인한 손해배상액을 산정함에 있어서 공제되어야 한다."(대법원 2013. 9. 26. 선고 2011다42348 판결)

- "원고는 위 손해에는 위자료도 포함되므로 피고는 이를 배상할 의무가 있다고 주장하나 이사 해임에 관한 상법 제385조 제1항의 규정은 주주총회로 하여금 사유 여하를 막론하고 이사를 해임할 수 있는 권한을 부여하는 것으로서 위 규정에 따른 권한행사로서의 이사 해임은 불법행위가 되지 아니하므로 그 해임으로 이사가 정신적 고통을 받았더라도 위자료는 청구할 수 없다고 할 것이니…"(서울고법 1990. 7. 6. 선고 89나46297 판결)

- "이러한 상법 제385조 제1항의 입법 취지, 임기 만료 후 이사로서의 권리의무를 행사하고 있는 퇴임이사의 지위 등을 종합하면, 상법 제385조 제1항에서 해임대상으로 정하고 있는 '이사'에는 '임기 만료 후 이사로서의 권리 의무를 행사하고 있는 퇴임이사'는 포함되지 않는다고 보아야 한다."(대법원 2021. 8. 19. 선고 2020다285406 판결)

5. 소수주주의 해임청구

■ 이사가 그 직무에 관해 부정행위 또는 법령이나 정관에 위반한 중대한 사실이 있음에도 불구하고 주총에서 그 해임을 **부결한 때**는 발행주식 총수의 **100분의** 3 이상에 해당하는 주식을 가진 주주는 총회 결의가 있은 날로부터 **1월** 이내에 그 이사 해임을 법원에 청구 가능(385 제2항)

- **단순한 임무해태**로는 해임 청구 불가
- 상장회사의 주주는 1만분의 50(최근 사업연도 말 현재의 자본금이 1천억 원 이상인 상장회사는 1만분의 25) 이상을 6개월 전부터 보유해야 함(542조의6 제3항, 시행령 32)
- 부결은 **가결되지 않은 모든 경우**를 포함(판례)
- 소수주주의 해임 청구 대상은 임기 중의 이사에 한함
  - 퇴임이사는 대상이 아님(판례)

■ 이사해임의 소가 제기된 경우 법원은 당사자 신청에 의하여 가처분으로써 이사의 직무집행을 정지하거나 직무대행자를 선임 가능(407 제1항)

• "상법 제385조 제2항에서 규정한 '주주총회에서 그 해임을 부결한 때'의 의미는 주주총회를 개회하여 해임을 부결한 적극적인 결의가 있었던 경우뿐만 아니라, 해임안이 상정되었으나 정족수 미달로 심의가 되지 않거나, 해임안이 상정되지 않아서 심의조차 되지 않음으로써 의안의 채택이 없었던 경우 등 해임을 가결하지 않는 모든 경우를 뜻하고…"(광주지법 2004. 12. 3. 선고 2004가합3668 판결)

VII. 이사의 보수

1. 의 의

■ 회사와 이사는 위임관계이므로 특별한 약정이 없으면 보수 청구 불가 (민 686 제1항 참조)

• 실무상 이사는 보수를 받는 것이 통상

• 보수는 월급, 상여금, 성과금, 특별성과금, 퇴직금, 퇴직위로금, 퇴직금 중간정산금 등 명칭에 상관없이 **이사의 업무집행에 따른 보상**으로 지급되는 대가를 의미

2. 결정방법

■ 정관 또는 주주총회 결의로 결정

• 정관에 보수의 액을 정하지 않은 때에는 주주총회 보통결의로 결정 (388)

– **강행규정**

• **정관**이나 **주주총회 결의**에 근거하지 않은 보수 지급이나 관련 약정은 **무효**(판례)

– 정관 등의 근거 없이 지급된 보수는 부당이득에 해당(판례)

• "비록 보수와 직무의 상관관계가 상법에 명시되어 있지 않더라도 이사가 회사에 대하여 제공하는 직무와 그 지급받는 보수 사이에는 합리적 비례관계가 유지되어야 하며, 회사의 채무 상황이나 영업실적에 비추어 합리적인 수준을 벗어나서 현저히 균형성을 잃을 정도로 과다하여서는 아니 된다. 따라서 회사에 대한 경영권

상실 등에 의하여 퇴직을 앞둔 이사가 회사로부터 최대한 많은 보수를 받기 위하여 그에 동조하는 다른 이사와 함께 이사의 직무내용, 회사의 재무상황이나 영업실적 등에 비추어 지나치게 과다하여 합리적 수준을 현저히 벗어나는 보수 지급 기준을 마련하고 그 지위를 이용하여 주주총회에 영향력을 행사함으로써 소수주주의 반대에 불구하고 이에 관한 주주총회결의가 성립되도록 하였다면, 이는 회사를 위하여 직무를 충실하게 수행하여야 하는 상법 제382조의3에서 정한 의무를 위반하여 회사재산의 부당한 유출을 야기함으로써 회사와 주주의 이익을 침해하는 것으로서 회사에 대한 배임행위에 해당하므로, 주주총회결의를 거쳤다 하더라도 그러한 위법행위가 유효하다 할 수는 없다."(대법원 2016. 1. 28. 선고 2014다11888 판결)

• "이사의 퇴직금은 상법 제388조에 규정된 보수에 포함되고, 퇴직금을 미리 정산하여 지급받는 형식을 취하는 퇴직금 중간정산금도 퇴직금과 성격이 동일하다… 그런데 퇴직금 중간정산금은 지급시기가 일반적으로 정해져 있는 정기적 보수 또는 퇴직금과 달리 권리자인 이사의 신청을 전제로 이사의 퇴직 전에 지급의무가 발생하게 되므로, 이사가 중간정산의 형태로 퇴직금을 지급받을 수 있는지 여부는 퇴직금의 지급시기와 지급방법에 관한 매우 중요한 요소이다. 따라서 정관 등에서 이사의 퇴직금에 관하여 주주총회의 결의로 정한다고 규정하면서 퇴직금의 액수에 관하여만 정하고 있다면, 퇴직금 중간정산에 관한 주주총회의 결의가 있었음을 인정할 증거가 없는 한 이사는 퇴직금 중간정산금 청구권을 행사할 수 없다."(대법원 2019. 7. 4. 선고 2017다17436 판결)

• "상법 제361조는 "주주총회는 본법 또는 정관에 정하는 사항에 한하여 결의할 수 있다."라고 규정하고 있는데, 이러한 주주총회 결의사항은 반드시 주주총회가 정해야 하고 정관이나 주주총회의 결의에 의하더라도 이를 다른 기관이나 제3자에게 위임하지 못한다. 따라서 정관 또는 주주총회에서 임원의 보수 총액 내지 한도액만을 정하고 개별 이사에 대한 지급액 등 구체적인 사항을 이사회에 위임하는 것은 가능하지만, 이사의 보수에 관한 사항을 이사회에 포괄적으로 위임하는 것은 허용되지 아니한다. 그리고 주주총회에서 이사의 보수에 관한 구체적 사항을 이사회에 위임한 경우에도 이를 주주총회에서 직접 정하는 것도 상법이 규정한 권한의 범위에 속하는 것으로서 가능하다 … 1인회사가 아닌 주식회사에서는 특별한 사정이 없는 한, 주주총회의 의결정족수를 충족하는 주식을 가진 주주들이 동의하거나 승인하였다는 사정만으로 주주총회에서 그러한 내용의 결의가 이

루어질 것이 명백하다거나 또는 그러한 내용의 주주총회 결의가 있었던 것과 마찬가지라고 볼 수는 없다"(대법원 2020. 6. 4. 선고 2016다241515, 241522 판결)

• "비록 주주총회에서 선임된 이사·감사가 회사와의 명시적 또는 묵시적 약정에 따라 그 업무를 다른 이사 등에게 포괄적으로 위임하고 이사·감사로서의 실질적인 업무를 수행하지 않는 경우라 하더라도 이사·감사로서 상법 제399조, 제401조, 제414조 등에서 정한 법적 책임을 지므로, 그 이사·감사를 선임하거나 보수를 정한 주주총회 결의의 효력이 무효이거나 또는 위와 같은 소극적인 직무 수행이 주주총회에서 그 이사·감사를 선임하면서 예정하였던 직무 내용과 달라 주주총회에서 한 선임 결의 및 보수지급 결의에 위배되는 배임적인 행위에 해당하는 등의 특별한 사정이 없다면, 위와 같은 소극적인 직무 수행 사유만을 가지고 그 이사·감사로서의 자격을 부정하거나 주주총회 결의에서 정한 보수청구권의 효력을 부정하기는 어렵다."(대법원 2015. 9. 10. 선고 2015다213308 판결)

• "위 법조에 근거하여 정관이나 주주총회의 결의로 퇴직위로금의 액이 결정되었다면 주주총회에서 특정된 퇴임한 이사에 대하여 그 보수청구권을 박탈하거나 이를 감액하는 결의를 하였다 하여도 이는 위 상법 388조의 법리와 이사의 보수청구권의 성질상 그 효력이 없다 할 것이며…"(대법원 1977. 11. 22. 선고 77다1742 판결)

■ 해직보상금 관련

• 해직보상금은 보수가 아니지만, 상법 제388조를 준용 또는 유추 적용(판례)

• "주식회사와 이사 사이에 체결된 고용계약에서 이사가 그 의사에 반하여 이사직에서 해임될 경우 퇴직위로금과는 별도로 일정한 금액의 해직보상금을 지급받기로 약정한 경우, 그 해직보상금은 형식상으로는 보수에 해당하지 않는다… 고용계약과 관련하여 지급되는 것일 뿐 아니라, 의사에 반하여 해임된 이사에 대하여 정당한 이유의 유무와 관계없이 지급하도록 되어 있어 이사에게 유리하도록 회사에 추가적인 의무를 부과하는 것인바 … 이사의 보수에 관한 상법 제388조를 준용 내지 유추 적용하여 이사는 해직보상금에 관하여도 정관에서 그 액을 정하지 않는 한 주주총회 결의가 있어야만 회사에 대하여 이를 청구할 수 있다."(대법원 2006. 11. 23. 선고 2004다49570 판결)

제4절 이사회

I. 의 의

■ 업무집행에 대한 의사결정기관

- 이사회는 주주총회의 권한 이외의 사항에 대한 회사의 의사를 결정
- 필요적 상설기관

II. 권 한

1. 업무집행결정권

■ 회사의 업무집행은 이사회 결의로 결정(393 제1항)

- 업무의 유형
  - 중요한 자산의 처분 및 양도
  - 대규모 재산의 차입
  - 지배인의 선임 또는 해임
  - 지점의 설치 및 이전 또는 폐지 등
- 해석상 유의사항
  - 일상적인 업무에 대한 업무집행권한은 대표이사에게 있지만, 위 유형의 업무는 **일상적인 업무가 아닌 중요한 업무 내지 중요한 자산**에 대한 것으로 이사회의 결의가 필요하다는 의미
  - 위 유형으로 열거되지 않았더라도 **일상성을 벗어난 중요한 업무**는 이사회 결의가 필요
  - 중요한 자산의 처분 등을 이사회의 결의로 한다고 규정하더라도 주총의 특별결의를 배제한다는 의미는 아니므로 중요한 자산의 처분 등이 상법 제374조 제1항 제1호의 영업양도와 동일하다면 주총의 특별결의에 따른 승인도 필요

• "법률 또는 정관 등의 규정에 의하여 주주총회 또는 이사회의 결의를 필요로 하는 것으로 되어 있지 아니한 업무 중 이사회가 일반적·구체적으로 대표이사에게 위임하지 않은 업무로서 일상 업무에 속하지 아니한 중요한 업무에 대하여는 이사회에게 그 의사결정권한이 있다고 할 것인바…"(대법원 1997. 6. 13. 선고 96다48282 판결)

• "상법 제393조 제1항은 주식회사의 중요한 자산의 처분 및 양도는 이사회의 결의로 한다고 규정하고 있는데, 여기서 말하는 중요한 자산의 처분에 해당하는지 아닌지는 당해 재산의 가액, 총자산에서 차지하는 비율, 회사의 규모, 회사의 영업 또는 재산의 상황, 경영상태, 자산의 보유목적, 회사의 일상적 업무와 관련성, 당해 회사의 종래 취급 등에 비추어 대표이사의 결정에 맡기는 것이 타당한지 여부에 따라 판단하여야 하고, 중요한 자산의 처분에 해당하는 경우에는 이사회가 그에 관하여 직접 결의하지 아니한 채 대표이사에게 그 처분에 관한 사항을 일임할 수 없으므로 이사회 규정상 이사회 부의사항으로 정해져 있지 않더라도 반드시 이사회의 결의를 거쳐야 한다."(대법원 2011. 4. 28. 선고 2009다47791 판결)

• "주식회사에 대하여 회생절차가 개시되는 경우 이를 이유로 한 계약의 해지 및 환취권 행사 등으로 인하여 회사의 영업 또는 재산에 상당한 변동이 발생하게 된다 … 주식회사에서의 이사회의 역할 및 주식회사에 대한 회생절차개시결정의 효과 등에 비추어 보면 주식회사의 회생절차 개시신청은 대표이사의 업무권한인 일상업무에 속하지 아니한 중요한 업무에 해당하여 이사회 결의가 필요하다고 보아야 한다."(대법원 2019. 8. 14. 선고 2019다204463 판결)

• "위와 같은 주식회사 이사회의 역할, 파산이 주식회사에 미치는 영향, 회생절차 개시신청과의 균형, 파산신청권자에 대한 규정의 문언과 취지 등에 비추어 보면, 주식회사의 대표이사가 회사를 대표하여 파산신청을 할 경우 대표이사의 업무권한인 일상 업무에 속하지 않는 중요한 업무에 해당하여 이사회 결의가 필요하다고 보아야 하고, 이사에게 별도의 파산신청권이 인정된다고 해서 달리 볼 수 없다. 그러나 자본금 총액이 10억 원 미만으로 이사가 1명 또는 2명인 소규모 주식회사에서는 대표이사가 특별한 사정이 없는 한 이사회 결의를 거칠 필요 없이 파산신청을 할 수 있다. 소규모 주식회사는 각 이사(정관에 따라 대표이사를 정한 경우에는 그 대표이사를 말한다)가 회사를 대표하고 상법 제393조 제1항에 따른

이사회의 기능을 담당하기 때문이다(상법 제383조 제6항, 제1항 단서)."(대법원 2021. 8. 26. 자 2020마5520 결정)

2. 기타 고유권한

■ 주식양도 제한의 경우 그에 대한 승인(335 제1항) 외 다수

- 주주총회의 소집(362), 이사의 경업과 겸직의 승인(397), 이사의 회사 기회 및 자산유용의 승인(397조의2), 이사 등의 자기거래 승인(398), 재무제표의 승인(447), 사채발행(469) 등

3. 정관으로 주주총회의 권한으로 전환할 수 있는 권한

■ 대표이사의 선정(389 제1항) 외 다수

- 신주발행(416), 준비금의 자본금 전입(461 제1항), 전환사채의 발행(513 제2항), 신주인수권부사채의 발행(516조의2 제2항) 등

4. 감독권

■ 이사회는 이사의 직무집행을 감독(393 제2항)

- 일상적인 집행은 대표이사가 하므로 이사회의 감독권은 주로 대표이사에 초점

5. 정보접근권

■ 이사는 대표이사로 하여금 다른 이사 또는 피용자의 업무에 관하여 이사회에 보고할 것을 요구할 수 있음(393 제3항)

- 이사는 3월에 1회 이상 업무의 집행상황을 이사회에 보고해야 함(393 제4항)

III. 소 집

1. 소집권자

■ 이사

• 이사회는 **각 이사**가 소집하는 것이 원칙(390 제1항)

• 이사회 결의로 **소집할 이사를 정한 경우** 그 이사가 소집(동조 동항)

– 소집권자가 아닌 이사는 소집권자인 이사에게 이사회 소집 요구 가능(동조 제2항)

– 만일 소집권자인 이사가 정당한 이유 없이 소집을 거절할 경우 다른 이사가 이사회 소집 가능(동조 동항)

■ 감사

• 감사는 필요하면 회의의 목적사항과 소집이유를 서면에 적어 이사(소집권자가 있는 경우에는 소집권자)에게 제출하여 이사회 소집 청구 가능(412조의4 제1항)

– 이사가 지체없이 소집하지 않으면 청구한 감사가 이사회 소집 가능(동조 제2항)

2. 소집절차

■ 회일을 정하여 회일의 1주간 전에 각 이사 및 감사에게 소집통지를 발송(390 제3항)

• 정관으로 기간 단축 가능(동조 동항)

• 통지방식이나 소집장소에 대한 제한이 없음

• 이사와 감사 **전원의 동의**가 있으면 소집절차 없이 언제든지 회의 가능(동조 제4항)

– 일부 이사에게 통지하지 않고 소집한 결의는 무효

– 통지하지 않은 이사의 출석과 반대가 결의에 영향이 없더라도 무효(판례)

• 원칙적으로 **회의의 목적사항**을 함께 통지할 필요 없음(판례)

• "이사회 소집통지를 할 때에는, 회사의 정관에 이사들에게 회의의 목적사항을 함께 통지하도록 정하고 있거나 회의의 목적사항을 함께 통지하지 아니하면 이사회에서의 심의·의결에 현저한 지장을 초래하는 등의 특별한 사정이 없는 한, 주주총회 소집통지의 경우와 달리 회의의 목적사항을 함께 통지할 필요는 없다."(대법원 2011. 6. 24. 선고 2009다35033 판결)

IV. 이사회의 결의

1. 결의방법

■ 이사 **과반수**의 출석과 출석이사의 **과반수**로 결의(391 제1항)

- 결의요건을 정관으로 강화 가능(동조 동항)
- 이사의 권리 의무를 가진 자도 결의에 참여 가능
  - 퇴임이사(386 제1항), 일시이사(동조 제2항), 직무대행자(407 제1항)도 포함

2. 의결권의 행사방법

■ 이사의 이사회 참석과 의결권 행사

- 이사 1인은 1개의 의결권 행사
- 이사는 의결권 행사에 관하여 회사에 대한 손해배상책임 부담(399 제2항)
- 이사의 의결권은 **대리행사 불가**(통설 및 판례)
  - 이사회는 이사의 능력과 신뢰에 기초하여 업무집행을 결정하고, 이사는 회사의 수임인으로서 그 지위에 일신전속적인 성격이 있기 때문
- 서면결의 불가(통설)
- 원격통신수단에 의한 참가 가능
  - 정관에 달리 정하는 경우를 제외하고는 이사회는 이사의 전부 또는 일부가 직접 회의에 출석하지 않고 모든 이사가 음성을 동시에 송수신하는 **원격통신수단에 의해 결의에 참가**하는 것을 허용 가능

(391 제2항)

– 이 경우 당해 이사는 이사회에 직접 출석한 것으로 봄(동조 동항)

■ 특별이해관계가 있는 이사의 의결권 행사

- 이사회 결의에 관하여 특별한 이해관계가 있는 이사는 의결권 행사 불가(391 제3항, 368 제3항, 개인법설)
  – 예) 특정 이사와의 거래 승인 여부가 이사회 결의사항인 경우의 해당 이사(398)
- 특별이해관계가 있는 이사의 의결권 수는 **출석이사의 의결권의 수**에 산입 불가(391 제3항, 371 제2항)
  – 특별이해관계가 있는 주주의 의결권 행사와 비교

- "특별이해관계가 있는 이사는 이사회에서 의결권을 행사할 수는 없으나 의사정족수산정의 기초가 되는 이사의 수에는 포함되고 다만 결의성립에 필요한 출석이사에는 산입되지 아니하는 것이므로 피고 회사의 3명의 이사 중 [대표이사와 특별이해관계 있는 이사 등 2인]이 출석하여 이 사건 결의를 하였다면 이사 3명 중 2명이 출석하여 과반수 출석의 요건을 구비하였고 [특별이해관계가 있는 이사인] 원고가 행사한 의결권을 제외하더라도 결의에 참여할 수 있는 유일한 출석이사인 [대표이사]의 찬성으로 과반수의 찬성이 있는 것으로 되어 그 결의는 적법하다고 할 것이고…"(대법원 1992. 4. 14. 선고 90다카22698 판결)

V. 의사록 작성 및 공시

1. 의사록의 작성

■ 이사회의 의사(議事)에 관하여는 의사록을 작성해야 함(391조의3 제1항)

- 의사의 안건, 경과요령, 그 결과, 반대하는 자와 그 반대이유를 기재(동조 동항)
  – 출석한 이사 및 감사가 기명날인 또는 서명해야 함(동조 제2항)

2. 의사록의 공시

■ 이사회의 의사록은 비치·공시의무의 대상이 아님

- **주주**는 영업시간 내에 언제든지 열람 또는 등사 청구 가능(391조의3 제3항)
  - **채권자**는 열람 또는 등사 청구 불가
  - 회사는 주주의 열람 또는 등사 청구에 대해 **이유**를 붙여 거절 가능(동조 제4항)
  - 이 경우 주주는 **법원의 허가**를 얻어 열람 또는 등사 가능(동조 제4항)
- 주주총회의 의사록과 비교
  - 주주총회 의사록은 회사가 비치, 공시할 서류 중의 하나(396 제1항)
  - **주주와 채권자**는 언제나 열람 또는 등사 가능(동조 제2항)

- "상법 제391조의3 제3항, 제466조 제1항에서 규정하고 있는 주주의 이사회 의사록 또는 회계 장부와 서류 등에 대한 열람·등사청구가 있는 경우, 회사는 청구가 부당함을 증명하여 이를 거부할 수 있는데, 주주의 열람·등사권 행사가 부당한 것인지는 행사에 이르게 된 경위, 행사의 목적, 악의성 유무 등 제반 사정을 종합적으로 고려하여 판단하여야 하고, 특히 주주의 이와 같은 열람·등사권 행사가 회사업무의 운영 또는 주주 공동의 이익을 해치거나 주주가 회사의 경쟁자로서 취득한 정보를 경업에 이용할 우려가 있거나, 또는 회사에 지나치게 불리한 시기를 택하여 행사하는 경우 등에는 정당한 목적을 결하여 부당한 것이라고 보아야 한다. 한편 적대적 인수·합병을 시도하는 주주의 열람·등사청구라고 하더라도 목적이 단순한 압박이 아니라 회사의 경영을 감독하여 회사와 주주의 이익을 보호하기 위한 것이라면 허용되어야 하는데, 주주가 회사의 이사에 대하여 대표소송을 통한 책임추궁이나 유지청구, 해임청구를 하는 등 주주로서의 권리를 행사하기 위하여 이사회 의사록의 열람·등사가 필요하다고 인정되는 경우에는 특별한 사정이 없는 한 그 청구는 회사의 경영을 감독하여 회사와 주주의 이익을 보호하기 위한 것이므로, 이를 청구하는 주주가 적대적 인수·합병을 시도하고 있다는 사정만으로 청구가 정당한 목적을 결하여 부당한 것이라고 볼 수 없고, 주주가 회사의 경쟁자로서 취득한 정보를 경업에 이용할 우려가 있거나 회사에 지나치게 불리한 시기를 택하여 행사하는 등의 경우가 아닌 한 허용되어야 한다."

(대법원 2014. 7. 21. 선고 2013마657 판결)

• "상법 제391조의3 제3항, 제4항에 의하면 주주는 영업시간 내에 이사회 의사록의 열람 또는 등사를 청구할 수 있으나, 회사는 그 청구에 대하여 이유를 붙여 거절할 수 있고, 그 경우 주주는 법원의 허가를 얻어 이사회 의사록을 열람 또는 등사할 수 있는바, 상법 제391조의3 제4항의 규정에 의한 이사회 의사록의 열람 등 허가사건은 비송사건절차법 제72조 제1항에 규정된 비송사건이므로 민사소송의 방법으로 이사회 회의록의 열람 또는 등사를 청구하는 것은 허용되지 않는다."(대법원 2013. 11. 28. 선고 2013다50367 판결)

VI. 이사회 결의의 하자

1. 해결방법

■ 이사회 결의의 하자 관련 유형이나 이를 다투는 소에 관한 상법 규정 없음

- 이사회 결의에 하자가 있으면, 일반 무효 법리에 따라 해결
  - 무효 주장방법에 제한이 없음
- 결의무효확인의 소 제기 가능
  - 원고승소판결의 **대세효** ×(판례)

• "이사회의 결의에 하자가 있는 경우에 관하여 상법은 아무런 규정을 두고 있지 아니하나, 그 결의에 무효사유가 있는 경우에는 이해관계인은 언제든지 또 어떤 방법에 의하든지 그 무효를 주장할 수 있다고 할 것이지만, 이와 같은 무효 주장의 방법으로서 이사회결의무효확인소송이 제기되어 승소확정판결을 받은 경우 그 판결의 효력에 관하여는 주주총회결의무효확인 소송 등과는 달리 상법 제190조가 준용될 근거가 없으므로 대세적 효력은 없다고 할 것이다."(대법원 1988. 4. 25. 선고 87누399 판결)

■ 이사회 소집절차 또는 결의방법에 하자가 있으면 추인 가능(판례)

- 새로운 결의가 있는 것으로 봄(판례)

2. 후속행위의 효력 문제

■ 이사회 결의가 필요함에도 유효한 이사회 결의 없이 이루어진 후속행위의 효력

- 상법 규정 없음

■ 후속행위가 순수한 **내부적 사항**인 경우

- **무효** 또는 **취소** 가능
  - 예) 이사회 결의 없는 지배인 선임(393)은 무효
  - 예) 이사회 결의 없는 주총 소집 결정(362)은 주총결의취소의 소의 원인(376)

■ 후속행위가 **대외적 거래행위**인 경우

- **집단적** 거래행위
  - 거래상대방의 선의, 악의 불문하고 **유효**(판례)
  - 예) 이사회 결의 없는 신주발행(416)
- **개별적** 거래행위
  - 거래상대방이 이사회 결의가 없었다는 점에 대해 **악의** 또는 **중과실이면 무효**(상대적 무효설, 판례)
  - 회사가 입증책임 부담(판례)
  - 예) 이사회 결의 없는 중요한 자산의 처분 및 양도(393 제1항)

■ 후속행위 효력을 다투는 소와의 관계

- **흡수설**(통설 및 판례)
  - 이사회 결의에 기초하여 이루어지는 후속행위의 효력을 다투는 별도의 소가 있으면 이사회 결의의 하자는 후속행위의 하자로 흡수되어 후속행위의 효력을 다투는 소만 제기 가능
  - 예) 하자 있는 이사회 결의로 소집된 주총 결의는 주총결의취소의 소로 해결(376)
  - 예) 하자 있는 이사회 결의로 이루어진 신주발행은 신주발행무효의 소로 해결(429)

VII. 이사회 내 위원회 설치

■ 설치방법

• 이사회는 정관이 정하는 바에 따라 위원회를 설치 가능(393조의2 제1항)

– 이사회의 권한을 일부 위임받아 결의

– 예) **감사위원회**, 보수위원회 등

• 위원회에 위임할 수 없는 권한(동조 제2항)

– 주주총회의 승인을 요하는 사항의 제안

– 대표이사의 선임 및 해임

– 위원회 설치와 그 위원의 선임 및 해임

– 정관에서 정하는 사항

• 위원회는 **2인** 이상의 이사로 구성(동조 제3항)

– 비상장회사의 감사위원회는 **3인** 이상으로 구성하되, 사외이사가 위원의 **3분의** 2 이상이어야 함(415조의2 제2항)

– 위원회 소집과 결의는 이사회 절차를 준용(393조의2 제5항)

■ 위원회 결의의 효력

• 이사회 결의와 동일

– 위원회는 결의된 사항을 각 이사에게 통지해야 함(동조 제4항)

– 이 경우 통지받은 이사는 이사회 소집 요구할 수 있으며, 소집된 이사회는 위원회가 결의한 사항에 대해 다시 결의 가능

• 이사회의 다른 결의가 있다면 위원회 결의는 효력 상실

– **감사위원회 결의**에 대해서는 이사회의 결의 불가(415조의2 제6항)

제5절 대표이사

Ⅰ. 의 의

■ 회사를 대표하고 대내적인 업무집행을 담당하는 기관

- 이사회의 결의사항을 집행하는 역할
  - 일상적인 업무는 단독으로, 중요한 업무는 이사회 결의를 얻어 집행
- 회사의 의사능력이나 행위능력이 대표이사에 의해 발현
  - 대표이사의 대표행위는 곧 회사의 행위로 간주
- 필요적 상설기관

Ⅱ. 선 임

■ 이사회 결의로 선임

- 대표이사는 이사 중에서 선정하되, 이사회의 결의로 선임(389 제1항)
  - 정관으로 주주총회가 선임 가능(동조 동항)
  - 상법상의 자격 제한은 없으나, 정관으로 자격 제한 가능
- 보통 1인으로 선정하지만, 수인으로 해도 무방
  - 대표이사의 성명, 주민등록번호, 주소는 등기사항(317 제2항 제9호)
  - 선임결의 하자를 다투더라도 판결이 확정되기 전에는 대표이사로서 회사를 대표(판례)

Ⅲ. 퇴 임

■ 임기의 만료

- 대표이사로서의 임기가 만료되면 퇴임
- 이사 자격을 상실하면 대표이사 자격도 상실
  - 대표이사의 임기가 만료되지 않았더라도 상실

■ 해임

- 이사회 또는 주주총회는 언제나 해임 가능(민 689)
  - 주총에서 대표이사직에서만 해임하려면 보통결의로 가능하지만, 이사직에서도 해임하려면 특별결의 필요(385 제1항 참조)
- 대표이사의 해임에 상법 제385조 **유추 적용 불가**(판례)

- "상법 제385조 제1항은 주주총회 특별결의로 언제든지 이사를 해임할 수 있게 하는 한편 임기가 정하여진 이사가 그 임기 만료 전에 정당한 이유 없이 해임당한 경우에는 회사에 대하여 손해배상을 청구할 수 있게 함으로써 주주의 회사에 대한 지배권 확보와 경영자 지위의 안정이라는 주주와 이사의 이익을 조화시키려는 규정이다. 이러한 입법 취지에 비추어 볼 때, 대표이사가 그 지위에서 해임되었을 뿐 이사에서 해임되지 않은 경우 여전히 이사로서의 지위와 권한을 가지고 있으므로 상법 제385조 제1항 단서와 같은 손해배상청구권이 당연히 인정되어야 하는 것은 아니다. 이러한 사정은 정관으로 주주총회에서 대표이사를 선정할 것을 정하여 주주총회가 대표이사를 해임하는 경우에도 마찬가지다. 주주총회 특별결의로 주주총회에서 선정된 대표이사를 해임함과 동시에 이사에서도 해임하거나 대표이사에서 해임하지 않은 채 이사에서 해임함으로써 대표이사 지위를 상실하여 대표이사와 이사의 지위를 모두 상실한 경우에도, 그 이사는 상법 제385조 제1항 단서에 따라 이사 해임으로 인한 손해배상청구를 할 수 있으므로, 대표이사 해임에 상법 제385조 제1항 단서를 유추 적용할 필요가 있다고 보기 어렵다."(대법원 2024. 9. 13. 선고 2020다245552 판결)

■ 사임

- 대표이사는 언제나 사임 가능
  - 다만, 부득이한 사유 없이 회사에 불리한 시기에 사임하면 회사에 생긴 손해를 배상해야 함(382 제2항, 민 689 제2항)

■ 퇴임대표이사 및 일시대표이사

- 퇴임대표이사
  - 법률 또는 정관에 정한 대표이사의 원수를 결한 경우에 임기의 만료 또는 사임으로 인하여 퇴임한 대표이사는 새로 선임된 대표이

사가 취임할 때까지 대표이사의 권리 의무가 있음(389 제3항, 386 제1항)

• 일시대표이사

– 위 경우 필요하다고 인정할 때에는 법원은 이사, 감사 기타의 이해관계인의 청구에 의하여 일시 대표이사의 직무를 행할 자를 선임 가능(389 제3항, 386 제2항)

– 등기사항(389 제3항, 386 제2항)

IV. 권 한

■ 대표권

• 대표이사는 회사를 대표하며 영업에 관한 재판상, 재판외의 모든 행위를 할 수 있음(389 제3항, 209)

– 대표권의 범위는 회사의 권리능력 범위와 일치

– 대표권은 능동대표, 수동대표 및 사실행위, 불법행위 모두에 미침

• 일정한 요식행위가 필요한 경우에는 그에 따라 행사

– 예) 어음행위의 대표자격 표시(예: 대표이사) 및 대표이사의 기명날인 또는 서명

• 복수의 대표이사가 있는 경우 각 대표이사가 단독으로 회사를 대표하고 업무를 집행

• 대표이사의 대리인 선임 가능

– 업무담당이사 또는 다른 이사, 사용인 기타 제3자를 복대리인으로 선임 가능

– 대표이사의 대표권 전부를 완전히 포괄 위임하는 것은 불가

■ 구체적인 대표이사의 업무

• 상법이 명문화한 대표이사의 업무

– 주권과 채권에의 기명날인 또는 서명(356, 478 제2항)

• 해석상 대표이사의 업무(문언의 이사를 대표이사로 해석)

– 정관, 주주총회의 의사록, 주주명부, 사채원부의 비치(396 제1항)

– 주식청약서와 사채청약서의 작성(420, 474)
– 현물출자시 검사인 선임 청구(422 제1항)
– 재무제표 등의 작성, 제출, 비치, 공시, 공고(447 내지 449)

■ 업무집행권한 관련 이사회와의 관계
• 이사회와 대표이사 모두 업무집행에 대한 권한을 보유
– 일상적인 업무가 아닌 중요한 업무는 이사회의 결의를 얻어 집행해야 하며, 대표이사 단독으로 결정하여 집행하는 것은 불가(판례)
• 대표이사의 지위
– 대표이사는 독립된 기관으로서 업무집행권한을 가지며, 법률상 또는 회사의 내부적 제한으로 정한 이사회 권한이 아닌 업무는 단독으로 집행 가능(독립기관설, 다수설)

Ⅴ. 대표권의 제한

1. 의 의

■ 대표권의 **내용**에 대한 제한
• 법률상 제한, 내부적 제한

■ 대표권의 **행사방식**에 대한 제한
• 공동대표이사

2. 대표권의 내용에 대한 제한

(1) 종 류

■ 법률상 제한
• **법률상** 주주총회의 또는 **법률상** 이사회의 결의를 얻어 대표행위를 해야 하는 경우
– 대표이사는 주주총회 또는 이사회의 결의를 얻어 대표권을 행사
• **법률상** 특정 행위가 제한되는 경우

– 대표이사는 특정 행위 관련 대표권 행사 불가

구 분	행위유형의 예
법률상 **주주총회 결의**가 필요한 경우	• 합병(522), 분할 및 분할합병(530조의3) • 주식의 포괄적 교환 및 이전(360조의3, 360조의16) • 영업양도(374), 사후설립(375), 자본금 감소(438)
법률상 **이사회 결의**가 필요한 경우	• 중요한 자산의 처분 및 양도 등(393) • 이사 등과 회사 간의 거래 승인(395) • 신주발행(416)
법률상 특정 행위가 제한되는 경우	• **이사**와 회사 간의 소에는 감사 또는 감사위원회 위원이 회사를 대표(394 제1항, 415조의2 제7항) – **이미 퇴임한 이사**와 회사 간의 소에는 대표이사가 대표(판례) • **감사위원회 위원**과 회사 간의 소에는 감사위원회 또는 이사가 법원에 회사를 대표할 자를 선임해 줄 것을 신청해야 함(394 제2항)

■ 내부적 제한

• 법률상 대표권 제한은 아니지만, **정관** 등에 의해 회사가 내부적으로 제한을 두는 경우

– 법률상 대표이사가 독자적으로 집행할 수 있는 업무에 내부적 제한을 설정

– 예) 정관으로 일정 금액 이상의 보증, 매매에 대해 이사회 승인을 얻도록 제한

(2) 제한을 위반한 대표행위의 효력

1) 법률상 제한을 위반한 대표행위(專斷的 代表行爲)

■ 주주총회 결의를 흠결한 대표행위

• 상법 규정 없음

– 회사의 이익과 거래안정성을 비교하여 판단(통설)

• **무효**(통설 및 판례)

– 거래상대방의 **선의, 악의 불문**하고 무효

- 거래안정성보다 회사의 이익을 우선
- **회사**도 무효 주장 가능
- 예) 주주총회 특별결의 없는 영업양도

• "상법 제374조 제1항 제1호는 주식회사가 영업의 전부 또는 중요한 일부의 양도행위를 할 때에는 제434조에 따라 출석한 주주의 의결권의 3분의 2 이상의 수와 발행주식총수의 3분의 1 이상의 수로써 결의가 있어야 한다고 규정하고 있는데 이는 주식회사가 주주의 이익에 중대한 영향을 미치는 계약을 체결할 때에는 주주총회의 특별결의를 얻도록 하여 그 결정에 주주의 의사를 반영하도록 함으로써 주주의 이익을 보호하려는 강행법규라고 할 것이므로, 주식회사가 영업의 전부 또는 중요한 일부를 양도한 후 주주총회의 특별결의가 없었다는 이유를 들어 스스로 그 약정의 무효를 주장하더라도 주주 전원이 그와 같은 약정에 동의한 것으로 볼 수 있는 등 특별한 사정이 인정되지 않는다면 위와 같은 무효 주장이 신의성실 원칙에 반한다고 할 수는 없다."(대법원 2018. 4. 26. 선고 2017다288757 판결)

■ 이사회 결의를 흠결한 대표행위

• 상법 규정 없음
  - 회사의 이익과 거래안정성을 비교하여 판단(통설)
• 대표행위가 순수한 내부적 사항인 경우
  - **무효** 또는 **취소** 가능
  - 예) 이사회 결의 없는 지배인 선임(393)은 무효
  - 예) 이사회 결의 없는 주총 소집 결정(362)은 주총결의취소의 소의 원인(376)
• 대표행위가 대외적, 집단적 거래행위인 경우
  - 거래상대방의 선의, 악의 불문하고 **유효**(판례)
  - 예) 이사회 결의 없는 신주발행(416)
• 대표행위가 대외적, 개별적 거래행위인 경우
  - 거래상대방이 이사회 결의가 없었다는 점에 대해 **악의** 또는 **중과실이면 무효**(상대적 무효설, 판례)
  - 회사가 입증책임 부담(판례)

– 예) 이사회 결의 없는 중요한 자산의 처분 및 양도(393 제1항)

2) 내부적 제한을 위반한 대표행위

■ 정관 등 내부적 제한을 위반한 행위

• 대표권의 내부적 제한은 **선의의 제3자에게 대항 불가**(389 제3항, 209 제2항)

– 제3자가 이사회 결의가 없었다는 점에 대해 **악의** 또는 **중과실이면 무효**(상대적 무효설, 판례)

– 회사가 입증책임 부담(판례)

– 예) 20억 이상의 보증계약을 체결하면서 정관에 따른 이사회 승인을 흠결한 경우

◎ **내부적 제한**과 선의의 제3자 보호

• "대표권이 제한된 경우에 대표이사는 그 범위에서만 대표권을 갖는다. 그러나 그러한 제한을 위반한 행위라고 하더라도 그것이 회사의 권리능력을 벗어난 것이 아니라면 대표권의 제한을 알지 못하는 제3자는 그 행위를 회사의 대표행위라고 믿는 것이 당연하고 이러한 신뢰는 보호되어야 한다. 일정한 대외적 거래행위에 관하여 이사회 결의를 거치도록 대표이사의 권한을 제한한 경우에도 이사회 결의는 회사의 내부적 의사결정절차에 불과하고, 특별한 사정이 없는 한 거래상대방으로서는 회사의 대표자가 거래에 필요한 회사의 내부절차를 마쳤을 것으로 신뢰하였다고 보는 것이 경험칙에 부합한다. 따라서 회사 정관이나 이사회 규정 등에서 이사회 결의를 거치도록 대표이사의 대표권을 제한한 경우에도 선의의 제3자는 상법 제209조 제2항에 따라 보호된다. 거래행위의 상대방인 제3자가 상법 제209조 제2항에 따라 보호받기 위하여 선의 이외에 무과실까지 필요하지는 않지만, 중대한 과실이 있는 경우에는 제3자의 신뢰를 보호할 만한 가치가 없다고 보아 거래행위가 무효라고 해석함이 타당하다. 중과실이란 제3자가 조금만 주의를 기울였더라면 이사회 결의가 없음을 알 수 있었는데도 만연히 이사회 결의가 있었다고 믿음으로써 거래통념상 요구되는 주의의무를 현저히 위반하는 것으로, 거의 고의에 가까운 정도로 주의를 게을리하여 공평의 관점에서 제3자를 구태여 보호할 필요가 없다고 볼 수 있는 상태를 말한다. 제3자에게 중과실이 있는지는 이사회 결의가 없다는 점에 대한 제3자의 인식가능성, 회사와 거래한 제3자의 경험

과 지위, 회사와 제3자의 종래 거래관계, 대표이사가 한 거래행위가 경험칙상 이례에 속하는 것인지 등 여러 가지 사정을 종합적으로 고려하여 판단하여야 한다. 그러나 제3자가 회사 대표이사와 거래행위를 하면서 회사의 이사회 결의가 없었다고 의심할 만한 특별한 사정이 없다면, 일반적으로 이사회 결의가 있었는지를 확인하는 등의 조치를 취할 의무까지 있다고 볼 수는 없다."(대법원 2021. 2. 18. 선고 2015다45451 전원합의체 판결)

◎ **법률상 제한**과 선의의 제3자 보호

- "대표이사의 대표권을 제한하는 상법 제393조 제1항은 그 규정의 존재를 모르거나 제대로 이해하지 못한 사람에게도 일률적으로 적용된다. 법률의 부지나 법적 평가에 관한 착오를 이유로 그 적용을 피할 수는 없으므로, 이 조항에 따른 제한은 내부적 제한과 달리 볼 수도 있다. 그러나 주식회사의 대표이사가 이 조항에 정한 '중요한 자산의 처분 및 양도, 대규모 재산의 차입 등의 행위'에 관하여 이사회의 결의를 거치지 않고 거래행위를 한 경우에도 거래행위의 효력에 관해서는 [위에서] 본 내부적 제한의 경우와 마찬가지로 보아야 한다."(대법원 2021. 2. 18. 선고 2015다45451 전원합의체 판결)

VI. 공동대표이사

1. 의 의

■ 대표권의 행사방식에 대한 제한

- 상법은 대표이사의 수에 상관없이 단독집행주의와 단독대표주의를 채택
- 다만, 대표이사를 선임한 이사회(또는 주주총회)의 결의로 수인의 대표이사가 공동으로 회사를 대표할 것을 정할 수 있음(389 제2항)
  - 단독집행주의와 단독대표주의의 예외
  - 대표이사의 권한 남용 방지 목적
- 등기사항(317 제2항 10호)

2. 효 력

(1) 능동대표

■ 회사가 제3자에게 하는 의사표시는 공동대표이사들이 공동으로 해야 함(389 제2항)

- 1인의 공동대표이사의 의사가 먼저 표시되고 후에 나머지 공동대표이사의 의사가 보충되어도 무방(판례)
  - 공동대표이사의 의사는 각각 거래상대방에게 표시되어야 함
  - 공동대표이사 1인이 다른 공동대표이사에게 의사표시를 위임 가능
- 위반시 거래상대방의 선의, 악의를 불문하고 **무효**

(2) 수동대표

■ 제3자가 회사에 대해 하는 의사표시는 공동대표이사 중 1인에게만 해도 효력 발생(389 제3항, 208 제2항)

- 수동대표는 공동대표이사 각자가 할 수 있음

(3) 불법행위

■ 공동대표이사제도는 거래행위에만 적용

- 공동대표이사 중 1인이 그 업무집행으로 인하여 타인에게 손해를 가한 때에는 회사는 그 공동대표이사와 연대하여 배상할 책임이 있음 (389 제3항, 210)

(4) 공동대표권의 위임

■ 포괄적 위임의 가능성

- **허용 불가**(통설 및 판례)
  - 공동대표이사가 다른 공동대표이사에게 대표권을 포괄적, 일반적으로 위임하는 것은 공동대표이사제도의 취지와 본질에 부합하지 않기 때문

- "주식회사에 있어서 공동대표제도를 인정한 것은 대외관계에서 수인의 대표이사가 공동으로만 대표권을 행사할 수 있게 하여 업무집행의 통일성을 확보하고, 대

표권 행사의 신중을 기함과 아울러 대표이사 상호 간의 견제에 의하여 대표권의 남용 내지는 오용을 방지하여 회사의 이익을 도모하려는 데 그 취지가 있다 할 것이므로 공동대표이사의 1인이 특정사항에 관하여 개별적으로 대표권의 행사를 다른 공동대표이사에게 위임함은 별론으로 하고, 일반적 포괄적으로 그 대표권의 행사를 위임함은 허용되지 아니한다 할 것이다."(대법원 1989. 5. 23. 선고 89다카3677 판결)

■ 개별적 위임의 가능성

• 특정 행위 또는 일정한 사항에 대해 대표권 행사를 1인의 공동대표이사에게 개별적, 구체적으로 위임하는 것에 대해서는 학설이 대립

– 판례 입장은 불분명

(5) 추인 가능성

■ 공동대표이사의 단독대표행위는 무권적 또는 초권적 대표행위로서 회사에 대해 효력이 없거나 적어도 무권대리에 준하는 효력만 있음

• 추인 가능(민 59 제2항, 130)

– 추인은 나머지 공동대표이사가 하되, 추인의 의사표시는 거래상대방 또는 단독대표행위를 한 공동대표이사에게 할 수 있음(판례)

– 추인은 묵시적으로도 가능

(6) 제3자의 보호문제

■ 거래상대방이 공동대표이사 1인의 단독대표행위를 적법한 대표행위로 믿고 거래한 경우

• 표현대표이사(395)에 대한 회사의 책임으로 해결 가능(판례)

VII. 대표권의 남용

1. 의 의

■ 대표이사가 객관적으로는(외형적으로는) 대표권의 범위에 속하는 행위를 하였으나 주관적으로는 자기 또는 제3자를 위하여 대표행위를 한

경우

- 예) 자신의 채무 변제를 위해 회사 명의의 어음 발행(판례)

■ 회사에 손실이 발생하지 않으면 대표권의 남용에 해당하지 않음에 유의

- 예) 위법하게 주권 발행 전 주식양도(335 제3항)를 한 자에게 대표이사가 양도의 효력을 인정(판례)

2. 효 력

■ 대표권 남용행위의 외부적 효력 문제

- 대표권 남용행위에 대해 거래상대방이 **선의**면 **유효**, **악의**면 **무효**(통설 및 판례)
  - 대표권 남용행위라도 객관적으로는 대표권의 범위 내 행위이므로 거래안정성을 고려
- 입증책임은 회사가 부담(판례)

■ 이론의 구성

- **비진의표시설**(판례)
  - 대표권 남용행위를 일종의 비진의표시로 파악
  - 대표권 남용행위는 원칙적으로 유효하지만, 제3자가 대표이사의 진의를 알았거나 알 수 있었을 때는 민법 제107조 제1항 단서를 유추 적용하여 무효로 처리
  - 과실 있는 선의의 거래상대방은 보호 불가
- 권리남용설
  - 악의인 거래상대방이 대표권 남용행위로부터 얻은 권리를 회사에 대해 행사하는 것은 권리남용 또는 신의칙 위반에 해당
  - 과실 있는 선의의 거래상대방 보호 가능

■ 대표권 남용 법리의 양립 가능성

- 학계
  - 전단적 대표행위 또는 대표권의 내부적 제한과 같이 대표행위의

외형적 적법성이 결여된 경우 대표권 남용 법리가 적용될 수 있는지에 대한 견해가 대립

- 판례
  - 양립을 인정하여 전단적 대표행위 등이 있어도 대표권 남용 법리 적용 가능

- "주식회사의 대표이사가 상법 제393조 제1항에서 정한 '중요한 자산의 처분 및 양도, 대규모 재산의 차입 등의 행위'에 관하여 이사회의 결의를 거치지 않고 한 거래행위는 무효이지만, 거래상대방이 이사회 결의가 없었다는 점을 알지 못하였거나 알지 못한 데에 중대한 과실이 없다면 상법 제389조 제3항, 제209조 제2항에 따라 보호된다. 한편 주식회사의 대표이사가 회사의 영리목적과 관계없이 자기 또는 제3자의 이익을 도모할 목적으로 그 권한을 행사하였다면 이는 대표권을 남용한 행위가 되고, 그 거래행위의 상대방이 대표이사의 진의를 알았거나 알 수 있었을 때에는, 그 거래행위는 회사에 대하여 무효가 된다. 이러한 대표권 남용에 관한 법리는 앞서 본 대표권 제한에 관한 법리와 양립할 수 있다. 즉, 대표이사가 대표권 제한을 위반하여 한 거래행위가 상법 제209조 제2항에 의해 유효한 경우에 해당하더라도 그 거래행위가 대표권을 남용한 행위로서 상대방이 그러한 대표이사의 진의를 알았거나 알 수 있었다면 회사에 대하여 무효가 될 수 있다."(대법원 2021. 4. 15. 선고 2017다253829 판결)

VIII. 표현대표이사

1. 의 의

■ 사장, 부사장, 전무, 상무 기타 회사를 대표할 권한이 있는 것으로 인정할 만한 명칭을 사용한 이사의 행위에 대하여는 그 이사가 회사를 대표할 권한이 없는 경우에도 회사는 선의의 제3자에 대해 책임을 부담(395)

- 이러한 요건을 충족하여 대표행위를 한 자가 표현대표이사에 해당

■ 회사는 대표권을 가진 대표이사의 행위에 대해서만 책임을 부담

- 대표이사의 성명 등은 등기사항(317 제2항 제9호)이므로 거래상대방은

이를 식별 가능

- 다만, 일정한 요건 하에 표현대표이사의 행위에 대해 회사가 책임을 부담하도록 하여 거래안정성 도모
  - **등기부 열람 여부에 대한 과실**과 무관하게 거래상대방을 보호
  - 금반언(禁反言)의 법리 또는 외관 이론에 기초

■ **상업등기와의 관계**

- 이사와 대표이사의 성명 등은 등기사항이므로 이를 등기하면 선의의 제3자에게 대항 가능(37 제1항 참조)
  - 표현대표이사와 상업등기 간의 충돌 가능성 존재
  - 양자 관계에 대한 해석이 필요
- **이차원설**(판례)
  - 표현대표이사 규정과 상업등기 규정은 다른 별개의 제도로서 중첩 적용 가능
  - 상업등기는 **등기 전후에 따라** 등기 관련 이해당사자의 **이해를 조정**하는 제도이고, 표현대표이사는 회사의 잘못된 **외관 창출에 대한 귀책사유**에 근거하여 책임을 부담시킴으로써 거래안정성을 도모하는 제도여서 취지와 법익이 상이
- 예) 해임등기 전에 등기를 신뢰하여 해임된 대표이사와 거래한 때에 해임된 대표이사가 표현대표이사의 요건을 충족하면 회사의 책임 발생

2. 적용요건

(1) 표현적 명칭 사용

■ **표현대표이사**가 사장 등 **표현적 명칭**을 사용

- 대표권이 있는 것으로 거래통념상 인정될 만한 명칭을 모두 포함
  - 사장, 부사장 등의 명칭은 예시적 열거
  - 경리담당이사는 표현적 명칭이 아님(판례)

• "… 상법 제395조에 정한 표현대표이사의 행위로 인한 회사의 책임이 성립하기 위하여는 회사의 대표이사가 아닌 이사가 외관상 회사의 대표권이 있는 것으로 인정될 만한 명칭을 사용하여 거래행위를 하여야 하고, 그와 같은 명칭이 표현대표이사의 명칭에 해당하는지 여부는 사회 일반의 거래통념에 따라 결정하여야 할 것인데, 원고 주장에 의하더라도 '경리담당이사'는 회사를 대표할 권한이 있는 것으로 인정될 만한 명칭에 해당한다고 볼 수 없다고 하여 피고 회사가 상법 제395조에 따라 소외인의 행위에 대하여 책임이 있다는 원고의 주장을 배척하였는바, 관계법리와 기록에 비추어 살펴보면 원심의 위와 같은 판단은 정당한 것으로 수긍이 가고…"(대법원 2003. 2. 11. 선고 2002다62029 판결)

■ 표현대표이사의 **대표이사** 명칭 사용

• 표현적 명칭 대신 진정한 대표이사의 명칭을 사용하더라도 **유추 적용**(판례)

– 이 경우 제3자의 선의, 중과실 여부는 적법한 **대행권의 유무**로 판단(판례)

• "상법 제395조는 표현대표이사가 자기의 명칭을 사용하여 법률행위를 한 경우는 물론이고 자기의 명칭을 사용하지 아니하고 다른 대표이사의 명칭을 사용하여 행위를 한 경우에도 유추 적용된다 … 소외 1은 원고 회사의 대표이사를 대행하여 위 각 근질권설정계약서에 원고 회사 대표이사 명의의 법인명판과 법인인감을 날인하고 서명을 대행한 후 원고 회사의 인감증명서 등 담보제공서류를 교부하여 근질권설정계약을 체결하였고, 소외 1이 원고 회사의 대표이사가 아니라는 사실은 피고들의 지점장들도 이미 알고 있었다고 보아야 할 것이므로, 제3자인 피고들의 선의나 중과실은 소외 1의 대표권 존부에 대한 것이 아니라 대표이사를 대행하여 근질권설정계약을 체결할 권한이 있느냐에 대한 것이라고 하여야 할 것인바, 이러한 점에서 우선 원심이, 소외 1이 일정한 범위에서 위임된 사항을 제외하고는 원고 회사를 대표할 권한이 없는 것을 피고들이 알고 있는 사정을 그 중대한 과실이 인정되는 사유로 본 것은 잘못이다."(대법원 2003. 7. 22. 선고 2002다40432 판결)

■ 표현대표이사의 **자격**

• 법문상 표현대표이사는 이사 자격을 전제하지만, **이사가 아닌 자**도 유추 적용(판례)

– 예) 이사 선임의 주총 결의가 부존재하는 것으로 확정된 대표이사의 판결 전 행위

• "… 이 규정은 표시에 의한 금반언의 법리나 외관이론에 따라 대표이사로서의 외관을 신뢰한 제3자를 보호하기 위하여 그와 같은 외관의 존재에 관하여 귀책사유가 있는 회사로 하여금 선의의 제3자에 대하여 그들의 행위에 관한 책임을 지도록 하려는 것이므로, 회사가 이사의 자격이 없는 자에게 표현대표이사의 명칭을 사용하게 허용한 경우는 물론, 이사의 자격도 없는 사람이 임의로 표현대표이사의 명칭을 사용하고 있는 것을 회사가 알면서도 아무런 조치를 취하지 아니한 채 그대로 방치하여 소극적으로 묵인한 경우에도, 위 규정이 유추 적용되는 것으로 해석함이 상당하다."(대법원 1992. 7. 28. 선고 91다35816 판결)

■ 공동대표이사 **1인의 단독대표행위**

• 공동대표이사 중 1인의 공동대표이사가 한 단독대표행위에 **적용**(판례)

• "회사가 수인의 대표이사가 공동으로 회사를 대표할 것을 정하고 이를 등기한 경우에도, 공동대표이사중의 1인이 대표이사라는 명칭을 사용하여 법률행위를 하는 것을 용인하거나 방임한 때에는, 그 공동대표이사가 단독으로 회사를 대표하여 한 법률행위에 관하여 회사가 선의의 제3자에 대하여 상법 제395조에 따른 책임을 진다고 할 것이므로…"(대법원 1993. 12. 28. 선고 93다47653 판결)

• "… 그로 하여금 단독으로 피고 회사를 대표하여 이 사건 아파트 건물의 신축 및 분양 등 업무를 맡아 하도록 위임 내지 묵인하였으며 이에 따라 위 소외 2는 피고 회사의 대표이사라는 명칭을 사용하여 위 각 분양계약을 체결하였고 …, 한편 회사가 공동대표이사에게 단순한 "대표이사"라는 명칭을 사용하여 법률행위를 하는 것을 용인 내지 방임한 경우에도 회사는 상법 제395조에 의한 표현책임을 면할 수 없고…"(대법원 1992. 10. 27. 선고 92다19033 판결)

(2) 표현적 명칭 사용에 대한 회사의 귀책사유

■ 표현적 명칭 사용에 대한 회사의 명시적 또는 묵시적 허락

- **묵시적 허락**
  - 표현적 명칭 사용을 알면서도 방치하여 묵인(판례)
  - 회사의 과실로 표현적 명칭 사용을 알지 못하여 제지하지 못한 것은 해당하지 않음
- 대표이사 또는 이사회의 허락이 필요(판례)

- "상법 제395조에 의하여 회사가 표현대표이사의 행위에 대하여 책임을 지기 위하여는 표현대표이사의 행위에 대하여 그를 믿었던 제3자가 선의이어야 하고, 또한 회사가 적극적 또는 묵시적으로 표현대표를 허용한 경우에 한한다. 여기서 회사가 표현대표를 허용하였다고 하기 위하여는 진정한 대표이사가 이를 허용하거나, 이사 전원이 아닐지라도 적어도 이사회 결의의 성립을 위하여 회사의 정관에서 정한 이사의 수, 그와 같은 정관의 규정이 없다면 최소한 이사 정원의 과반수 이사가 적극적 또는 묵시적으로 표현대표를 허용한 경우이어야 한다."(대법원 2011. 7. 28. 선고 2010다70018 판결)

- "회사의 명칭 사용 승인 없이 임의로 명칭을 참칭한 자의 행위에 대하여는 비록 그 명칭 사용을 알지 못하고 제지하지 못한 점에 있어서 회사에게 과실이 있다고 할지라도 그 회사의 책임으로 돌려 선의의 제3자에 대하여 책임을 지게 하는 취지가 아니다."(대법원 1975. 5. 27. 선고 74다1366 판결)

(3) 적법한 대표이사의 권한 내 행위

■ 대표이사의 권한 범위에 속하는 **대외적 행위**를 수행

- 주총 결의 또는 이사회 결의가 필요함에도 결의 없이 한 경우
  - 전단적 대표행위 등에서의 상대적 무효설 적용(판례)

■ 대표권 남용 법리 적용 가능성

- 자기 또는 제3자의 이익을 위한 표현대표이사의 행위에 대표권 남용 법리 **적용**(판례)

• "대표이사가 대표권의 범위 내에서 한 행위라도 회사의 영리목적과 관계없이 자기 또는 제3자의 이익을 도모할 목적으로 그 권한을 남용한 것이고, 그 행위의 상대방이 대표이사의 진의를 알았거나 알 수 있었을 때에는 회사에 대하여 무효가 된다. 그리고 특별한 사정이 없는 한 이러한 법리는 상법 제395조에서 정한 표현대표이사가 회사의 영리목적과 관계없이 자기 또는 제3자의 이익을 도모할 목적으로 그 권한을 남용한 경우에도 마찬가지로 적용된다."(대법원 2013. 7. 11. 선고 2013다5091 판결)

(4) 제3자의 선의 및 무중과실

■ 제3자의 범위

• 표현대표이사의 직접적인 상대방뿐만 아니라 외관을 신뢰한 거래상대방 모두 포함

– 예) 표현대표이사의 배서를 신뢰하여 어음을 취득한 자(판례)

■ 선의의 의미

• **대표권 유무**로 판단

– 표현대표이사가 대표권이 없음을 알지 못한 것을 의미

– 회사가 입증책임 부담(판례)

• 법문상 과실 여부는 불문

– 다만, **중과실**이 있다면 회사는 면책 가능(판례)

• "한편 여기에서 말하는 '선의'란 표현대표이사가 대표권이 없음을 알지 못한 것을 말하는 것이지 반드시 형식상 대표이사가 아니라는 것을 알지 못한 것에 한정할 필요는 없다고 할 것이다."(대법원 1998. 3. 27. 선고 97다34709 판결)

• "상법 제395조에 의한 회사의 책임은 행위의 상대방이 악의이거나 선의라도 그에 관하여 중대한 과실이 있는 경우에는 발생하지 아니한다. 여기서 '중대한 과실'이라 함은 표현대표이사가 그의 이름으로 행위를 한 경우에 상대방이 조금만 주의를 기울였더라면 표현대표이사가 회사를 대표할 권한 없이 행위함을 알 수 있었음에도 주의를 게을리하여 그 권한 없음을 알지 못함으로써 거래통념상 요구되는

주의의무를 현저히 위반한 것으로서, 공평의 관점에서 상대방을 구태여 보호할 필요가 없다고 봄이 상당하다고 인정되는 상태를 말한다."(대법원 2013. 7. 11. 선고 2013다16473 판결)

3. 적용효력

■ 표현대표이사가 한 행위에 대하여 회사가 책임 부담

제6절 집행임원

Ⅰ. 의 의

■ 업무집행기관

• 회사는 대표이사를 대신하여 집행임원 선임 가능(408조의2 제1항)

– 집행임원 설치 결정 여부는 이사회의 권한사항

– 이사회의 감독 하에 회사의 업무집행을 전담하는 역할을 수행(408조의4)

Ⅱ. 집행임원 관련 이사회의 권한

■ 집행임원의 임면 및 업무 분담사항 결정

• 집행임원과 대표집행임원의 선임 또는 해임(408조의2 제3항 제1호)

• 집행임원과 집행임원 설치회사의 **소송**에서 집행임원 설치회사를 **대표할 자의 선임**(동조 동항 제3호)

• 집행임원에게 업무집행에 관한 의사결정의 위임(동조 동항 제4호)

– 법 소정의 이사회 권한사항은 제외

– 예) 신주발행(416) 등

• 집행임원이 수인인 경우 집행임원의 직무 분담 및 지휘, 명령관계, 그 밖에 집행임원의 상호관계에 관한 사항의 결정(동조 동항 제5호)

– 이사회가 직무의 분담 등에 대해 결의하지 않은 한 집행임원 각자가 업무집행

■ 집행임원의 업무집행 감독

• 이사회는 집행임원의 업무집행을 감독(동조 동항 제2호)

– 집행임원은 이사회에 대한 보고의무 부담(408조의6)

• 정관에 규정이 없거나 주총의 승인이 없는 경우 이사회가 집행임원의 보수 결정(동조 동항 제6호)

Ⅲ. 집행임원의 임기 및 자격

■ 정관에 다른 규정이 없는 한 2년 초과 불가(408조의3 제1항)

• 정관에 그 임기 중의 최종 결산기에 관한 정기주총이 종결한 후 가장 먼저 소집하는 이사회의 종결시까지로 정할 수 있음(동조 제2항)

■ 자격에 대한 특별한 제한 없음

• 집행임원은 이사 또는 이사 아닌 자 중에서 선임 가능

Ⅳ. 집행임원의 권한

■ 업무집행권

• 집행임원 설치회사의 업무집행(408조의4)

– 대표이사의 업무와 동일

• 이사회로부터 위임받은 업무에 대한 집행(408조의2 제3항 제4호)

■ 이사회 소집권

• 집행임원은 필요하면 회의의 목적사항과 소집이유를 적은 서면을 이사(또는 소집권자)에게 제출하여 이사회 소집 청구 가능(408조의7 제1항)

– 위 소집 청구를 한 후 이사가 지체없이 이사회의 소집절차를 밟지 않으면 소집을 청구한 집행임원은 법원의 허가를 받아 이사회 소집 가능(동조 제2항)

■ 대표권

• 집행임원이 1명이면 그 집행임원이 대표집행임원이 되고, 2명 이상이면 이사회 결의로 대표집행임원을 선임해야 함(408조의5 제1항)

– 대표집행임원에 관하여는 대표이사 규정 준용(동조 제2항)

V. 의무 및 책임

■ 기본적으로 이사의 의무 및 책임과 동일

- 주의의무
  - 집행임원과 집행임원 설치회사의 관계는 민법상 위임 규정 준용 (408조의2 제2항)
- 충실의무, 비밀유지의무, 경업금지의무 등(408조의9, 382조의3, 382조의4, 397 등)
- 회사 및 제3자에 대한 손해배상책임(408조의8)
- 업무집행지시자 등과의 연대책임(408조의9, 401조의2)

■ 주주의 대표소송 제기 가능

- 집행임원의 책임추궁을 위해 주주는 대표소송 제기 가능
  - 관련 절차는 이사에 대한 대표소송 규정이 준용(408조의9, 403 내지 406, 406조의2)

■ 책임 감면 가능성

- 이사와 동일(408조의9, 400)

■ 기타

- 집행임원의 업무집행은 감사의 직무 감사 대상(408조의9, 412, 412조의2)
- 집행임원의 위법행위는 감사 또는 소수주주의 유지청구권 행사 대상 (408조의9, 402)

제7절 감사, 감사위원회 및 준법지원인

Ⅰ. 감 사

1. 의 의

■ 회사의 감사기관

- 회사의 업무집행에 대한 감사(監査)를 주된 직무로 하는 필요적 상설기관
  - 상장회사의 감사에는 특례규정이 마련
- 소규모회사에서는 감사를 선임하지 않아도 무방(409 제4항)
  - 감사를 선임하지 않은 소규모회사가 이사에 대하여 또는 이사가 그 회사에 대하여 소를 제기하는 때는 회사, 이사 또는 이해관계인은 법원에 회사를 대표할 자를 선임하여 줄 것을 신청해야 함(동조 제4항)
- 회사와 감사는 위임관계(415, 382 제2항)

■ 감사의 회사 대표

- 회사가 이사에 대하여 또는 이사가 회사에 대하여 소를 제기하는 경우 감사는 그 소에 관하여 회사를 대표(394 제1항)

2. 자격 및 인원수

■ 자격

- 특별한 제한 없음
- 최근 사업연도 말 현재의 자산총액이 **1천억 원** 이상인 상장회사
  - 감사를 선임하는 경우 **상근감사**여야 함(542조의10 제1항)
  - 미성년자 등은 상근감사 불가(542조의10 제2항, 542조의8 제2항, 시행령 제36조 제2항)

■ 인원수

• 특별한 제한 없음

– 복수의 감사가 있는 경우 각각 권한을 행사

• 최근 사업연도 말 현재의 자산총액이 **1천억 원** 이상인 상장회사

– **상근감사 1명** 이상이어야 함(542조의10 제1항, 시행령 제36조 제1항)

3. 선 임

■ 주주총회에서 선임

• 주주총회에서 **보통결의**로 선임(409 제1항)

• 전자투표의 경우 보통결의가 아닌 **출석한 주주의 의결권의 과반수**로써 선임결의 가능(409 제3항, 368조의4 제1항)

• 등기사항(317 제2항 제8호)

■ 의결권 행사의 제한

• 비상장회사 감사의 경우

– 의결권 없는 주식을 제외한 발행주식총수의 **100분의** 3을 초과하는 수의 주식을 가진 주주는 **그 초과하는 주식**에 관하여 감사의 **선임**에 있어서는 의결권 행사 불가(409 제2항)

– 정관에서 더 낮은 주식 보유비율을 정할 수 있으며, 정관에서 더 낮은 주식 보유비율을 정한 경우에는 그 비율에 의함(동조 동항)

• 상장회사 감사의 경우

– 감사를 **선임** 또는 **해임**할 때는 의결권 없는 주식을 제외한 발행주식총수의 **100분의** 3을 초과하는 수의 주식을 가진 주주는 **그 초과하는 주식**에 관하여 의결권 행사 불가(542조의12 제7항, 제4항)

– 정관에서 더 낮은 주식 보유비율을 정할 수 있으며, 정관에서 더 낮은 주식 보유비율을 정한 경우에는 그 비율에 의함(542조의12 제7항, 제4항)

– **최대주주**의 경우에는 위 100분의 3을 계산할 때 그의 특수관계인, 그 밖에 대통령령으로 정하는 자가 소유하는 주식을 합산하고(542

조의12 제7항, 제4항, **합산** 3% **rule**), 그 외 주주는 자신의 보유주식만으로 계산

- "상법 제369조 제1항에서 주식회사의 주주는 1주마다 1개의 의결권을 가진다고 하는 1주 1의결권의 원칙을 규정하고 있는바, 위 규정은 강행규정이므로 법률에서 위 원칙에 대한 예외를 인정하는 경우를 제외하고, 정관의 규정이나 주주총회의 결의 등으로 위 원칙에 반하여 의결권을 제한하더라도 그 효력이 없다. 그런데 상법 [제409조 제2항은] 주주가 일정 비율을 초과하여 소유하는 주식에 관하여 감사의 선임에 있어서 그 의결권을 제한하고 있고, [상법 제542조의12 제7항 및 제4항에서 상장회사의 감사 임면시 최대주주에 한하여 3% rule을 적용하게 되어 있음에도], 최대주주가 아닌 주주와 그 특수관계인 등에 대하여도 일정 비율을 초과하여 소유하는 주식에 관하여 감사의 선임 및 해임에 있어서 의결권을 제한하는 내용의 정관 규정이나 주주총회 결의 등은 무효라고 보아야 한다."(대법원 2009. 11. 26. 선고 2009다51820 판결)

4. 퇴 임

- 임기
  - 취임 후 3년 내의 최종의 결산기에 관한 정기총회의 종결시까지로 함(410)

- 퇴임사유
  - 임기만료 및 위임의 종료사유로 퇴임(민 690)
    - 해산하더라도 자격 유지(531, 534 참조)
  - 해임 등의 사항은 이사와 동일(415, 385 등)

5. 겸직 제한

- 감사는 회사 및 자회사의 이사 또는 지배인 기타의 사용인 겸직 불가(411)
  - 이사 등이 감사로 선임되는 때에는 **종전의 직**에서 사임(판례)

• "… 만일 감사가 회사 또는 자회사의 이사 또는 지배인 기타의 사용인에 선임되거나, 반대로 회사 또는 자회사의 이사 또는 지배인 기타의 사용인이 회사의 감사에 선임된 경우에는, 그 선임행위는 각각의 선임 당시에 있어 현직을 사임하는 것을 조건으로 하여 효력을 가지고, 피선임자가 새로이 선임된 지위에 취임할 것을 승낙한 때에는, 종전의 직을 사임하는 의사를 표시한 것으로 해석하여야 할 것이다."(대법원 2007. 12. 13. 선고 2007다60080 판결)

6. 감사의 권한 및 의무

■ 주요 권한

• 감사권

– 이사의 직무집행을 감사(412 제1항)

– **언제든지** 이사에 대하여 영업에 관한 보고를 요구하거나 회사의 업무와 재산상태 조사 가능(동조 제2항)

– 회사의 비용으로 전문가의 도움을 구할 수 있음(동조 제3항)

• 자회사의 조사권

– 모회사의 감사는 그 직무를 수행하기 위하여 **필요한 때**에는 자회사에 대하여 영업의 보고를 요구 가능(412조의5 제1항)

– 자회사가 지체없이 **보고를 하지 않을 때** 또는 그 보고의 내용을 **확인할 필요가 있을 때**는 자회사의 업무와 재산상태 조사 가능(동조 제2항)

– 자회사는 정당한 이유가 없는 한 위 보고 또는 조사를 거부하지 못함(동조 제3항)

• 그 외 각종 소 제기권(328 등), 이사회출석 · 의견진술권(391조의2) 등

■ 주요 의무

• 감사록 작성의무

– 감사에 관하여 감사록을 작성하고, 감사의 실시요령과 그 결과를 기재하여 기명날인 또는 서명해야 함(413조의2 제1항 및 제2항)

• 감사보고서 작성 및 제출의무

– 재무제표 및 영업보고서를 받은 날로부터 4주 내에 감사보고서를 이사에게 제출해야 함(447조의4 제1항)

• **경업금지의무** 및 **자기거래금지의무**는 부담하지 않음에 유의(415 참조)

7. 감사의 책임

■ 회사와 제3자에 대한 손해배상책임

• 감사가 그 임무를 해태한 때에는 그 감사는 회사에 대하여 연대하여 손해를 배상할 책임을 부담(414 제1항)

– 주주대표소송으로 추궁 가능(415, 403, 406조의2)

– 총주주의 동의로 감면 가능(415, 400)

• 감사가 악의 또는 중과실로 인하여 그 임무를 해태한 때에는 그 감사는 제3자에 대하여 연대하여 손해를 배상할 책임을 부담(414 제2항)

• 감사가 회사 또는 제3자에 대하여 손해를 배상할 책임이 있는 경우 이사도 그 책임이 있는 때에는 그 감사와 이사는 연대하여 배상할 책임을 부담(동조 제3항)

II. 감사위원회

1. 의 의

■ 감사를 대신하여 구성

• 회사는 감사기관으로 감사를 두는 것이 원칙

– 다만, **정관**으로 이사회 내 위원회로서 감사위원회 구성 가능(415조의2 제1항)

– 감사위원회의 권한, 의무, 책임 등은 감사와 동일(415의2 제7항, 412 내지 414 등)

• 감사위원회 결의로 대표감사위원 선정(415조의2 제4항)

■ 대규모 상장회사는 반드시 감사위원회를 구성해야 함(542조의11 제1항, 시행령 37 제1항)

• 감사 선임 불가

2. 구 성

■ 기본원칙

• **3명** 이상의 이사로 구성하되, 사외이사가 위원의 **3분의** 2 이상이어야 함(415조의2 제2항)

■ 대규모 상장회사의 구성요건

• **3명** 이상의 이사로 구성하되, 사외이사가 위원의 **3분의** 2 이상이어야 함(542조의11 제2항, 415조의2 제2항)

• 감사위원회 위원 중 1명 이상은 대통령령으로 정하는 **회계 또는 재무 전문가**여야 함(542조의11 제2항 제1호, 시행령 37 제2항)

• 감사위원회의 대표는 **사외이사**여야 함(542조의11 제2항 제2호)

• 상근감사 결격사유(542조의10 제2항 각호)의 어느 하나에 해당하는 자는 대규모 상장회사의 사외이사가 아닌 감사위원회 위원이 될 수 없고, 이에 해당하게 된 경우 그 직을 상실(542조의11 제3항)

3. 감사위원회 위원의 선임 및 종임

■ 비상장회사 및 최근 사업연도 말 현재의 자산총액이 1천억 원 미만인 상장회사

• 정관으로 감사 또는 감사위원회 **선택 가능**(415조의2 제1항 참조)

– 감사는 비상근감사여도 무방(542조의10 제1항 전단 참조)

• 감사위원회를 구성하면 감사위원회 위원은 **이사회**가 선임하고 해임(393의2 제2항 제3호)

– 감사위원회 위원은 이사 총수의 **3분의** 2 이상의 이사회 결의로 **해임**(415의2 제3항)

■ 최근 사업연도 말 자산총액 1천억 원 이상 2조 원 미만인 상장회사

• 정관으로 감사 또는 감사위원회 **선택 가능**(542조의10 제1항)

– 감사를 선임하는 경우 **상근감사**여야 함(동조 동항)
- 감사위원회를 구성하는 경우 대규모 상장회사와 절차가 동일(동조 동항 단서)

■ 대규모 상장회사

- 반드시 감사위원회를 구성해야 함(542조의11 제1항, 시행령 37 제1항)
- 감사위원회 위원은 **주주총회** 결의로 선임하고 해임(542조의12 제1항)

– 전자투표의 경우 보통결의가 아닌 **출석한 주주의 의결권의 과반수**로써 선임결의 가능(동조 제8항)

- 감사위원회 위원의 선임방식

– 주주총회에서 이사를 선임한 후 선임된 이사 중에서 감사위원회 위원을 선임해야 함(동조 제2항, **일괄선출방식**)

– 감사위원회 위원 중 1명은 주주총회 결의로 다른 이사들과 분리하여 감사위원회 위원이 되는 자로 선임해야 함(동조 제2항 단서, 정관으로 2인 이상 가능, **분리선출방식**)

– **사외이사인 감사위원회 위원**을 선임하는 경우 모든 주주에 대해 단순 3% rule 적용하고, **사외이사 아닌 감사위원회 위원**을 선임하는 경우 최대주주에게만 합산 3% rule 적용(동조 제4항, 정관으로 더 낮은 주식 보유비율을 정할 수 있음)

- 감사위원회 위원의 해임방식

– 주주총회의 **특별결의**로 해임(동조 제3항)

– 이 경우 일괄선출방식으로 선임된 감사위원회 위원은 감사위원회 위원의 지위만 상실하지만, 분리선출방식으로 선임된 감사위원회 위원은 감사위원회 위원과 이사의 지위 모두 상실(동조 제3항)

– **사외이사인 감사위원회 위원**을 해임하는 경우 모든 주주에 대해 단순 3% rule 적용하고, **사외이사 아닌 감사위원회 위원**을 해임하는 경우 최대주주에게만 합산 3% rule 적용(동조 제4항, 정관으로 더 낮은 주식 보유비율을 정할 수 있음)

III. 준법지원인

■ 의의

- 최근 사업연도 말 현재의 자산총액이 **5천억 원** 이상인 상장회사는 **1인** 이상의 준법지원인을 두어야 함(542조의13 제1항 및 제2항)
  - 이사회에서 임면(동조 제4항)
  - 임기는 **3년**, 상근직(동조 제6항)
  - 선관주의의무 부담(동조 제7항)
  - 회사는 준법지원인이었던 사람에 대하여 그 직무수행과 관련된 사유로 부당한 인사상의 불이익을 주어서는 안 됨(동조 제10항)

■ 자격요건

- 변호사, 법률학을 가르치는 조교수 이상의 직에 5년 이상 근무한 사람, 그 밖에 법률적 지식과 경험이 풍부한 사람으로서 대통령령으로 정하는 사람 중에서 임명(동조 제5항)

■ 업무

- 준법통제기준의 준수에 관한 업무 담당(동조 제2항)
  - 준법통제기준의 준수 여부를 검토하여 **이사회**에 보고(동조 제3항)

제5장 이사의 의무 및 책임

제1절 이사의 의무

Ⅰ. 선관주의의무

■ 회사의 수임인으로서 회사에 대하여 선관주의의무 부담(382 제2항, 민 681)

• 이사는 직무를 수행하면서 법령과 정관을 준수하고 회사의 이익을 추구해야 함

Ⅱ. 이사회출석의무

■ 이사회 일원으로 이사회 결의사항에 대한 의결권을 행사할 의무

• 이사회 출석을 통해 다른 업무담당이사의 업무를 감시

– 위반시 임무해태에 해당(판례)

• "주식회사의 이사는 이사회의 일원으로서 이사회에 상정된 의안에 대하여 찬부의 의사표시를 하는 데 그치지 않고, 담당업무는 물론 다른 업무담당이사의 업무집행을 전반적으로 감시할 의무가 있고 이러한 의무는 비상근이사라고 하여 면할 수 있는 것은 아니므로 주식회사의 이사가 이사회에 참석하지도 않고 사후적으로 이사회의 결의를 추인하는 등으로 실질적으로 이사의 임무를 전혀 수행하지 않은 이상 그 자체로서 임무해태가 된다고 할 것이다."(대법원 2008. 12. 11. 선고 2005다51471 판결)

Ⅲ. 감시의무

1. 의 의

■ 이사 상호 간에 업무집행의 위법성과 부당성을 감시하는 의무

• 이사는 다른 이사의 업무집행이 법령 또는 정관의 위반 없이 적절하게 이루어지는지를 감시할 의무를 부담

– 이사회, 감사 등의 적절한 시정조치를 요구 가능

– 선관주의의무 또는 이사회의 감독권(393 제2항), 이사의 보고청구권(393 제3항)에 근거

2. 대표이사 및 업무담당이사의 감시의무

■ 대표이사

• **업무 전반**에 대한 감시의무 부담

– 이사 전원 및 모든 피용자를 대상으로 감시의무 부담

• 다른 대표이사나 업무담당이사의 업무집행에 대해 감시의무 부담

– 다른 대표이사나 업무담당이사의 업무집행이 **위법하다고 의심할 만한 사유**가 있음에도 이를 **방치**한 때에는 감시의무 위반에 해당(판례)

• "주식회사의 대표이사는 대외적으로 회사를 대표하고 대내적으로 업무집행을 총괄하여 지휘하는 직무와 권한을 갖는 기관으로서 선량한 관리자의 주의로써 회사를 위해 충실하게 그 직무를 집행하고 회사 업무의 전반에 걸쳐 관심을 기울여야 할 의무가 있으므로 다른 대표이사와 내부적인 사무분장에 따라 각자의 분야를 전담하여 처리하는 경우 다른 대표이사가 담당하는 업무집행에 대해서도 전반적으로 감시할 의무가 있는바, 다른 대표이사의 업무집행이 위법하다고 의심할만한 사유가 있음에도 불구하고 이를 방치한 때에는 이로 말미암아 손해를 입은 제3자에 대하여 손해배상책임을 부담한다."(대법원 2012. 7. 12. 선고 2009다61490 판결)

• "따라서 다른 대표이사나 업무담당이사의 업무집행이 위법하다고 의심할만한 사유가 있음에도 고의 또는 과실로 인하여 감시의무를 위반하여 이를 방치한 때에는 이로 말미암아 회사가 입은 손해에 대하여 상법 제399조 제1항에 따른 배상책임을 진다."(대법원 2021. 11. 11. 선고 2017다222368 판결)

■ 업무담당이사

• 대표이사의 감시의무와 동일한 수준으로 부담

• 다른 업무담당이사의 업무집행에 대해 감시의무 부담

– 다른 업무담당이사의 업무집행이 **위법하다고 의심할 만한 사유**가 있음에도 이를 **방치**한 때에는 감시의무 위반에 해당(판례)

• "주식회사의 이사는 이사회의 일원으로서 이사회에 상정된 의안에 대하여 찬부의 의사표시를 하는 데에 그치지 않고, 담당업무는 물론 다른 업무담당이사의 업무집행을 전반적으로 감시할 의무가 있으므로, 주식회사의 이사가 다른 업무담당이사의 업무집행이 위법하다고 의심할만한 사유가 있음에도 불구하고 이를 방치한 때에는 이로 말미암아 회사가 입은 손해에 대하여 배상책임을 면할 수 없다."(대법원 2007. 12. 13. 선고 2007다60080 판결)

■ 고도로 분업화되고 전문화된 대규모 회사의 경우

- 대표이사와 업무담당이사들이 내부적인 사무분장에 따라 **각자 전문 분야를 전담**하더라도 상호 간의 감시의무 부담(판례)
- 합리적인 **내부통제시스템**을 구축하고 제대로 작동하도록 노력해야 하는 의무 부담(판례)

• "이사의 감시의무의 구체적인 내용은 회사의 규모나 조직, 업종, 법령의 규제, 영업상황 및 재무상태에 따라 크게 다를 수 있는데, 고도로 분업화되고 전문화된 대규모 회사에서 대표이사 및 업무담당이사들이 내부적인 사무분장에 따라 각자의 전문 분야를 전담하여 처리하는 것이 불가피한 경우라 할지라도 그러한 사정만으로 다른 이사들의 업무집행에 관한 감시의무를 면할 수는 없다. 그러한 경우 합리적인 정보 및 보고시스템과 내부통제시스템(이하 '내부통제시스템'이라고 한다)을 구축하고 그것이 제대로 작동되도록 하기 위한 노력을 전혀 하지 않거나 위와 같은 시스템이 구축되었다 하더라도 회사 업무 전반에 대한 감시·감독의무를 이행하는 것을 의도적으로 외면한 결과 다른 이사의 위법하거나 부적절한 업무집행 등 이사들의 주의를 요하는 위험이나 문제점을 알지 못하였다면, 이사의 감시의무 위반으로 인한 손해배상책임을 진다. 이러한 내부통제시스템은 비단 회계의 부정을 방지하기 위한 회계관리제도에 국한되는 것이 아니라, 회사가 사업운영상 준수해야 하는 제반 법규를 체계적으로 파악하여 그 준수 여부를 관리하고, 위반사실을 발견한 경우 즉시 신고 또는 보고하여 시정조치를 강구할 수 있는 형태로 구현되어야 한다. 특히 회사 업무의 전반을 총괄하여 다른 이사의 업무집행을 감시·감독하여야 할 지위에 있는 대표이사가 회사의 목적이나 규모, 영업의 성격 및 법령의 규제 등에 비추어 높은 법적 위험이 예상되는 경우임에도

이와 관련된 내부통제시스템을 구축하고 그것이 제대로 작동되도록 하기 위한 노력을 전혀 하지 않거나 위와 같은 시스템을 통한 감시·감독의무의 이행을 의도적으로 외면한 결과 다른 이사 등의 위법한 업무집행을 방지하지 못하였다면, 이는 대표이사로서 회사 업무 전반에 대한 감시의무를 게을리한 것이라고 할 수 있다."(대법원 2021. 11. 11. 선고 2017다222368 판결)

• "고도로 분업화되고 전문화된 대규모 회사에서 대표이사와 업무담당이사가 내부적인 사무분장에 따라 각자의 전문 분야를 전담하여 처리하는 것이 불가피한 경우라고 할지라도 그러한 사정만으로 다른 대표이사나 이사들의 업무집행에 관한 감시의무를 면할 수 없다. 그러한 경우 합리적인 정보·보고시스템과 내부통제시스템(이하 '내부통제시스템'이라 한다)을 구축하고 그것이 제대로 작동하도록 노력을 다해야 한다. 이러한 내부통제시스템은 회사가 사업운영상 준수해야 하는 제반 법규를 체계적으로 파악하여 그 준수 여부를 관리하고, 위반사실을 발견한 경우 즉시 신고 또는 보고하여 시정조치를 강구할 수 있는 형태로 구현되어야 한다. 특히 회사 업무의 전반을 총괄하여 다른 이사의 업무집행을 감시·감독해야 할 지위에 있는 대표이사는 회계부정이나 오류를 사전적으로 예방하고 사후적으로 적발·시정할 수 있는 내부통제시스템을 구축하고 그것이 제대로 작동히도록 노력을 다해야 한다 … 내부통제시스템이 합리적으로 구축되고 정상적으로 운영되었는지는 어떠한 제도가 도입되어 있고 어떠한 직위가 존재하였다고 해서 곧바로 긍정할 수 있는 것은 아니다. 제도의 내용이나 직위에 부여된 임무가 무엇인지, 그러한 제도가 실질적으로 운영되고 있고 임무가 정상적으로 수행되었는지를 살펴 판단해야 하고…"(대법원 2022. 7. 8. 선고 2019다202146 판결)

3. 평이사의 감시의무

■ 업무를 집행하지 않더라도 감시의무 부담

- 대표이사나 업무담당이사의 업무집행이 **위법하다고 의심할 만한 사유**가 있음에도 이를 **방치**한 때에는 감시의무 위반에 해당(판례)
  – 사외이사도 동일

■ 고도로 분업화되고 전문화된 대규모 회사의 경우

- 합리적인 **내부통제시스템의 구축을 촉구**하는 등의 노력을 하지 않거

나, 구축되어 있더라도 **제대로 운영되고 있지 않다고 의심할 만한 사유**가 있음에도 이를 **방치**한 때에는 감시의무 위반에 해당(판례)

- "주식회사의 업무집행을 담당하지 아니한 평이사는 이사회의 일원으로서 이사회를 통하여 대표이사를 비롯한 업무담당이사의 업무집행을 감시하는 것이 통상적이긴 하나 평이사의 임무는 단지 이사회에 상정된 의안에 대하여 찬부의 의사표시를 하는 데에 그치지 않으며 대표이사를 비롯한 업무담당이사의 전반적인 업무집행을 감시할 수 있는 것이므로, 업무담당이사의 업무집행이 위법하다고 의심할 만한 사유가 있음에도 불구하고 평이사가 감시의무를 위반하여 이를 방치한 때에는 이로 말미암아 회사가 입은 손해에 대하여 배상책임을 면할 수 없다고 할 것이다."(대법원 1985. 6. 25. 선고 84다카1954 판결)

- "이러한 감시·감독 의무는 사외이사 등 회사의 상무에 종사하지 않는 이사라고 하여 달리 볼 것이 아니다. 따라서 주식회사의 이사가 대표이사나 업무담당이사의 업무집행이 위법하다고 의심할 만한 사유가 있음에도 고의 또는 과실로 인하여 감시의무를 위반하여 이를 방치한 때에는 이로 말미암아 회사가 입은 손해에 대하여 상법 제399조 제1항에 따른 배상책임을 진다. 이사의 감시의무의 구체적인 내용은 회사의 규모나 조직, 업종, 법령의 규제, 영업상황 및 재무상태에 따라 크게 다를 수 있다. 특히 고도로 분업화되고 전문화된 대규모 회사에서 대표이사나 일부 이사들만이 내부적인 사무분장에 따라 각자의 전문 분야를 전담하여 처리하는 것이 불가피한 경우에도, 모든 이사는 적어도 회사의 목적이나 규모, 영업의 성격 및 법령의 규제 등에 비추어 높은 법적 위험이 예상되는 업무와 관련해서는 제반 법규를 체계적으로 파악하여 그 준수 여부를 관리하고 위반사실을 발견한 경우 즉시 신고 또는 보고하여 시정조치를 강구할 수 있는 형태의 내부통제시스템을 구축하여 작동되도록 하는 방식으로 감시의무를 이행하여야 한다. 다만 회사의 업무집행을 담당하지 않는 사외이사 등은 내부통제시스템이 전혀 구축되어 있지 않는데도 내부통제시스템 구축을 촉구하는 등의 노력을 하지 않거나 내부통제시스템이 구축되어 있더라도 제대로 운영되고 있지 않다고 의심할 만한 사유가 있는데도 이를 외면하고 방치하는 등의 경우에 감시의무 위반으로 인정될 수 있다."(대법원 2022. 5. 12. 선고 2021다279347 판결)

Ⅳ. 비밀유지의무

■ 이사는 재임 중은 물론 **퇴임 후**에도 직무상 알게 된 회사의 영업상 비밀을 누설하여서는 안 됨(382조의4)

Ⅴ. 충실의무

■ 이사는 법령과 정관의 규정에 따라 회사를 위하여 그 직무를 충실하게 수행해야 함(382조의3)

■ 선관주의의무와의 관계

- 동질설(同質說)
  - 선관주의의무의 부연 설명에 불과하다는 견해
- 이질설(異質說)
  - 영미법상 이사의 신인의무(信認義務, fiduciary duty) 중의 하나인 충실의무(duty of loyalty)를 도입하여 규정한 것이라는 견해

Ⅵ. 경업금지의무

1. 의 의

■ 이사는 **이사회의 승인**이 없으면 **자기 또는 제3자의 계산**으로 회사의 **영업부류**에 속한 **거래**를 하거나 **동종영업**을 목적으로 하는 다른 회사의 **무한책임사원**이나 **이사**가 되지 못함(397)

• "이 규정의 취지는, 이사가 그 지위를 이용하여 자신의 개인적 이익을 추구함으로써 회사의 이익을 침해할 우려가 큰 경업을 금지하여 이사로 하여금 선량한 관리자의 주의로써 회사를 유효적절하게 운영하여 그 직무를 충실하게 수행하여야 할 의무를 다하도록 하려는 데 있다."(대법원 2018. 10. 25. 선고 2016다16191 판결)

2. 경업금지 관련 적용 범위

■ 자기 또는 제3자의 계산

- 경업의 경제적 이익에 대한 귀속 주체에 중점
  - 경업의 명의를 불문
- 경업 대상이 되는 회사의 **이사, 대표이사** 또는 **지배주주**가 되어 그 회사의 의사결정과 업무집행에 관여할 수 있게 되면 적용 대상이 됨(판례)

• "따라서 이사는 경업 대상 회사의 이사, 대표이사가 되는 경우뿐만 아니라 그 회사의 지배주주가 되어 그 회사의 의사결정과 업무집행에 관여할 수 있게 되는 경우에도 자신이 속한 회사 이사회의 승인을 얻어야 한다."(대법원 2013. 9. 12. 선고 2011다57869 판결)

■ **영업부류**에 속하는 거래

- 회사의 영리활동 대상이 되는 거래를 모두 포함
  - 정관상 목적에 한정되지 않으나, 이미 폐업한 영업은 포함되지 않음
- 영리성이 있는 거래에만 적용
  - 영리성이 있는 한 거래의 횟수는 무관
  - 예) 부동산 매매업을 하는 회사의 이사가 가족을 위한 토지를 매입

3. 겸직금지 관련 적용 범위

■ **동종영업**을 목적으로 하는 다른 회사

- 동종영업의 **준비단계**에 있는 회사도 포함(판례)
  - 본격적으로 동종영업을 개시하기 전에 겸직한 지위에서 **사임**하더라도 적용(판례)
  - 실제로 회사의 영업부류에 속하는 **거래**를 해야 하는 경업과의 차이점

• "… 경업의 대상이 되는 회사가 아직 영업을 개시하지 못한 채 공장의 부지를 매수하는 등 영업의 준비작업을 추진하고 있는 단계에 있다 하여 위 규정에서 말하는 '동종영업을 목적으로 하는 다른 회사'가 아니라고 볼 수는 없다. 이 사건에 있

어, 원심이 적법히 확정한 바와 같이 피고가 원심 피고 회사의 주주총회의 승인이 없이 동 회사와 동종영업을 목적으로 하는 소외 회사를 설립하고 소외 회사의 이사겸 대표이사가 되어 판시와 같이 영업 준비작업을 하여오다가 영업활동을 개시하기 전에 소외 회사의 이사 및 대표이사직을 사임하였다고 하더라도 이는 상법 제397조 제1항 소정의 경업금지의무를 위반한 행위로서 특별한 다른 사정이 없는 한 이사의 해임에 관한 상법 제385조 제2항 소정의 '법령에 위반한 중대한 사실'이 있는 경우에 해당한다고 보아야 할 것이다"(대법원 1993. 4. 9. 선고 92다53583 판결)

4. 관련 절차

■ 이사회의 승인

- 이사는 이사회 승인 있으면 경업 또는 겸직 가능
  - 이사회는 이사 **과반수**의 출석과 출석이사의 **과반수**로 승인해야 함 (391 제1항)
  - 1인 또는 2인의 이사를 둔 소규모회사는 주주총회 승인으로 갈음 (383 제4항, 397)

■ 의결권 행사의 제한

- 경업 또는 겸직하려는 이사는 특별이해관계인에 해당(개인법설)

• "상법 제391조에 의하여 주식회사의 이사회의 결의는 이사 과반수의 출석과 출석이사의 과반수로 하여야 하고(제1항), 이 경우 상법 제368조 제4항과 제371조 제2항의 규정이 준용되는 것인바(제2항), 상법 제368조 제4항과 제371조 제2항은, 총회의 결의에 관하여 특별한 이해관계가 있는 자는 의결권을 행사하지 못하고(제368조 제4항), 이 규정에 의하여 행사할 수 없는 의결권의 수는 출석한 주주의 의결권의 수에 산입하지 아니한다고 규정할 뿐이고(제371조 제2항), 이를 의사정족수에 산입하지 아니한다는 규정은 두고 있지 않다. 따라서 이해관계 있는 이사는 이사회에서 의결권을 행사할 수는 없으나, 의사정족수 산정의 기초가 되는 이사의 수에는 포함된다고 보아야 할 것이고, 다만 결의성립에 필요한 출석이사에는 산입되지 아니한다고 풀이함이 상당하다. 그러므로 원심이 … 피고 회사 이사회는

총 이사 4명 중 [원고를 포함한 3인이 출석하여 만장일치로] 그와 같은 결의를 하였다고 확정하고, 원고는 이사회 결의에 특별한 이해관계를 가진 자로서 의결권을 행사할 수 없으나 총 이사 4명 중 3명이 이사회 결의에 참석하여 전원일치로 결의를 한 이상, 원고가 행사한 의결권을 제외하더라도 이사 4명 중 3명이 출석하여 과반수 출석의 요건을 구비하였고, 원고를 제외하고도 2명의 이사가 찬성하여 출석이사 과반수 찬성의 요건을 구비하여, 이사 과반수의 출석과 출석이사 과반수로 한다는 상법 제391조 제1항 본문의 요건을 모두 충족한 결과가 된다고 판단한 것은 정당하고, 이사 4명 중 2명만이 출석하였다고 할 수 없다."(대법원 1991. 5. 28. 선고 90다20084 판결)

■ 중요 사실의 개시

- 이사는 이사회 승인을 얻기 전에 회사의 이해에 관련된 중요한 사실을 회사에 알려야 함(통설)
  - 예) 경업의 내용, 거래상대방, 거래조건 등

5. 위반의 효력

■ 거래의 효력

- 이사회 승인 없는 거래는 **유효**

– 이사회 승인이 없음에 대한 거래상대방의 선의, 악의 불문

■ 회사의 조치

- 해임
  - 회사는 정당한 이유인 법령 위반으로 손해배상 없이 이사를 해임 가능(385, 434)
- 손해배상청구
  - 경업 또는 겸직금지 위반으로 손해가 발생한 때에는 회사는 이사에 대한 손해배상청구 가능(399)
  - 이사회가 승인하였더라도 회사에 손해가 발생하면 이사는 손해배상책임 부담(동조)

• **개입권** 행사
  - 회사는 경업금지 위반의 경우에만 개입권 행사 가능
  - 동조 위반의 거래를 한 경우에 회사는 **이사회**의 결의로 그 이사의 거래가 자기의 계산으로 한 것일 때에는 이를 **회사의 계산**으로 한 것으로 볼 수 있고, 제3자의 계산으로 한 것일 때에는 그 이사에 대하여 이로 인한 **이득의 양도**를 청구 가능(397 제2항)
  - 형성권, 거래가 있은 날로부터 **1년**의 제척기간 내 행사(동조 제3항)
  - 개입권과 손해배상청구는 동시에 행사 가능(17 제3항 유추 적용)

VII. 회사의 기회 및 자산의 유용금지

1. 의 의

■ 이사는 **이사회의 승인 없이** 현재 또는 장래에 **회사의 이익**이 될 수 있는 **회사의 사업기회**를 **자기 또는 제3자의 이익**을 위해 이용할 수 없음(397조의2 제1항)

• 회사의 이익이 될 여지가 있는 사업기회를 이사가 유용하지 않도록 하려는 조치
  - 동조를 통해 경업금지의무의 규제대상이 아닌 영업부류에 속하지 않는 거래나 일정한 권리 취득 등과 같은 거래 외의 행위도 규제 가능

2. 적용 범위

■ 자기 또는 제3자의 이익

• 경업금지의무와 동일하게 해석

■ 기회의 유형

• 직무를 수행하는 과정에서 알게 되거나 회사의 정보를 이용한 사업기회
  - 회사의 영업부류와 무관
  - 이사의 지위에서 알게 된 회사의 비용으로 만들어진 사업기회

• 회사가 수행하고 있거나 수행할 사업과 밀접한 관계가 있는 사업기회
  – 회사의 영업부류와 연관
  – 회사의 영리활동 대상이 되는 사업과 관련된 사업기회

■ **회사의 이익 가능성**
  • 현재 또는 장래에 회사의 이익이 될 수 있는 기회로 한정
  – 회사의 이익이 될 수 없다면 이사가 이용 가능
  – 회사의 이익은 회사의 영리 추구 가능성으로 판단

■ 기회의 이용방법
  • 영업부류와 무관한 거래라도 회사의 사업기회라면 적용 대상
  – 예) 회사가 매입할 토지를 물색하던 중 이사가 좋은 조건의 토지를 매입하는 경우
  – 경업금지의 경우 영업성이 필요한 것과 구별

3. 관련 절차

■ 이사회의 승인
  • 이사는 이사회 승인 있으면 회사의 사업기회 이용 가능
  – 이사회는 이사 전원의 **3분의** 2 이상의 수로써 승인해야 함(동조 제1항)
  – 1인 또는 2인의 이사를 둔 소규모회사는 주주총회 승인으로 갈음 (383 제4항, 397조의2)

■ 의결권 행사의 제한 및 중요 사실의 개시
  • 경업금지의무와 동일

4. 위반의 효력

■ 회사의 사업기회 유용의 효력
  • 이사회 승인 없는 회사의 사업기회의 유용은 **유효**
  – 이사회 승인이 없음에 대한 거래상대방의 선의, 악의 불문

■ 회사의 조치

• 해임

– 회사는 정당한 이유인 법령 위반으로 **손해배상 없이** 이사를 해임 가능(385, 434)

• 손해배상청구

– 이사회 승인 없이 회사의 사업기회를 이용하여 회사에 손해를 발생시킨 이사 및 승인한 이사는 연대하여 손해배상책임 부담(397조의2 제2항)

– 위반으로 인하여 이사 또는 제3자가 얻은 이익은 **회사의 손해로 추정**(동조 동항)

– 이사회가 승인하였더라도 회사에 손해가 발생하면 이사는 손해배상책임 부담(399)

• 개입권 행사 불가

– 상법 규정 없음

Ⅷ. 이사 등과 회사 간의 거래금지

1. 의 의

■ 이사 등과 회사 간의 이해상충 거래를 금지

• 이사 등의 자가 **자기 또는 제3자**의 계산으로 회사와 거래를 하기 위해서는 **미리** 이사회에서 해당 거래에 관한 **중요 사실**을 밝히고 **이사회의 승인**을 받아야 함(398)

– 이사 등과 회사 간의 이해상충 가능성이 있는 거래에 대한 공정성을 확보하여 회사의 이익을 보호하기 위한 목적

■ 상장회사의 **신용공여금지**

• 소정의 이해관계자를 상대방으로 하거나 그를 위한 신용공여 불가(542조의9 제1항)

– 소정의 이해관계자와 상장회사 간의 거래를 원칙적으로 금지하여

회사의 이익을 강하게 보호

- 이해관계자의 범위(동조 동항)
  - 주요주주 및 그의 특수관계인
  - 이사(업무집행지시자 등을 포함) 및 집행임원
  - 감사
- 신용공여의 의미(동조 동항, 시행령 35 제1항)
  - 금전 등 경제적 가치가 있는 재산의 대여
  - 채무이행의 보증
  - 자금 지원적 성격의 증권 매입
  - 그 밖에 거래상의 신용위험이 따르는 직·간접적 거래로서 대통령령으로 정하는 거래
- 일정한 경우 신용공여 허용(동조 동항, 시행령 35 제2항)
  - **복리후생**을 위한 이사, 집행임원 또는 감사에 대한 금전 대여 등으로서 대통령령으로 정하는 신용공여
  - 다른 법령에서 허용하는 신용공여
  - 그 밖에 상장회사의 경영 건전성을 해칠 우려가 없는 금전 대여 등으로서 대통령령으로 정하는 신용공여
- 위반시 효력
  - 상대적 무효설(판례)

- "상법 제542조의9 제1항의 입법 목적과 내용, 위반행위에 대해 형사처벌이 이루어지는 점 등을 살펴보면, 위 조항은 강행규정에 해당하므로 위 조항에 위반하여 이루어진 신용공여는 허용될 수 없는 것으로서 사법상 무효이고, 누구나 그 무효를 주장할 수 있다. 그리고 위 조항의 문언상 상법 제542조의9 제1항을 위반하여 이루어진 신용공여는, 상법 제398조가 규율하는 이사의 자기거래와 달리, 이사회의 승인 유무와 관계없이 금지되는 것이므로, 이사회의 사전 승인이나 사후 추인이 있어도 유효로 될 수 없다. 다만 상법 제542조의9는 제1항에서 신용공여를 원칙적으로 금지하면서도 제2항에서는 일부 신용공여를 허용하고 있는데, 회사의 외부에 있는 제3자로서는 구체적 사안에서 어떠한 신용공여가 금지대상인지 여부를 알거나 판단하기 어려운 경우가 생길 수 있다. 상장회사와의 상거래가 빈번

한 거래현실을 감안하면 제3자로 하여금 상장회사와 거래를 할 때마다 일일이 상법 제542조의9 위반 여부를 조사·확인할 의무를 부담시키는 것은 상거래의 신속성이나 거래의 안전을 해친다. 따라서 상법 제542조의9 제1항을 위반한 신용공여라고 하더라도 제3자가 그에 대해 알지 못하였고 알지 못한 데에 중대한 과실이 없는 경우에는 그 제3자에 대하여는 무효를 주장할 수 없다고 보아야 한다."(대법원 2021. 4. 29. 선고 2017다261943 판결)

2. 적용 범위

(1) 거래 주체

■ **이사**(398 제1호)

• 모든 이사를 포함

– 상근 여부 불문

– 퇴임이사, 일시이사, 직무대행자도 포함

■ **주요주주**(동조 동호, 542조의8 제2항 제6호)

– 누구의 명의로 하든지 자기의 계산으로 의결권 없는 주식을 제외한 발행주식총수의 **100분의** 10 이상의 주식을 소유하거나 이사, 집행임원, 감사의 선임과 해임 등 **회사**의 주요 경영사항에 대하여 **사실상의 영향력**을 행사하는 주주(다수설)

– 예) 모회사가 자회사와 거래하는 경우 자회사의 이사회 승인 필요

■ 특수관계인(398 제2호 내지 제5호)

• 이사 또는 주요주주의 배우자 및 직계존비속

– 이사 또는 주요주주의 **직계존비속의 배우자**는 포함되지 않음에 유의

• 이사 또는 주요주주의 배우자의 직계존비속

• 이사 또는 주요주주, 이사 또는 주요주주의 배우자 등이 단독 또는 공동으로 의결권 있는 발행주식총수의 **100분의** 50 이상을 가진 회사 및 그 자회사

– 예) 모회사의 자회사 甲과 자회사 乙이 거래하는 경우 甲, 乙 모두

이사회 승인 필요

• 이사 또는 주요주주, 이사 또는 주요주주의 배우자 등이 위 회사와 합하여 의결권 있는 발행주식총수의 **100분의 50** 이상을 가진 회사

■ 청산인, 집행임원에도 준용(542 제2항, 408조의9)

(2) 자기 또는 제3자의 계산

■ 거래 손익에 대한 귀속 주체에 중점

• 거래 손익의 귀속 주체가 거래 주체인 경우는 물론 거래 주체가 제3자를 대리하거나 위탁을 받아 회사와 거래하는 경우 등도 포함

(3) 거래의 범위 및 유형

■ 거래의 범위

• **재산상의 거래**

– 법문의 취지상 금지되는 거래는 회사와 이해상충 가능성이 있는 모든 재산상의 거래를 의미(통설 및 판례)

– 거래의 명의는 불문

• **자본거래**

– 신주발행 등 회사와의 자본거래도 적용(일부 학설 및 판례)

• "[소규모회사와 이사 간의 주식양도수계약이 체결된 사안에서] … 자본금 총액이 10억 원 미만으로 이사가 1명 또는 2명인 회사의 이사가 자기 또는 제3자의 계산으로 회사와 거래를 하기 전에 주주총회에서 해당 거래에 관한 중요사실을 밝히고 주주총회의 승인을 받지 않았다면, 특별한 사정이 없는 한 그 거래는 무효라고 보아야 한다."(대법원 2020. 7. 9. 선고 2019다205398 판결)

■ 거래의 유형

• **직접거래**

– 거래 주체와 회사 간에 직접적으로 이루어지는 거래

– 예) 이사가 자기 명의와 자기의 계산으로 회사와 거래

– 예) 이사가 자기 명의와 제3자의 계산으로 회사와 거래

• **간접거래**

– 거래 주체가 회사와 직접 거래하지 않지만, 거래로 인한 결과적인 이득이 실질적으로 거래 주체에 귀속되는 거래

– 법문상 거래에 포함(통설 및 판례)

– 예) 회사가 이사의 채권자와 이사의 채무에 대한 **보증계약** 또는 담보설정계약을 체결

– 예) A회사와 B회사의 대표이사를 겸하는 甲이 A회사를 대표하여 B회사의 채무를 보증하는 계약을 체결하는 경우 불리한 입장인 A회사의 이사회 승인이 필요(판례)

■ 회사와의 거래

• 거래 주체의 거래상대방은 법문의 관계로 연결되는 회사여야 함

– 예) **모회사의 이사와 자회사가 거래**하는 경우 **모회사**의 이사회 승인 불필요(판례)

– 예) 자회사의 이사와 모회사가 거래하는 경우 자회사의 이사회 승인 불필요

• "여기서 이사회의 승인이 필요한 이사와 회사의 거래에는 이사가 거래의 상대방이 되는 경우뿐만 아니라 상대방의 대리인이나 대표자로서 회사와 거래를 하는 경우와 같이 특별한 사정이 없는 한 회사와 이사 사이에 이해충돌의 염려 내지 회사에 불이익을 생기게 할 염려가 있는 거래도 해당된다."(대법원 2017. 9. 12. 선고 2015다70044 판결)

• "상법 제398조에서 말하는 거래에는 이사와 회사 사이에 직접 성립하는 이해상반하는 행위뿐만 아니라 이사가 회사를 대표하여 자기를 위하여 자기 개인 채무의 채권자인 제3자와 사이에 자기 개인 채무의 연대보증을 하는 것과 같은 이사 개인에게 이익이 되고 회사에 불이익을 주는 행위도 포함하는 것이라 할 것이고 이런 의미에서 볼 때 두 회사의 대표이사를 겸하고 있던 소외 [甲이] 위 회사의 채무에 관하여 피고 회사를 대표하여 연대보증을 한 경우에는 역시 상법 제398조의 규정이 적용되는 것으로 보아야 할 것이다."(대법원 1984. 12. 11. 선고 84다카1591 판결)

• "[자회사의 신주발행시 모회사가 실권하고 모회사 이사가 이를 인수한 사안에서] 상법 제398조가 적용되기 위하여는 이사 또는 제3자의 거래상대방이 이사가 직무수행에 관하여 선량한 관리자의 주의의무 또는 충실의무를 부담하는 당해 회사이어야 한다. 한편 자회사가 모회사의 이사와 거래를 한 경우에는 설령 모회사가 자회사의 주식 전부를 소유하고 있더라도 모회사와 자회사는 상법상 별개의 법인격을 가진 회사이고, 그 거래로 인한 불이익이 있더라도 그것은 자회사에게 돌아갈 뿐 모회사는 간접적인 영향을 받는 데 지나지 아니하므로, 자회사의 거래를 곧바로 모회사의 거래와 동일하게 볼 수는 없다. 따라서 모회사의 이사와 자회사의 거래는 모회사와의 관계에서 [상법 제398조가] 규율하는 거래에 해당하지 아니하고, 모회사의 이사는 그 거래에 관하여 모회사 이사회의 승인을 받아야 하는 것이 아니다."(대법원 2013. 9. 12. 선고 2011다57869 판결)

(4) 거래의 제한범위

■ 법문의 취지상 이해상충 가능성이 있는 거래만 해당
- 거래 주체와 회사 간의 거래라도 이해상충 가능성이 없으면 미적용
  - 예) 거래 주체가 회사에 대하여 무이자, 무담보의 금전을 대여(판례)

3. 관련 절차

(1) 이사회의 승인

■ 이사회의 **사전** 승인
- 거래 주체는 이사회의 사전 승인이 있으면 회사와 거래 가능
  - 이사회는 이사 전원의 **3분의** 2 이상의 수로써 승인해야 함(398)
  - 1인 또는 2인의 이사를 둔 소규모회사는 주주총회 승인으로 갈음(383 제4항, 398)
- 이사회 승인이 없더라도 **총주주**의 동의가 있는 자기거래는 유효(판례)

• "회사의 채무부담행위가 상법 제398조에서 정한 이사의 자기거래에 해당하여 이사회의 승인이 필요하다고 할지라도, 위 규정의 취지가 회사와 주주에게 예기치 못한 손해를 끼치는 것을 방지함에 있으므로, 그 채무부담행위에 대하여 주주 전

원이 이미 동의하였다면 회사는 이사회의 승인이 없었음을 이유로 그 책임을 회피할 수 없다"(대법원 2017. 8. 18. 선고 2015다5569 판결)

■ 의결권 행사의 제한

• 회사와 거래하려는 이사는 특별이해관계인에 해당(개인법설)

(2) 중요 사실의 개시 및 공정성 요건

■ 중요 사실의 개시

• 거래 주체가 회사와 거래를 하려는 경우 해당 거래에 관한 **중요 사실을 개시**해야 함(398)

– 중요 사실은 거래와 관련한 이해관계 등을 의미

– 중요 사실의 개시가 없는 경우 이사회 승인이 없는 것과 동일(판례)

• "… 이사와 회사 사이의 이익상반거래가 비밀리에 행해지는 것을 방지하고 그 거래의 공정성을 확보함과 아울러 이사회에 의한 적정한 직무감독권의 행사를 보장하기 위해서는 그 거래와 관련된 이사는 이사회의 승인을 받기에 앞서 이사회에 그 거래에 관한 자기의 이해관계 및 그 거래에 관한 중요한 사실들을 개시하여야 할 의무가 있다고 할 것이고, 만일 이러한 사항들이 이사회에 개시되지 아니한 채 그 거래가 이익상반거래로서 공정한 것인지 여부가 심의된 것이 아니라 단순히 통상의 거래로서 이를 허용하는 이사회의 결의가 이루어진 것에 불과한 경우 등에는 이를 가리켜 상법 제398조 전문이 규정하는 이사회의 승인이 있다고 할 수는 없다."(대법원 2007. 5. 10. 선고 2005다4291 판결)

■ 내용과 절차의 공정성

• 거래의 내용과 절차는 **공정**해야 함(동조)

– 이사회 결의에 참여하는 이사는 거래의 조건 등을 비롯한 거래 전반의 공정성을 선량한 관리자의 주의로써 판단

• 이사회 승인은 있었으나 내용과 절차가 불공정한 경우

– 1설은 이사회 승인 없는 거래와 동일하게 무효로 보는 입장

– 2설은 불공정성이 현저하면 거래는 무효, 경미하면 거래는 유효하

고 이사는 손해배상책임을 부담한다는 입장

4. 위반의 효력

■ 거래의 효력

- **상대적 무효설**(통설 및 판례)
  - 이사회 승인 없는 거래는 회사와 거래 주체 간의 관계에서는 **무효**
  - 다만, 거래에 관련된 **선의, 무중과실**인 제3자 간의 관계에서는 **유효**
- 무효 주장은 **회사만 가능**(판례)
- 회사가 입증책임 부담(판례)

- "회사의 대표이사가 이사회의 승인 없이 한 이른바 자기거래행위는 회사와 이사 간에서는 무효이지만, 회사가 위 거래가 이사회의 승인을 얻지 못하여 무효라는 것을 제3자에 대하여 주장하기 위해서는 거래의 안전과 선의의 제3자를 보호할 필요상 이사회의 승인을 얻지 못하였다는 것 외에 제3자가 이사회의 승인 없음을 알았다는 사실을 증명하여야 할 것이고, 비록 제3자가 선의였다 하더라도 이를 알지 못한 데 중대한 과실이 있음을 증명한 경우에는 악의인 경우와 마찬가지라고 할 것이며, 이 경우 중대한 과실이라 함은 제3자가 조금만 주의를 기울였더라면 그 거래가 이사와 회사 간의 거래로서 이사회의 승인이 필요하다는 점과 이사회의 승인을 얻지 못하였다는 사정을 알 수 있었음에도 만연히 이사회의 승인을 얻은 것으로 믿는 등 거래통념상 요구되는 주의의무에 현저히 위반하는 것으로서 공평의 관점에서 제3자를 구태여 보호할 필요가 없다고 봄이 상당하다고 인정되는 상태를 말한다."(대법원 2014. 6. 26. 선고 2012다73530 판결)

- "이러한 상법 제398조의 문언 내용을 그 입법 취지와 개정 연혁 등에 비추어 보면, 이사 등이 자기 또는 제3자의 계산으로 회사와 유효하게 거래를 하기 위하여는 미리 상법 제398조에서 정한 이사회 승인을 받아야 하므로 사전에 상법 제398조에서 정한 이사회 승인을 받지 않았다면 특별한 사정이 없는 한 그 거래는 무효라고 보아야 하고, 사후에 그 거래행위에 대하여 이사회 승인을 받았다고 하더라도 특별한 사정이 없는 한 무효인 거래행위가 유효로 되는 것은 아니다."(대법원 2023. 6. 29. 선고 2021다291712 판결)

■ 거래에 관련된 이사에 대한 회사의 조치

• 해임

– 회사는 정당한 이유인 법령 위반으로 손해배상 없이 이사를 해임 가능(385, 434)

• 손해배상청구

– 이사회 승인 없이 회사와 거래한 경우 또는 내용과 절차가 불공정한 경우 이사는 손해배상책임 부담(399)

– 이사회가 승인하였더라도 회사에 손해가 발생하면 이사는 손해배상책임 부담(동조)

제2절 이사의 책임

Ⅰ. 회사에 대한 손해배상책임

1. 의의 및 법적 성질

■ 이사는 고의 또는 과실로 법령 또는 정관에 위반한 행위를 하거나 그 임무를 게을리한 경우 회사에 대하여 연대하여 손해를 배상할 책임을 부담(399 제1항)

• 위임계약의 불이행에 따른 **채무불이행책임**(통설 및 판례)

• "한편 상법 제399조 제1항에 따른 이사의 회사에 대한 손해배상채무는 채무불이행으로 인한 손해배상채무로서 이행 기한의 정함이 없는 채무이므로 이사는 이행청구를 받은 때부터 지체책임을 진다."(대법원 2021. 7. 15. 선고 2018다298744 판결)

• "상법 제399조 제1항, 제414조 제1항에서 규정하고 있는 주식회사의 이사 또는 감사의 회사에 대한 임무 해태로 인한 손해배상책임은 위임관계로 인한 채무불이행책임이므로 그에 따른 손해배상채권에는 민법 제766조 제1항의 단기소멸시효가 적용되지 않는다고 보아야 한다 … 이와 같이 상법 제401조의2 제1항이 정한 손해배상책임은 상법에 의하여 이사로 의제되는 데 따른 책임이므로 그에 따른 손해배상채권에는 일반 불법행위책임의 단기소멸시효를 규정한 민법 제766조 제1항이 적용되지 않는다."(대법원 2023. 10. 26. 선고 2020다236848 판결)

2. 책임의 원인

(1) 고의 또는 과실로 법령 또는 정관에 위반한 행위를 한 경우

■ 법령에 위반한 행위

• 경업금지의무(397) 등의 상법 또는 법규명령에 위반되는 행위를 의미

• 과실책임

– 법령 또는 정관에 위반된 행위는 이사의 과실이 추정

• "법령에 위반한 행위라고 할 때 말하는 '법령'은 일반적인 의미에서의 법령, 즉 법률과 그 밖의 법규명령으로서의 대통령령, 총리령, 부령 등을 의미하는 것인바, 이 사건에서 원고가 내세우고 있는 종합금융회사 업무운용지침, 외화자금거래취급요령, 외국환업무·외국환은행신설 및 대외환거래계약체결 인가공문, 외국환관리규정, 영남종금 내부의 심사관리규정 등[행정기관의 행정 지도적 성격의 지침]은 여기에서 말하는 '법령'에 해당하지 아니한다고 할 것이다."(대법원 2006. 11. 9. 선고 2004다41651, 41668 판결)

(2) 임무를 게을리한 경우

■ 임무해태의 의미

• 회사와의 위임관계에 따른 **선관주의의무**를 위반한 것을 의미
  – 예) 이사회의 승인을 얻어 경업을 하였으나, 이로 인하여 회사에 손해가 발생

• 과실책임
  – 임무해태의 사실, 회사의 손해, 임무해태와 손해의 인과관계 등은 이사의 책임을 주장하는 자가 입증책임 부담

• 주의의 정도
  – 동일 상황에서 합리적인 이사가 회사의 이익을 위해 기울이는 정도의 주의를 의미
  – 업무의 적법성은 물론 합리성과 효율성까지 고려
  – 영업의 종류나 규모 등에 따라 상대적으로 적용

• "금융기관의 임원은 소속 금융기관에 대하여 선량한 관리자의 주의의무를 지므로 그 의무를 충실히 이행해야 임원으로서 임무를 다한 것이다. 금융기관의 임원이 위와 같은 선량한 관리자의 주의의무를 위반하여 자신의 임무를 게을리하였는지는 대출결정에 통상의 대출 담당 임원으로서 간과해서는 안 될 잘못이 있는지 여부를 관련 규정의 준수 여부, 대출의 조건, 내용과 규모, 변제계획, 담보 유무와 내용, 채무자의 재산과 경영상황, 성장가능성 등 여러 가지 사항에 비추어 종합적으로 판정해야 한다."(대법원 2021. 5. 7. 선고 2018다275888 판결)

■ **경영판단원칙**의 적용 가능성

- 이사의 자율성 보장을 위한 장치 필요
  - 임무해태에 따른 책임은 업무 결과의 합리성과 효율성 여부에까지 미치므로 이사의 경영상 판단에 대한 법원의 사후 판단을 제한할 필요가 있음
- 경영판단원칙(business judgment rule)
  - 이사가 충분한 정보에 근거하여(informed basis) 선의를 가지고(in good faith) 회사의 최대이익에 부합하리라는 정직한 믿음으로 경영상 판단을 한 것이라면 면책된다는 영미법상의 방어논리
- **법령 위반**의 경우 적용 불가(판례)

- "이사가 임무를 수행함에 있어서 위와 같은 법령에 위반한 행위를 한 때에는 그 행위 자체가 회사에 대하여 채무불이행에 해당되므로 이로 인하여 회사에 손해가 발생한 이상, 특별한 사정이 없는 한 손해배상책임을 면할 수는 없다 할 것이며, 위와 같은 법령에 위반한 행위에 대하여는 이사가 임무를 수행함에 있어서 선관주의의무를 위반하여 임무해태로 인한 손해배상책임이 문제되는 경우에 고려될 수 있는 경영판단의 원칙은 적용될 여지가 없다고 할 것이다."(대법원 2005. 10. 28. 선고 2003다69638 판결)

- "이러한 경우 금융기관의 이사가 대출 요건인 프로젝트의 사업성에 관하여 심사하면서 필요한 정보를 충분히 수집·조사하고 검토하는 절차를 거친 다음 이를 근거로 금융기관의 최대 이익에 부합한다고 합리적으로 신뢰하고 신의성실에 따라 경영상의 판단을 하였고, 그 내용이 현저히 불합리하지 않아 이사로서 통상 선택할 수 있는 범위에 있는 것이라면, 비록 나중에 회사가 손해를 입게 되는 결과가 발생하였다고 하더라도 그로 인하여 이사가 회사에 대하여 손해배상책임을 부담한다고 할 수 없다."(대법원 2021. 5. 7. 선고 2018다275888 판결)

- "이사가 임무를 수행하면서 검토할 사항은 거래를 하는 목적이나 동기, 거래의 종류와 내용, 상대방과의 관계, 소속 회사의 재무적 상황 등에 따라 달라지므로, 사안마다 개별적으로 판단되어야 한다. 또한 이사의 경영판단을 정당화할 수 있는 이익은 원칙적으로 회사가 실제로 얻을 가능성이 있는 구체적인 것이어야 하

고, 일반적이거나 막연한 기대에 불과하여 회사가 부담하는 비용이나 위험에 상응하지 않는 것이어서는 아니 된다 … 기업집단을 구성하는 개별 계열회사들은 각자 독립된 법인격을 가진 별개의 회사이므로, 개별 계열회사의 이사는 기업집단이나 다른 계열회사와 관련된 직무를 수행할 때에도 선관주의의무와 충실의무를 부담한다…이사는 대표이사나 다른 이사가 선량한 관리자의 주의로써 직무를 수행하는지, 법령과 정관의 규정에 따라 회사를 위하여 직무를 충실하게 수행하는지를 감시·감독하여야 할 의무를 부담한다. 특정 이사가 대표이사나 다른 이사의 업무집행으로 인해 이익을 얻게 될 가능성이 있는 경우에도 그 이사는 이러한 감시·감독의무를 부담한다."(대법원 2023. 3. 30. 선고 2019다280481 판결)

3. 공동행위자의 책임 형태

■ 이사의 단독 또는 이사회 결의에 의한 행위인지를 불문

- 법령이나 정관에 위반한 행위 또는 임무해태가 이사회 결의에 의한 것일 때에는 그 결의에 찬성한 이사도 책임 부담(399 제2항)
  - 부진정연대책임

■ 책임의 확대

- 이사회 결의에 참가한 이사로서 이의(異義)를 한 기재가 의사록에 없는 자는 그 결의에 찬성한 것으로 추정(동조 제3항)
  - 당해 이사는 결의에 참가하지 않은 사실 또는 결의에 참가하였으나 반대한 사실을 입증하여 면책 가능(판례)
  - 이의의 의미는 광의로 해석하여 **기권**도 이의에 포함(판례)

- "이와 같이 상법 제399조 제2항은 같은 조 제1항이 규정한 이사의 임무 위반행위가 이사회 결의에 의한 것일 때 그 결의에 찬성한 이사에 대하여도 손해배상책임을 지우고 있고, 상법 제399조 제3항은 같은 조 제2항을 전제로 하면서, 이사의 책임을 추궁하는 자로서는 어떤 이사가 이사회 결의에 찬성하였는지 여부를 알기 어려워 그 증명이 곤란한 경우가 있음을 고려하여 그 증명책임을 이사에게 전가하는 규정이다. 그렇다면 이사가 이사회에 출석하여 결의에 기권하였다고 의사록에 기재된 경우에 그 이사는 "이의를 한 기재가 의사록에 없는 자"라고 볼 수 없

으므로, 상법 제399조 제3항에 따라 이사회 결의에 찬성한 것으로 추정할 수 없고, 따라서 같은 조 제2항의 책임을 부담하지 않는다고 보아야 한다."(대법원 2019. 5. 16. 선고 2016다260455 판결)

4. 책임의 면제 및 소멸시효

■ 총주주의 동의에 의한 면제

- 이사의 회사에 대한 손해배상책임은 총주주의 동의로 면제 가능(400 제1항, 399)
  - 총주주의 동의는 각 주주로부터 개별적인 동의를 얻거나 묵시적으로도 가능(판례)
  - 의결권이 없는 주주도 포함

- "이사 등의 책임은 상법 제400조, 제415조의 규정에 따라 총주주의 동의로 이를 면제할 수 있는데, 이때 총주주의 동의는 반드시 명시적, 적극적으로 이루어질 필요는 없고 회사의 주식 전부를 양수도하는 과정에서 묵시적 의사표시의 방법으로 할 수 있으나, 이는 주식 전부의 양수인이 이사 등의 책임으로 발생한 부실채권에 대하여 그 발생과 회수불능에 대한 책임을 이사 등에게 더 이상 묻지 않기로 하는 의사표시를 하였다고 볼만한 사정이 있어야 할 것이다."(대법원 2008. 12. 11. 선고 2005다51471 판결)

- "그러나 위에서 본 바에 따라 법적으로 소멸되는 손해배상청구권은 상법 제399조 소정의 권리에 국한되는 것이지 불법행위로 인한 손해배상청구권까지 소멸되는 것으로는 볼 수 없는 것이다. 그 이유는 상법 제399조 소정의 손해배상청구권과 불법행위로 인한 손해배상청구권은 그 각 권리의 발생요건과 근거가 다를 뿐만 아니라 그 소멸원인의 하나인 채권자의 포기, 따라서 채무의 면제에 있어서도 전자는 상법 제400조의 방법과 효력에 의하는 반면에 후자는 민법 제506조의 방법과 효력에 의하도록 되어 있기 때문이다."(대법원 1989. 1. 31. 선고 87누760 판결)

■ 재무제표 승인에 의한 면제

- 정기주주총회에서 재무제표를 승인한 후 **2년** 내에 다른 결의가 없으

면 회사는 이사와 감사의 책임을 해제한 것으로 봄(450)

- 다만, 이사 또는 감사의 부정행위는 제외(동조)
- 부정행위는 이사의 권한 내의 행위라도 정당화될 수 없는 모든 경우를 포함(판례)

■ 일정 보수액 초과분에 대한 면제

- 회사는 정관으로 정하는 바에 따라 이사의 회사에 대한 손해배상책임을 이사가 그 행위를 한 날 이전 최근 1년간의 보수액의 **6배**를 초과하는 금액에 대하여 면제 가능(400 제2항, 399)
  - 사외이사의 경우 **3배**를 초과하는 금액에 대하여 면제 가능(400 제2항, 399)
  - 보수액은 보수 및 상여금, 주식매수선택권의 행사로 인한 이익 등을 포함(400 제2항)
- 면제가 허용되지 않는 경우(400 제2항)
  - 이사가 고의 또는 중과실로 손해를 발생시킨 경우
  - 경업금지의무(397), 회사의 기회 및 자산의 유용금지(397조의2), 자기거래금지의무(398) 위반의 경우

■ 소멸시효

- 민법상의 일반채권과 동일하게 10년(판례)

5. 손해의 범위 및 배상액의 제한

■ 손해의 범위

- 이사는 손해배상의 일반원칙에 따라 이사의 임무해태 등과 상당인과관계가 있는 회사의 손해에 한하여 책임 부담(판례)

• "… 한편 이사나 감사의 법령·정관 위반행위 혹은 임무 해태행위로 인한 상법 제399조, 제414조, 제401조, 제415조, 민법 제750조, 제760조 소정의 각 손해배상책임은 그 위반행위와 상당인과관계 있는 손해에 한하여 인정될 뿐이므로 비록 이사나 감사의 직무수행과정에 절차적 하자가 있다 하여도 그에 따른 거래행위 자

체가 적법한 경영판단의 범위에 속하는 정당한 직무수행으로 인정되거나 그 결과로서 발생한 손해와의 사이에 상당인과관계가 인정되지 아니하는 경우에는 이사나 감사의 손해배상책임이 성립하지 아니한다고 보아야 할 것이다."(대법원 2005. 4. 29. 선고 2005다2820 판결)

■ 손해배상액의 제한

- 손해분담의 공평에 비추어 손해배상액 제한 가능(판례)

- "이사가 법령 또는 정관에 위반한 행위를 하거나 그 임무를 해태함으로써 회사에 대하여 손해를 배상할 책임이 있는 경우에 그 손해배상의 범위를 정할 때에는, 당해 사업의 내용과 성격, 당해 이사의 임무 위반의 경위 및 임무 위반행위의 태양, 회사의 손해 발생 및 확대에 관여된 객관적인 사정이나 그 정도, 평소 이사의 회사에 대한 공헌도, 임무 위반행위로 인한 당해 이사의 이득 유무, 회사의 조직체계의 흠결 유무나 위험관리체제의 구축 여부 등 제반 사정을 참작하여 손해분담의 공평이라는 손해배상제도의 이념에 비추어 그 손해배상액을 제한할 수 있다. 이때에 손해배상액 제한의 참작 사유에 관한 사실인정이나 그 제한의 비율을 정하는 것은, 그것이 형평의 원칙에 비추어 현저히 불합리한 것이 아닌 한 사실심의 전권사항이다."(대법원 2019. 5. 16. 선고 2016다260455 판결)

II. 제3자에 대한 손해배상책임

1. 의의 및 법적 성질

■ 이사가 고의 또는 중과실로 그 임무를 게을리한 때에는 그 이사는 **제3자**에 대해 연대하여 손해를 배상할 책임을 부담(401 제1항)

- **법정책임설**(통설)
  - 제3자와 직접적인 법률관계가 없음에도 회사와 이사가 미치는 사회적 영향을 고려하여 제3자를 보호하기 위하여 인정되는 책임
  - 상법이 인정한 특별한 손해배상책임으로 이해

2. 책임의 구성

■ 고의 또는 중과실

• 고의 또는 중과실로 **회사**에 대한 임무를 게을리하여 제3자에게 손해를 발생(통설)

– 고의 또는 중과실은 제3자의 손해가 아닌 회사에 대한 임무에 관하여 판단

– 제3자가 입증책임 부담

• "… 원래 이사는 회사의 위임에 따라 회사에 대하여 수임자로서 선량한 관리자의 주의의무를 질뿐 제3자와의 관계에 있어서 위 의무에 위반하여 손해를 가하였다 하더라도 당연히 손해배상의무가 생기는 것은 아니로되 경제사회에 있어서의 중요한 지위에 있는 주식회사의 활동이 그 기관인 이사의 직무집행에 의존하는 것을 고려하여 제3자를 보호하고자 이사의 악의 또는 중대한 과실로 인하여 위 의무에 위반하여 제3자에게 손해를 입힌 때에는 위 이사의 악의 또는 중과실로 인한 임무 해태행위와 상당인과관계가 있는 제3자의 손해에 대하여 그 이사가 손해배상의 책임을 진다는 것이 위 법조의 취지라 할 것이고 따라서 고의 또는 중대한 과실로 인한 임무 해태행위라 함은 이사의 직무상 충실 및 선관의무위반의 행위로서(예를 들면, 회사의 경영상태로 보아 계약상 채무의 이행기에 이행이 불가능하거나 불가능할 것을 예견할 수 있었음에도 이를 감추고 상대방과 계약을 체결하고 일정한 급부를 미리 받았으나 그 이행불능이 된 경우와 같이) 위법한 사정이 있어야 하고 통상의 거래행위로 인하여 부담하는 회사의 채무를 이행할 능력이 있었음에도 단순히 그 이행을 지체하고 있는 사실로 인하여 상대방에게 손해를 끼치는 사실만으로는 이를 임무를 해태한 위법한 경우라고 할 수는 없다 할 것인바…"(대법원 1985. 11. 12. 선고 84다카2490 판결)

■ 제3자의 범위

• 회사채권자, 주주, 주식인수인 기타 이해관계인

■ 손해의 범위

• 직접손해와 간접손해 불문(통설)

– **주주의 간접손해**는 손해의 범위에서 **제외**(판례)

- **직접손해**는 제3자가 이사의 임무해태로 직접 입은 손해를 의미
  - 예) 허위공시를 신뢰하여 주식을 인수한 후에 횡령으로 인하여 발생한 손해
- **간접손해**는 이사의 임무해태로 회사가 먼저 손해를 입고 그로 인해 제3자가 입은 손해
  - 예) 이사의 횡령으로 회사재산이 감소함으로써 주식 가치가 하락하여 발생한 손해
  - 예) 이사의 횡령으로 회사재산이 감소함으로써 채권자가 변제받지 못한 손해

- "주식회사의 주주가 이사의 악의 또는 중대한 과실로 인한 임무해태행위로 직접 손해를 입은 경우에는 이사에 대하여 상법 제401조에 의하여 손해배상을 청구할 수 있으나, 이사가 회사의 재산을 횡령하여 회사의 재산이 감소함으로써 회사가 손해를 입고 결과적으로 주주의 경제적이익이 침해되는 손해와 같은 간접적인 손해는 상법 제401조 제1항에서 말하는 손해의 개념에 포함되지 아니하므로 이에 대하여는 위 법조항에 의한 손해배상을 청구할 수 없다. 그러나 회사의 재산을 횡령한 이사가 악의 또는 중대한 과실로 부실공시를 하여 재무구조의 악화 사실이 증권시장에 알려지지 아니함으로써 회사 발행주식의 주가가 정상주가보다 높게 형성되고, 주식매수인이 그러한 사실을 알지 못한 채 그 주식을 취득하였다가 그 후 그 사실이 증권시장에 공표되어 주가가 하락한 경우에는, 그 주주는 이사의 부실공시로 인하여 정상 주가보다 높은 가격에 주식을 매수하였다가 그 주가가 하락함으로써 직접 손해를 입은 것이므로, 그 이사에 대하여 상법 제401조 제1항에 의하여 손해배상을 청구할 수 있다고 할 것이다."(대법원 2012. 12. 13. 선고 2010다77743 판결)

■ 불법행위책임과의 경합 가능성

- 불법행위의 성립요건을 충족하면 경합 가능(통설)

■ 소멸시효

- 민법상의 일반채권과 동일하게 10년(판례)

3. 공동행위자의 책임 형태

■ 이사의 단독 또는 이사회 결의에 의한 행위인지를 불문

• 이사의 임무해태가 이사회 결의에 의한 것일 때에는 그 결의에 찬성한 이사도 책임 부담(401 제2항, 399 제2항)

– 부진정연대책임

■ 책임의 확대

• 이사회 결의에 참가한 이사로서 이의(異義)를 한 기재가 의사록에 없는 자는 그 결의에 찬성한 것으로 추정(401 제2항, 399 제3항)

III. 업무집행지시자 등의 책임

1. 의의 및 법적 성질

■ 의의

• 일정한 요건 하에 이사에게 업무집행을 시시하거나 직접 업무를 집행한 자는 상법 제399조(회사에 대한 책임), 제401조(제3자에 대한 책임), 제403조(주주의 대표소송), 제406조의2(다중대표소송)를 적용하는 경우에 그 자를 이사로 봄(401조의2 제1항)

– 이사가 아니면서 회사의 업무에 직·간접적으로 개입하는 자를 이사로 **의제**하여 회사 및 제3자에 대한 손해배상책임을 추궁하려는 목적

• 유형

– 회사에 대한 자신의 영향력을 이용하여 이사에게 업무집행을 지시한 자(업무집행지시자)

– 이사의 이름으로 직접 업무를 집행한 자(무권대행자)

– 이사가 아니면서 명예회장·회장·사장·부사장·전무·상무·이사 기타 회사의 업무를 집행할 권한이 있는 것으로 인정될 만한 명칭을 사용하여 회사의 업무를 집행한 자(표현이사)

■ 법적 성질

• 기관책임설(다수설)

– 일정한 경우 이사로 의제하여 이사의 지위에서 부담하는 책임으로 이해

2. 책임의 구성

(1) 업무집행지시자

■ 회사에 대한 **영향력**의 이용

• 영향력은 법적 절차에 의하지 않고 회사의 주요 의사결정과정에 변화를 주는 힘을 의미

– 자연인 외에 법인도 가능

– 예) 지배주주, 모회사 등

■ 이사에 대한 업무집행의 **지시**

• 영향력을 이용하여 이사에게 업무집행을 지시

– 통상적이고 관행적인 지시로서 강제성을 전제

– 명시적 또는 묵시적인 방법으로 가능

■ 지시의 **수용** 및 그로 인한 **책임 발생**

• 이사가 지시를 수용하여 실제로 업무를 집행함으로써 회사 또는 제3자에 대한 손해배상책임을 부담하는 요건을 충족해야 함(399, 401 참조)

(2) 무권대행자

■ 이사의 이름을 모용하여 직접 업무를 집행

• 지배주주 등이 이사 대신 업무집행을 하는 것을 규제하기 위한 목적

(3) 표현이사

■ 이사가 아니면서 영향력이 있는 명칭을 사용하여 직접 업무를 집행

• 별도의 영향력을 구비할 필요 없음(판례)

• "상법 제399조, 제401조, 제403조의 적용에 있어 이사로 의제되는 자에 관하여, 상법 제401조의2 제1항 제1호는 '회사에 대한 자신의 영향력을 이용하여 이사에게 업무집행을 지시한 자', 제2호는 '이사의 이름으로 직접 업무를 집행한 자', 제3호는 '이사가 아니면서 명예회장·회장·사장·부사장·전무·상무·이사 기타 업무를 집행할 권한이 있는 것으로 인정될 만한 명칭을 사용하여 회사의 업무를 집행한 자'라고 규정하고 있는바, 제1호 및 제2호는 회사에 대해 영향력을 가진 자를 전제로 하고 있으나, 제3호는 직명 자체에 업무집행권이 표상되어 있기 때문에 그에 더하여 회사에 대해 영향력을 가진 자일 것까지 요건으로 하고 있는 것은 아니라고 할 것이다."(대법원 2009. 11. 26. 선고 2009다39240 판결)

3. 책임의 추궁방법

■ 이사의 책임 부담

- 업무집행지시자 등이 지시 또는 집행한 업무로 회사 또는 제3자에 손해가 발생한 때에는 이사로서 손해배상책임 부담(401조의2 제1항)
  - 이 경우 회사 또는 제3자에 대하여 손해를 배상할 책임이 있는 이사는 업무집행지시자 등과 연대하여 책임 부담(동조 제2항)
  - 부진정연대책임
- 총주주의 동의로도 면제 불가
- 주주대표소송 제기 가능
  - 업무집행지시자 등이 회사에 대하여 손해배상책임을 지는 경우 회사가 이를 추궁하지 않으면 주주대표소송 제기 가능(401조의2 제1항, 403, 406조의2)

제3절 이사에 대한 위법행위유지청구권

Ⅰ. 의 의

■ 사전적 구제 수단

• 이사가 법령 또는 정관에 위반한 행위를 하여 이로 인하여 회사에 회복할 수 없는 손해가 생길 염려가 있는 경우 **감사** 또는 발행주식총수의 **100분의** 1 이상에 해당하는 주식을 가진 주주는 회사를 위하여 이사에 대해 그 행위를 유지(留止)할 것을 청구 가능(402)

– 공익권

– 사후적 구제 수단인 주주대표소송과 비교

Ⅱ. 유지청구의 요건

■ 법령 또는 정관의 위반행위

• 임무해태에는 미적용

• 이사의 고의 또는 과실 불문

■ 회복할 수 없는 손해 발생의 가능성

• 회사에 회복할 수 없는 손해가 발생할 염려가 있는 때에만 행사 가능

– 손해의 회복 가능성은 거래통념에 따라 판단

Ⅲ. 유지청구의 당사자

■ 청구권자

• 감사

– 감사의 의무로서 청구하는 것으로 미청구시 임무해태에 해당

• 발행주식총수의 **100분의** 1 이상에 해당하는 주식을 가진 주주

– 상장회사의 주주는 10만분의 50(최근 사업연도 말 현재의 자본금이 1

천억 원 이상인 상장회사는 10만분의 25) 이상을 6개월 전부터 보유해야 함(542조의6 제5항, 시행령 32)

■ 청구의 상대방

• 법령 등의 위반행위를 하려는 **이사**

– 회사가 아님에 유의

IV. 유지청구의 절차 및 행사의 효력

■ 절차

• 소 제기 또는 이사에 대한 의사표시로 가능

■ 행사의 효력

• 소를 제기하는 경우

– 판결 결과에 따라 상이

• 이사에 대한 의사표시로 하는 경우

– 이사는 자신의 행위가 법령 등을 위반하는지 선량한 관리자의 주의로써 판단

제4절 주주대표소송

Ⅰ. 의의 및 법적 성질

■ 사후적 구제 수단

• 회사가 이사에 대한 책임추궁을 게을리하는 경우 소수주주가 회사를 위하여 이사의 책임을 추궁하는 소를 제기(403)

– 회사와 이사 간, 이사와 이사 간의 특수한 관계로 인하여 손해를 입힌 이사에 대한 회사의 책임추궁이 소극적인 경우 소수주주가 예외적으로 회사의 권리를 대위하여 제기

– 공익권

– 이사 외에 발기인, 업무집행지시자, 집행임원, 감사, 청산인 등에 대해서도 제기 가능(324, 401조의2 제1항, 408조의9, 415, 415조의2 제7항, 542조 제2항 등)

■ 제3자의 소송담당

• 주주대표소송은 소수주주가 회사를 위하여 회사의 대표기관 지위에서 수행

– 소수주주가 받은 판결의 효력은 회사와 다른 주주에게 미침

Ⅱ. 소의 당사자

■ 제소권자

• 발행주식총수의 **100분의** 1 이상에 해당하는 주식을 가진 주주

– 상장회사의 주주는 1만분의 1 이상을 6개월 전부터 보유해야 함(542조의6 제5항)

– 소를 제기한 주주의 보유주식이 제소 후 법정 보유주식 수 **미만으로 감소**하더라도(발행주식을 보유하지 아니하게 된 경우를 제외) 제소의 효력에는 영향이 없음(403 제5항)

■ 피고

• 회사에 대해 손해배상책임이 있는 이사

– 재임 중에 발생한 손해라면 퇴임한 이사도 대상(통설 및 판례)

III. 제기요건

1. 이사의 책임

■ 이사의 회사에 대한 모든 채무를 포함(통설)

• 상법 제399조에 따른 책임추궁이 가장 대표적

2. 회사에 대한 주주의 소 제기 청구

■ 주주대표소송 제기를 위한 전제

• 소수주주는 주주대표소송을 제기하기 전에 회사에 대하여 이유를 기재한 **서면**으로 이사의 책임을 추궁할 소를 제기할 것을 청구 가능(403 제1항 및 제2항)

– 회사가 이사에 대하여 소를 제기하는 경우 감사가 회사를 대표하므로(394 제1항) 소 제기 청구는 **감사**에게 해야 함

• 회사가 위 청구를 받은 날로부터 **30일** 내에 소를 제기하지 않으면 소수주주는 즉시 회사를 위하여 소 제기 가능(403 제3항)

– 위 기간의 경과로 인하여 **회사에 회복할 수 없는 손해가 생길 염려**가 있는 경우에는 회사에 대한 청구 없이 또는 청구를 하였더라도 30일을 기다리지 않고 즉시 소 제기 가능(동조 제4항)

• "상법 제403조 제2항에 따른 서면에 기재되어야 하는 '이유'에는 권리귀속주체인 회사가 제소 여부를 판단할 수 있도록 <u>책임추궁 대상 이사, 책임발생 원인사실에 관한 내용이 포함되어야 한다.</u> 다만 주주가 언제나 회사의 업무 등에 대해 정확한 지식과 적절한 정보를 가지고 있다고 할 수는 없으므로, 주주가 상법 제403조 제2항에 따라 제출한 서면에 책임추궁 대상 이사의 성명이 기재되어 있지 않거나 책임발생 원인사실이 다소 개략적으로 기재되어 있더라도, <u>회사가 그 서면에 기</u>

재된 내용, 이사회의사록 등 회사 보유 자료 등을 종합하여 책임 추궁 대상 이사, 책임발생 원인사실을 구체적으로 특정할 수 있다면, 그 서면은 상법 제403조 제2항에서 정한 요건을 충족하였다고 보아야 한다."(대법원 2021. 5. 13. 선고 2019다291399 판결)

• "주주가 아예 제소청구서를 제출하지 않은 채 대표소송을 제기하거나 제소청구서를 제출하였더라도 대표소송에서 제소청구서에 기재된 책임발생 원인사실과 전혀 무관한 사실관계를 기초로 청구를 하였다면 그 대표소송은 상법 제403조 제4항의 사유가 있다는 등의 특별한 사정이 없는 한 부적법하다. 반면 주주가 대표소송에서 주장한 이사의 손해배상책임이 제소청구서에 적시된 것과 차이가 있더라도 제소청구서의 책임발생 원인사실을 기초로 하면서 법적 평가만을 달리한 것에 불과하다면 그 대표소송은 적법하다. 따라서 주주는 적법하게 제기된 대표소송 계속 중에 제소청구서의 책임발생 원인사실을 기초로 하면서 법적 평가만을 달리한 청구를 추가할 수도 있다."(대법원 2021. 7. 15. 선고 2018다298744 판결)

IV. 관련 절차 등

■ 관할, 소송고지 및 참가

- 회사 본점 소재지의 지방법원 전속관할(403 제7항, 186)
- 회사는 주주대표소송에 참가 가능(404 제1항)
  - 주주대표소송을 제기한 주주는 소를 제기한 후 지체없이 회사에 대하여 그 소송의 고지를 해야 함(동조 제2항)

• "상법 제404조 제1항에서 특별히 참가에 관한 규정을 두어 주주의 대표소송의 특성을 살려 회사의 권익을 보호하려 한 입법 취지를 함께 고려할 때, 상법 제404조 제1항에서 규정하고 있는 회사의 참가는 공동소송참가를 의미하는 것으로 해석함이 타당하고, 나아가 이러한 해석이 중복제소를 금지하고 있는 민사소송법 제234조에 반하는 것도 아니라고 할 것이다."(대법원 2002. 3. 15. 선고 2000다9086 판결)

■ 제소주주의 담보제공의무

- 주주대표소송이 제기된 경우 법원은 **회사의 청구**에 따라 주주에게 **상당한 담보**를 제공할 것을 명할 수 있음(403 제7항, 176 제3항)
  - 이때 회사는 소수주주의 **악의**를 소명해야 함(403 제7항, 176 제4항)

■ 소의 취하 등

- 회사가 소수주주의 청구에 따라 소를 제기하거나 주주가 주주대표소송을 제기한 경우 당사자는 **법원의 허가 없이** 소의 취하, 청구의 포기·인락·화해 불가(403 제6항)

■ 재심

- 주주대표소송이 제기된 경우에 원고와 피고가 공모로 인하여 소송의 목적인 회사의 권리를 사해할 목적으로써 판결을 하게 한 때에는 **회사** 또는 **주주**는 확정한 종국판결에 대하여 재심의 소 제기 가능(406 제1항)

Ⅴ. 제소주주의 지위

■ 승소한 경우

- 주주대표소송 또는 재심의 소를 제기한 주주가 승소한 때에는 그 주주는 회사에 대하여 소송비용 및 그 밖에 소송으로 인하여 지출한 비용 중 상당한 금액의 지급을 청구 가능(405 제1항, 406 제2항)
  - 소송비용을 지급한 회사는 이사 또는 감사에 대하여 구상권 행사 가능(405 제2항, 406 제2항)
- 주주는 **집행채권자** 가능(판례)

- "주주대표소송의 주주와 같이 다른 사람을 위하여 원고가 된 사람이 받은 확정판결의 집행력은 확정판결의 당사자인 그 원고가 된 사람과 다른 사람 모두에게 미치므로, 주주대표소송의 주주는 집행채권자가 될 수 있다."(대법원 2014. 2. 19. 자 2013마2316 결정)

■ 패소한 경우

- 주주대표소송을 제기한 주주가 패소한 때에는 악의의 경우 외에는 회사에 대하여 손해를 배상할 책임이 없음(405 제2항)

VI. 다중대표소송

■ 의의

- **모회사** 발행주식총수의 **100분의** 1 이상에 해당하는 주식을 가진 **주주**는 **자회사**에 대하여 **자회사 이사**의 책임을 추궁할 소의 제기를 청구 가능(406조의2 제1항)
  - 상장회사의 주주는 1만분의 50 이상을 6개월 전부터 보유해야 함(542조의6 제7항)
- 모회사의 소수주주는 자회사가 위 청구를 받은 날로부터 **30일** 내에 소를 제기하지 않으면 즉시 자회사를 위하여 소 제기 가능(406조의2 제2항)
- 이사 외에 발기인, 업무집행지시자, 집행임원, 감사, 청산인 등에 대해서도 제기 가능(324, 401조의2 제1항, 408조의9, 415, 415조의2 제7항, 542조 제2항 등)

■ 소에 대한 모자관계 해소의 영향

- 모회사가 보유한 자회사의 주식이 자회사 발행주식총수의 100분의 50 이하로 감소한 경우(발행주식을 보유하지 아니하게 된 경우를 제외)에도 제소의 효력에는 영향이 없음(406조의2 제4항)

■ 관련 절차

- 제소주주의 담보제공의무 등의 규정을 준용(동조 제3항, 176 제3항 및 제4항, 403 제2항, 403 제4항 내지 제6항, 404 내지 406)
- 자회사 본점 소재지의 지방법원 전속관할(406조의2 제5항)

제5절 직무집행정지가처분 및 직무대행자

Ⅰ. 직무집행정지가처분

1. 의 의

■ 이사의 지위에 대한 다툼이 있는 경우 이사의 직무집행을 가처분으로 정지

- 이사선임결의의 무효나 취소 또는 이사해임의 소가 제기된 경우 법원은 당사자의 신청에 의하여 가처분으로써 이사의 직무집행을 정지 가능(407 제1항)
  - 민사집행법상 다툼이 있는 권리관계에 대하여 임시의 지위를 정하기 위한 가처분의 일종(판례)

2. 요 건

■ 보전의 필요성

- 이사의 계속적인 지위 유지로 인하여 회사에 현저한 손해가 발생할 위험이 존재

■ 본안소송의 제기

- 이사의 지위를 다투는 본안소송이 제기되는 것이 필요
  - 예) 이사선임결의의 취소의 소, 무효확인의 소, 부존재확인의 소, 이사해임의 소
- 다만, **급박한 사정**이 있는 때에는 본안소송의 제기 전에도 신청 가능(407 제1항)

■ 피보전권리의 존재

- 이사가 가처분의 결정까지 **지위를 유지**하고 있어야 함
  - 이사가 가처분의 결정 전에 사임하거나 해임되면 가처분 신청은 각하

– 예) 이사가 사임하여 사임등기까지 되었다가 동일 이사가 주총에서 재차 이사로 선임되면 애초의 주총 선임결의에 대해서는 피보전권리가 없음(판례)

– 예) 퇴임이사를 상대로 하는 가처분 신청은 원칙적으로 불가(판례)

• "피신청인 회사의 [1차] 임시주주총회 결의 및 이사회 결의에 의하여 이사 겸 대표 이사로 선임된 피신청인 [甲], 이사로 선임된 피신청인 [乙, 丙], 감사로 선임된 피신청인 [丁]은 모두 본건 가처분신청 이전인 1973.10.4. 사임하여 그 사임등기까지 경료되었으며 위의 피신청인들은 [2차] 임시주주총회 결의 및 이사회 결의에 의하여 다시 같은 직의 임원으로 선임되었다는 것이므로 그 직무집행정지 가처분을 구하고 있는 본건에 있어서 피보전 권리로서는 위의 피신청인들을 현재의 임원직으로 선임한 위 [2차] 임시주주총회 결의 및 이사회 결의에 하자가 있음을 주장하는 것은 몰라도 이와 아무 관계도 없는 [1차] 임시주주총회 결의 및 이사회 결의에 하자가 있음을 주장할 수는 없다고 할 것이다."(대법원 1982. 2. 9. 선고 80다2424 판결)

• "이러한 퇴임이사를 직무에서 배제하기 위하여 필요한 경우에는 상법 제386조 제2항에 정한 일시 이사의 직무를 행할 자의 선임을 법원에 청구할 수 있음은 별론으로 하고, 이와 별도로 그 직무집행의 정지를 구하는 가처분 신청은 허용되지 않는다고 할 것이다 … [퇴임 당시 법률 또는 정관에서 정한 이사의 원수가 충족되어 있음에도] 그 [퇴임]이사가 여전히 이사로서의 권리 의무를 실제로 행사하고 있는 경우에는 그 권리 의무의 부존재확인청구권을 피보전권리로 하여 직무집행의 정지를 구하는 가처분 신청이 허용된다고 보아야 한다."(대법원 2009. 10. 29. 자 2009마1311 결정)

3. 관련 절차 등

■ 신청인

• 본안소송의 원고 또는 원고가 될 자

■ 피신청인

• 지위가 다투어지는 **이사**(판례)

– 회사가 아님에 유의

■ 등기

• 가처분 결정, 변경 또는 취소는 등기사항(407 제3항)

4. 가처분의 효력

■ 가처분 자체의 효력

• 직무집행정지기간의 정함이 없는 경우 본안승소판결의 확정과 동시에 효력을 상실(판례)

■ 이사에 대한 효력

• 직무집행이 정지된 이사는 업무집행 불가

– 직무집행이 정지된 이사가 주총에서 재차 이사로 선임되더라도 가처분이 취소되지 않는 한 업무집행 불가

– 이사의 임기 진행에 영향 없음(판례)

• "주식회사의 이사나 감사를 피신청인으로 하여 그 직무집행을 정지하고 직무대행자를 선임하는 가처분이 있는 경우 가처분 결정은 이사 등의 직무집행을 정지시킬 뿐 이사 등의 지위나 자격을 박탈하는 것이 아니므로, 특별한 사정이 없는 한 가처분 결정으로 인하여 이사 등의 임기가 당연히 정지되거나 가처분 결정이 존속하는 기간만큼 연장된다고 할 수 없다. 나아가 위와 같은 가처분 결정은 성질상 당사자 사이뿐만 아니라 제3자에 대해서도 효력이 미치지만, 이는 어디까지나 직무집행행위의 효력을 제한하는 것일 뿐이므로, 이사 등의 임기 진행에 영향을 주는 것은 아니다."(대법원 2020. 8. 20. 선고 2018다249148 판결)

II. 직무대행자

1. 의 의

■ 이사선임결의의 무효나 취소 또는 이사해임의 소가 제기된 경우 법원은 직무대행자 선임 가능(407 제1항)

• 직무대행자의 자격 제한 없음

– 다만, 직무집행정지가처분에 의해 직무집행이 정지된 이사는 불가

(판례)

• 직무대행자 선임은 등기사항(동조 제3항)
  – 등기하지 않으면 선의의 제3자에게 대항 불가(37 참조)

2. 효 력

■ 직무대행자 권한의 범위

• 가처분명령에 다른 정함이 없는 한 회사의 **상무**에 국한(408 제1항)
  – 회사의 **상무에 속하지 않는 행위**를 하기 위해서는 **법원의 허가**가 필요(동조 동항)

• 직무대행자가 이를 위반하더라도 회사는 **선의**의 제3자에 대하여 책임을 부담(동조 제2항)

• "상법 제407조 제1항에 의하면 이사선임결의의 무효나 취소 또는 이사해임의 소가 제기된 경우에는 법원은 당사자의 신청에 의하여 가처분으로써 이사의 직무집행을 정지하고, 그에 따라 직무대행자를 선임할 수 있으며, 그러한 경우 상법 제408조 제1항에 의하면 직무대행자는 가처분명령에 다른 정함이 있는 경우 외에는 회사의 상무에 속하지 아니한 행위를 하지 못하나, 법원의 허가를 얻은 경우에는 그러하지 아니하다고 규정하고 있는바, 여기서 회사의 상무라 함은 일반적으로 회사에서 일상 행해져야 하는 사무, 회사가 영업을 계속함에 있어서 통상 행하는 영업범위 내의 사무 또는 회사경영에 중요한 영향을 주지 않는 통상의 업무 등을 의미한다고 할 것이고, 어느 행위가 구체적으로 이 상무에 속하는가 하는 것은 당해 회사의 기구, 업무의 종류·성질, 기타 제반 사정을 고려하여 객관적으로 판단되어야 할 것이다. 이러한 법리에 따른다면 직무대행자가 정기주주총회를 소집함에 있어서도 그 안건에 이사회의 구성 자체를 변경하는 행위나 상법 제374조의 특별결의사항에 해당하는 행위 등 회사의 경영 및 지배에 영향을 미칠 수 있는 것이 포함되어 있다면 그 안건의 범위에서 정기총회의 소집이 상무에 속하지 않는다고 할 것이고, 직무대행자가 정기주주총회를 소집하는 행위가 상무에 속하지 아니함에도 법원의 허가 없이 이를 소집하여 결의한 때에는 소집절차상의 하자로 결의취소사유에 해당된다고 할 것이다."(대법원 2007. 6. 28. 선고 2006다62362 판결)

■ 직무대행자 권한의 존속기간

• 일단 직무대행자가 선임되면 가처분의 **취소 전**에는 권한을 유지(판례)

• "대표이사의 직무집행정지 및 직무대행자선임의 가처분이 이루어진 이상, 그 후 대표이사가 해임되고 새로운 대표이사가 선임되었다 하더라도 가처분 결정이 취소되지 아니하는 한 직무대행자의 권한은 유효하게 존속하는 반면 새로인 선임된 대표이사는 그 선임결의의 적법 여부에 관계없이 대표이사로서의 권한을 가지지 못한다 할 것이고, 한편 위 가처분은 그 성질상 당사자 사이에서뿐만 아니라 제3자에게도 효력이 미치므로, 새로이 선임된 대표이사가 위 가처분에 반하여 회사 대표자의 자격에서 한 법률행위는 결국 제3자에 대한 관계에서도 무효이고, 이때 위 가처분에 위반하여 대표권 없는 대표이사와 법률행위를 한 거래상대방은 자신이 선의였음을 들어 위 법률행위의 유효를 주장할 수는 없다고 할 것이다."(대법원 1992. 5. 12. 선고 92다5638 판결)

제6장 자본금의 변동

제1절 신주발행

제2절 사채발행

제3절 자본금의 감소

제1절 신주발행

I. 서 설

■ 회사의 자금조달 방법

- 통상의 신주발행(416)을 의미
  - 회사 성립 후 자금조달의 목적으로 정관에 기재된 **회사가 발행할 주식의 총수** 범위 내에서 신주를 발행(289 제1항 제3호, 416 내지 432 참조)
- 타인 자본으로 상환 대상이 되는 사채와 비교 가능

II. 신주인수권

1. 의 의

■ 주식의 수에 비례하여 우선하여 인수를 배정받을 수 있는 권리

- 인수조건이 아닌 인수순서에서의 우대를 의미
- 주주가 신주인수권을 갖는 것이 원칙

2. 주주의 신주인수권

■ 추상적 신주인수권

- 주주가 가진 주식 수에 따라 비례적으로 신주의 배정을 받을 권리(418 제1항)
  - 주주권의 일부로 주식과 분리 불가
  - 회사에 대한 주주의 비례적 지배권을 유지하기 위하여 인정

■ 구체적 신주인수권

- 신주의 배정을 받을 수 있는 회사에 대한 **채권적 권리**
  - 회사가 실제로 신주발행을 결정한 때에 신주를 청약하고 배정받을 수 있는 권리로서 추상적 인수인수권에 근거

– 이미 발생한 구체적 신주인수권은 주식과 분리하여 양도 가능
- 주주의 인수인수권을 무시하면 주주는 신주발행유지청구권의 행사 또는 신주발행무효의 소 제기 가능(424, 429 참조)

3. 제3자의 신주인수권

■ 제3자배정

- 형식상 요건
  - 회사는 주주의 신주인수권에도 불구하고 **정관**에 정하는 바에 따라 **주주 외의 자**에게 신주 배정 가능(418 제2항)
  - 주주가 가진 주식 수를 초과하여 신주를 배정하면 제3자배정에 해당
  - 학계 일부에서는 제3자배정에 관한 정관 규정이 없는 경우 정관변경을 위한 주주총회의 특별결의로 제3자배정이 가능하다고 해석
  - 주주 외의 자에게 신주를 배정하는 경우 회사는 신주의 종류와 수 등의 사항을 그 납입기일 2주 전까지 주주에게 통지하거나 공고해야 함(동조 제4항)
- 내용상 요건
  - 주주 외의 자에 대한 배정은 신기술의 도입, 재무구조의 개선 등 **회사의 경영상 목적**을 달성하기 위하여 필요한 경우에만 가능(동조 제2항)
  - 주주의 신주인수권 보호 목적

- "주식회사가 신주를 발행함에 있어 신기술의 도입, 재무구조의 개선 등 회사의 경영상 목적을 달성하기 위하여 필요한 범위 안에서 정관이 정한 사유가 없는데도 회사의 경영권 분쟁이 현실화된 상황에서 경영진의 경영권이나 지배권 방어라는 목적을 달성하기 위하여 제3자에게 신주를 배정하는 것은 상법 제418조 제2항을 위반하여 주주의 신주인수권을 침해하는 것이라고 할 것이다."(대법원 2009. 1. 30. 선고 2008다50776 판결)

- "신주 등의 발행에서 주주 배정방식과 제3자 배정방식을 구별하는 기준은 회사가 신주 등을 발행하는 때에 주주들에게 그들의 지분비율에 따라 신주 등을 우선적

으로 인수할 기회를 부여하였는지 여부에 따라 객관적으로 결정되어야 할 성질의 것이지, 신주 등의 인수권을 부여받은 주주들이 실제로 인수권을 행사함으로써 신주 등을 배정받았는지 여부에 좌우되는 것은 아니다. 회사가 기존 주주들에게 지분비율대로 신주 등을 인수할 기회를 부여하였는데도 주주들이 그 인수를 포기함에 따라 발생한 실권주 등을 제3자에게 배정한 결과 회사 지분비율에 변화가 생기고 … 그로 인한 불이익은 기존 주주들 자신의 선택에 의한 것일 뿐이다."(대법원 2009. 5. 29. 선고 2007도4949 전원합의체 판결)

4. 구체적 신주인수권의 양도

(1) 서 설

■ 주주의 구체적 신주인수권의 양도성 인정

- 구체적 신주인수권의 양도를 통해 주주의 부담을 경감하고 신주 인수의 포기로 인하여 희석된 보유주식의 비례적 가치를 환수할 기회를 제공하기 위한 목적

(2) 양도요건

■ 정관 또는 이사회의 결정

- 신주인수권의 양도 및 신주인수권증서의 발행에 관한 사항에 대하여 정관에 규정이 없는 것은 **이사회**가 결정(416 제5호, 제6호)
- 정관에 신주인수권 양도 등에 관한 사항이 없거나 이사회가 결정하지 않은 경우
  - 회사가 양도를 **승낙**하면 회사에 대하여 유효(판례)
  - 신주인수권증서를 발행하지 않았으면 지명채권의 양도방법으로 가능(판례)

• "상법 제416조 제5호에 의하면, 회사의 정관 또는 이사회의 결의로 주주가 가지는 신주인수권을 양도할 수 있는 것에 관한 사항을 결정하도록 되어 있는바, 신주인수권의 양도성을 제한할 필요성은 주로 회사측의 신주발행사무의 편의를 위한 것에서 비롯된 것으로 볼 수 있고, 또 상법이 주권 발행전 주식의 양도는 회사

에 대하여 효력이 없다고 엄격하게 규정한 것과는 달리 신주인수권의 양도에 대하여는 정관이나 이사회의 결의를 통하여 자유롭게 결정할 수 있도록 한 점에 비추어 보면, 회사가 정관이나 이사회의 결의로 신주인수권의 양도에 관한 사항을 결정하지 아니하였다 하여 신주인수권의 양도가 전혀 허용되지 아니하는 것은 아니고, 회사가 그와 같은 양도를 승락한 경우에는 회사에 대하여도 그 효력이 있다고 할 것이므로 … 신주인수권증서가 발행되지 아니한 신주인수권의 양도 또한 주권 발행 전의 주식양도에 준하여 지명채권양도의 일반원칙에 따른다고 보아야 하므로, 주권 발행 전의 주식양도나 신주인수권증서가 발행되지 아니한 신주인수권 양도의 제3자에 대한 대항요건으로는 지명채권의 양도와 마찬가지로 확정일자 있는 증서에 의한 양도통지 또는 회사의 승낙이라고 보는 것이 상당하고…" (대법원 1995. 5. 23. 선고 94다36421 판결)

(3) 양도방법

■ **신주인수권증서** 교부에 의한 양도

- 신주인수권증서
  - 주주의 신주인수권을 표창하는 유가증권으로 주주의 청구가 있을 때만 발행(416 제6호)
  - 신주인수권증서라는 뜻의 표시 등을 기재(420조의2 제2항)
  - 회사는 신주인수권증서를 발행하는 대신 정관으로 정하는 바에 따라 전자등록기관의 전자등록부에 신주인수권 등록 가능(420조의4)
- 신주인수권의 양도에 관한 사항이 정관에 규정이 있거나 이사회가 이를 결정한 때에는 신주인수권증서를 발행해야 함(420조의2 제1항, 416 제5호)
  - 동 증서의 교부에 의해서만 신주인수권 양도 가능(420조의3 제1항)

III. 신주발행의 절차

1. 신주발행 및 발행사항의 결정

■ **이사회**의 결정

- 정관에 규정이 없는 것은 이사회가 결정(416)
  - 신주의 종류와 수, 발행가액과 납입기일, 인수방법
  - 무액면주식의 경우에는 신주의 발행가액 중 자본금으로 계상하는 금액
  - 현물출자를 하는 자의 성명과 그 목적인 재산의 종류, 수량, 가액과 이에 대하여 부여할 주식의 종류와 수
  - 주주가 가지는 신주인수권을 양도할 수 있는 것에 관한 사항
  - 주주의 청구가 있는 때에만 신주인수권증서를 발행한다는 것과 그 청구기간

- "주주는 회사에 대하여 주식의 인수가액에 대한 납입의무를 부담할 뿐 인수가액 전액을 납입하여 주식을 취득한 후에는 주주 유한책임의 원칙에 따라 회사에 대하여 추가 출자의무를 부담하지 않는 점, 회사가 준비금을 자본으로 전입하거나 이익을 주식으로 배당할 경우에는 주주들에게 지분비율에 따라 무상으로 신주를 발행할 수 있는 점 등에 비추어 볼 때, 회사가 주주배정의 방법, 즉 주주가 가진 주식 수에 따라 신주, 전환사채나 신주인수권부사채(이하 '신주 등')의 배정을 하는 방법으로 신주 등을 발행하는 경우에는 발행가액 등을 반드시 시가에 의하여야 하는 것은 아니다. 따라서, 회사의 이사로서는 주주 배정의 방법으로 신주를 발행하는 경우 원칙적으로 액면가를 하회하여서는 아니 된다는 제약 외에는 주주 전체의 이익, 회사의 자금조달의 필요성, 급박성 등을 감안하여 경영판단에 따라 자유로이 그 발행조건을 정할 수 있다고 보아야 하므로, 시가보다 낮게 발행가액 등을 정함으로써 주주들로부터 가능한 최대한의 자금을 유치하지 못하였다고 하여 배임죄의 구성요건인 임무위배, 즉 회사의 재산보호의무를 위반하였다고 볼 것은 아니다. 그러나 주주배정의 방법이 아니라 제3자에게 인수권을 부여하는 제3자 배정방법의 경우, 제3자는 신주 등을 인수함으로써 회사의 지분을 새로 취득하게 되므로 그 제3자와 회사와의 관계를 주주의 경우와 동일하게 볼 수는 없다. 제3자에게 시가보다 현저하게 낮은 가액으로 신주등을 발행하는 경우에는 시가를 적정하게 반영하여 발행조건을 정하거나 또는 주식의 실질가액을 고려한 적정한 가격에 의하여 발행하는 경우와 비교하여 그 차이에 상당한 만큼 회사의 자산을 증가시키지 못하게 되는 결과가 발생하는데, 이 경우에는 회사법상 공정한 발행가액과 실제 발행가액과의 차액에 발행주식수를 곱하여 산출된 액수만큼 회사

가 손해를 입은 것으로 보아야 한다. 이와 같이 현저하게 불공정한 가액으로 제3자 배정방식에 의하여 신주 등을 발행하는 행위는 이사의 임무위배행위에 해당하는 것으로서 그로 인하여 회사에 공정한 발행가액과의 차액에 상당하는 자금을 취득하지 못하게 되는 손해를 입힌 이상 이사에 대하여 배임죄의 죄책을 물을 수 있다."(대법원 2009. 5. 29. 선고 2007도4949 전원합의체 판결)

■ 현물출자에 대한 유의사항

- 현물출자는 이사회 결의만으로 가능하며, 이에 따른 주식의 배정은 **주주의 신주인수권의 예외**에 해당(판례)

- "주주의 신주인수권은 주주가 종래 가지고 있던 주식의 수에 비례하여 우선적으로 인수의 배정을 받을 수 있는 권리로서 주주의 자격에 기하여 법률상 당연히 주주에게 인정되는 것이긴 하나, 다만 현물출자자에 대하여 발행하는 신주에 대하여는 일반주주의 신주인수권은 미치지 않는다고 보는 것이 타당하다."(대법원 1989. 3. 14. 선고 88누889 판결)

2. 신주배정일의 지정 및 공고

■ 신주인수권자 확정을 위한 절차

- 회사는 **일정한 날**을 정하여 그 날에 주주명부에 기재된 주주가 신주인수권을 가진다는 뜻과 신주인수권을 양도할 수 있을 경우에는 그 뜻을 그 날의 2주간 전에 공고해야 함(418 제3항)
  - 일정한 날은 **신주배정일**로서, 구체적 신주인수권의 발생시기를 의미
  - 일정한 날이 주주명부 폐쇄기간 중이면 폐쇄기간 초일의 2주간 전에 공고(동조 동항)

3. 신주인수권자에 대한 최고

■ 주주배정방식의 신주발행에만 필요한 절차

- 회사는 신주의 인수권을 가진 자에 대하여 그 인수권을 가지는 주식의 종류 및 수와 일정한 기일까지 주식인수의 청약을 하지 않으면 그

권리를 잃는다는 뜻을 통지해야 함(419 제1항)

– 신주인수권의 양도 및 신주인수권증서의 발행에 관한 사항을 정한 경우에는 그 내용도 통지(동조 동항, 416 제5호 및 제6호)

4. 인수의 청약, 신주의 배정 및 납입

■ 인수의 청약

- 이사는 법 소정의 사항을 적은 주식청약서를 작성해야 함(420)
- 신주의 인수를 원하는 자는 주식청약서로 청약해야 함
  – 모집설립에서의 절차를 준용(425 제1항, 302 제1항)
- 신주인수권증서를 발행한 경우에는 신주인수권증서로 청약해야 함(420조의5 제1항)
  – 동 증서를 상실한 자는 주식청약서로 청약 가능하지만, 동 증서에 의한 청약이 있으면 주식청약서로 한 청약은 효력을 상실(동조 제2항)

■ 신주의 배정 및 납입

- 인수의 청약에 있으면 이사는 신주를 배정
  – 배정으로 청약자는 주식인수인이 됨
- 이사는 신주인수인으로 하여금 그 배정한 주수(株數)에 따라 납입기일에 그 인수한 주식에 대한 인수가액의 전액을 납입시켜야 함(421 제1항)
- **출자전환** 가능
  – 신주인수인은 회사의 **동의**가 있으면 위 납입채무와 회사에 대한 채권을 **상계** 가능(동조 제2항)
- 신주인수인이 납입기일에 납입 또는 현물출자 이행을 하지 않으면 권리를 상실(423 제2항)
  – 설립시와 달리 실권절차 없이 바로 실권(307 참조)
  – 실권된 부분에 대해 다시 인수인을 모집하거나 발행 포기 가능
  – 실권한 주식인수인에 대해서는 손해배상청구 가능(423 제3항)

■ 현물출자의 검사

- 현물출자를 하는 자가 있는 경우 이사는 이를 조사하기 위하여 **검사인**의 선임을 법원에 청구해야 함(422 제1항, 416 제4호)
  - 검사인의 조사는 공인된 **감정인**의 감정으로 갈음 가능(422 제1항)
- 검사인의 조사 **생략**(422 제2항 제1호 내지 제3호, 416 제4호)
  - 현물출자의 목적인 재산의 가액이 자본금의 5분의 1을 초과하지 않고 5천만 원(시행령 14 제1항)을 초과하지 않는 경우
  - 현물출자의 목적인 재산이 거래소의 시세 있는 유가증권인 경우 상법 제416조 본문에 따라 결정된 가격이 대통령령으로 정한 방법으로 산정된 시세를 초과하지 않는 경우
  - 변제기가 돌아온 회사에 대한 금전채권을 출자의 목적으로 하는 경우로서 그 가액이 회사 장부에 적혀 있는 가액을 초과하지 않는 경우
  - 그 밖에 제1호부터 제3호까지의 규정에 준하는 경우로서 대통령령으로 정하는 경우
- 법원은 검사인의 조사보고서 또는 감정인 감정 결과를 심사하여 현물출자가 부당하다고 인정한 때에는 이를 변경하여 이사와 현물출자를 한 자에게 통고 가능(422 제3항)
  - 이에 불복하는 현물출자자는 주식의 인수를 취소 가능(동조 제4항)
  - 법원의 통고가 있은 후 2주 내에 주식의 인수를 취소한 현물출자자가 없는 때에는 통고에 따라 변경된 것으로 봄(동조 제5항)
- 현물출자에 대한 검사인의 조사가 없더라도 신주발행이 당연무효가 되지 않음(판례)

- "주식회사의 현물출자에 있어서 이사는 법원에 검사역의 선임을 청구하여 일정한 사항을 조사하도록 하고, 법원은 그 보고서를 심사하도록 되어 있으나, 이와 같은 절차를 거치지 아니한 신주발행 및 변경등기가 당연무효사유가 된다고는 볼 수 없는 바이므로…"(대법원 1980. 2. 12. 선고 79다509 판결)

5. 신주발행의 효력발생 및 등기

■ 신주발행의 효력발생시기

- 신주인수인은 납입 또는 현물출자의 이행을 한 때에는 **납입기일의 다음 날**로부터 주주의 권리 의무가 있음(423 제1항)
  - 일부의 인수와 납입이 있어도 신주발행의 효력이 발생
- 회사는 신주의 **납입기일 후** 지체없이 주권을 발행해야 함(355 제1항)
  - 주권 발행 전 주식의 양도는 **회사에 대해** 효력이 없음(335 제3항)

■ 변경등기

- 신주발행으로 발행주식총수 및 자본금 관련 사항이 변경되므로 변경등기 필요(317 제2항 제2호, 제3호, 183)

6. 실권주 및 단주의 처리

■ 실권주(失權株)

- 신주인수권이 있는 주주가 청약을 하지 않거나 청약은 했으나 납입하지 않은 경우에 발생(419 제3항, 423 제2항 참조)
- 실권주가 발생하더라도 회사는 특별한 조치를 할 필요 없음
  - 이사회 결의로 제3자에게 배정 또는 미발행분으로 유보 가능(통설)
  - 애초의 신주발행이 주주배정방식인 경우 실권주를 제3자에게 배정할 때 발행가액 등 기존의 **발행조건을 변경하지 않아도 무방**(판례)

- "상법상 [신주, 전환사채를] 주주배정방식에 의하여 발행하는 경우에도 주주가 그 인수권을 잃은 때에는 회사는 이사회의 결의에 의하여 그 인수가 없는 부분에 대하여 자유로이 이를 제3자에게 처분할 수 있는 것인데, 단일한 기회에 발행되는 [신주, 전환사채]의 발행조건은 동일하여야 하므로, 주주배정으로 [신주, 전환사채]를 발행하는 경우에 주주가 인수하지 아니하여 실권된 부분에 관하여 이를 주주가 인수한 부분과 별도로 취급하여 … 발행조건을 변경하여 발행할 여지가 없다."(대법원 2009. 5. 29. 선고 2007도4949 전원합의체 판결)

■ 단주

- 신주인수권자가 보유한 기존 주식 수에 비례하여 신주를 배정하는 과정에서 발생
  - 예) 10주의 주식을 가진 주주가 1주당 15%의 신주인수권을 가진다면 배정받을 수 있는 신주는 1.5주가 되어 0.5주의 단주가 발생
- 신주발행의 단주 처리에 관한 상법 규정 없음
  - 시가로 처분하여 주주에게 반환하는 방법으로 처리(통설)

7. 신주의 액면미달 발행

■ 예외적으로 허용

- 주식은 액면미달의 가액으로 발행 불가(330)
  - 다만, 회사가 성립한 날로부터 **2년**을 경과한 후에 주식을 발행하는 경우에는 주주총회의 **특별결의**와 법원의 **인가**를 얻어 액면미달의 가액으로 발행 가능(417 제1항)

IV. 신주발행과 이사의 책임

1. 이사의 자본금충실책임

(1) 의 의

■ 이사의 **인수담보책임**

- 신주발행으로 인한 변경등기가 있은 후에 아직 인수하지 않은 주식이 있거나 주식인수의 청약이 취소된 때에는 이사가 이를 공동으로 인수한 것으로 봄(428 제1항)
  - 변경등기의 공시에 부합하기 위한 책임 부과
  - 무과실책임
  - 총주주의 동의로 면제 불가
  - 납입담보책임을 부담하지 않음에 유의
- 인수담보책임과는 별개로 회사는 이사에 대한 손해배상책임 추궁 가

능(399)

(3) 발생요건

■ 변경등기 후에 발생

- 신주발행으로 인한 변경등기로 공시가 이루어진 이후에 발생
  - 신주의 인수, 납입에 흠결이 있더라도 변경등기로 공시된 발행주식 총수와 자본금을 신뢰한 제3자를 보호하려는 조치이므로 변경등기 이전에는 책임이 발생하지 않음

■ 인수의 흠결

- 변경등기 후에 인수되지 않은 주식이 있는 경우
  - 예) 애초에 인수되지 않은 주식이 발행된 것처럼 변경등기가 된 경우
- 변경등기 후에 주식의 청약이 취소된 경우
  - 예) 사기, 강박, 착오 등으로 변경등기 후에 주식의 청약이 취소된 경우
  - 회사 설립시에는 설립등기 이후 사기, 강박, 착오를 이유로 인수를 취소할 수 없으나, 신주발행의 경우에는 변경등기를 한 날로부터 **1년**이 경과하기 전에는 위 사유로 취소 가능함에 유의(320, 427 참조)

V. 신주발행의 하자 및 불공정

1. 주주의 신주발행유지청구권

(1) 의 의

■ 사전적 구제 수단

- 회사가 법령 또는 정관에 위반하거나 현저하게 불공정한 방법에 의하여 주식을 발행함으로써 **주주**가 불이익을 받을 염려가 있는 경우에는 그 **주주**는 **회사**에 대하여 그 발행을 유지할 것을 청구 가능(424)
  - 자익권
- 이사에 대한 위법행위유지청구권(402)과 비교 가능

(2) 행사요건

■ 법령 또는 정관에 위반하거나 현저하게 불공정한 신주발행

• 법령에 위반한 경우

– 예) 주주의 신주인수권을 무시하고 제3자에게 배정

• 정관에 위반한 경우

– 예) 정관에 신주발행은 주총의 승인사항으로 되어 있으나, 이사회 결의만으로 발행

• 현저하게 불공정한 경우

– 예) 현물출자의 과대평가

■ 불이익을 받을 염려

• 주주가 불이익을 받을 염려가 없으면 행사 불가

(3) 유지청구의 당사자

■ 청구권자

• 불이익을 받을 염려가 있는 주주

– 단독주주권

■ 청구의 상대방

• 법령 등을 위반하거나 현저하게 불공정한 신주발행을 하려는 **회사**

(4) 유지청구의 절차 및 행사의 효력

■ 소 제기 또는 회사에 대한 의사표시로 가능

• 사전적 구제 수단이므로 **신주발행의 효력이 발생되기 전**까지 해야 함에 유의

■ 유지청구를 하더라도 발행절차에 직접 영향을 주는 것은 아님

• 법령 등에 위반한 사항을 시정하면 발행절차 진행 가능

• 주주가 유지청구를 하면 이사회가 유지청구의 타당성을 검토

2. 불공정한 가액으로 주식을 인수한 자의 책임

(1) 의의 및 책임의 성질

■ 이사와 통모하여 현저하게 불공정한 발행가액으로 주식을 인수한 자는 회사에 대하여 공정한 발행가액과의 차액에 상당한 금액을 지급할 의무가 있음(424조의2 제1항)

• 자본금충실을 위한 추가출자의무로 파악(통설)

– 신주인수인이 불공정하게 주식을 인수하여 다른 주주에게 손해를 발생시키는 것을 방지하기 위한 목적

(2) 책임발생요건

■ 이사와의 통모

• 이사와 신주인수인이 신주를 현저하게 불공정한 가액으로 발행하기로 하는 통모가 있어야 추궁 가능

– 통모가 없으면 현저하게 불공정한 가액으로 신주를 인수하더라도 책임추궁 불가

■ 현저하게 불공정한 발행가액

• 신주인수인이 실제로 납입한 인수가액(421)을 기준으로 불공정성을 판단

(3) 책임내용 및 추궁

■ 공정한 발행가액과의 차액을 지급

• 통모한 신주인수인은 불공정한 발행가액과 공정한 발행가액과의 차액에 상당하는 금액을 회사에 지급해야 함(424조의2 제1항)

– 지급받은 차액은 자본준비금(459 제1항)으로 적립(통설)

■ 주주대표소송 제기 가능

• 주식인수인에 대한 책임추궁은 주주대표소송으로도 가능(424조의2 제2항, 403 내지 406)

■ 통모한 이사에 대한 손해배상책임 추궁

- 통모한 이사는 회사 또는 제3자에 대한 손해배상책임 부담(424조의2 제3항, 399, 401)
  - 통모한 이사와 주식인수인의 책임은 부진정연대책임의 관계(통설)

3. 신주발행무효의 소

(1) 의 의

■ 신주발행의 무효는 신주발행무효의 소만으로 주장 가능(429)

- 신주발행을 위한 이사회 또는 주주총회 결의의 하자는 신주발행의 하자로 흡수되어 신주발행무효의 소만 제기 가능(흡수설, 통설 및 판례)

(2) 무효원인

■ 상법 규정 없음

- 신주발행유지청구권(424)의 행사요건인 **법령 또는 정관의 위반** 또는 **현저하게 불공정한 방법에 의한 주식의 발행**을 무효원인으로 고려(통설 및 판례)
  - 예) 정관의 근거 없는 종류주식의 발행
  - 예) 법적 절차를 준수하지 않은 액면미달의 발행
- 신주발행에 대한 다수 이해당사자의 이해를 고려하여 무효원인은 엄격하게 해석
  - 다만, 법령 또는 정관의 위반 또는 현저한 불공정이 주식회사의 본질이나 회사법의 기본원칙에 반하거나 기존 주주의 이익과 화사의 경영권에 중대한 영향을 미친다면 무효로 판단 가능(판례)
  - 수권자본제, 자본금충실, 주주의 신주인수권에 대한 침해 등을 고려

- "신주발행 무효의 소를 규정하는 상법 제429조에는 그 무효원인이 따로 규정되어 있지 않으므로 신주발행유지청구의 요건으로 상법 제424조에서 규정하는 '법령이나 정관의 위반 또는 현저하게 불공정한 방법에 의한 주식의 발행'을 신주발행의 무효원인으로 일응 고려할 수 있다고 하겠으나 다른 한편, 신주가 일단 발행되면 그 인수인의 이익을 고려할 필요가 있고 또 발행된 주식은 유가증권으로서 유통

되는 것이므로 거래의 안전을 보호하여야 할 필요가 크다고 할 것인데, 신주발행 유지청구권은 위법한 발행에 대한 사전 구제수단임에 반하여 신주발행 무효의 소는 사후에 이를 무효로 함으로써 거래의 안전과 법적 안정성을 해칠 위험이 큰 점을 고려할 때, 그 무효원인은 가급적 엄격하게 해석하여야 하고, 따라서 법령이나 정관의 중대한 위반 또는 현저한 불공정이 있어 그것이 주식회사의 본질이나 회사법의 기본원칙에 반하거나 기존 주주들의 이익과 회사의 경영권 내지 지배권에 중대한 영향을 미치는 경우로서 신주와 관련된 거래의 안전, 주주 기타 이해관계인의 이익 등을 고려하더라도 도저히 묵과할 수 없는 정도라고 평가되는 경우에 한하여 신주의 발행을 무효로 할 수 있을 것이다."(대법원 2010. 4. 29. 선고 2008다65860 판결)

(3) 소송당사자, 제소기간 및 관련 절차

■ 소송당사자

- 주주, 이사, 감사에 한하여 제기 가능(429)
- 회사가 피고

■ 제소기간

- 신주를 발행한 날로부터 **6월** 내에 제기(동조)
  - 신주를 발행한 날은 신주의 효력발생일을 의미

- "상법 제429조는 신주발행의 무효는 주주·이사 또는 감사에 한하여 신주를 발행한 날부터 6월 내에 소만으로 주장할 수 있다고 규정하고 있는데, 이는 신주발행에 수반되는 복잡한 법률관계를 조기에 확정하고자 하는 것으로서 … 위 규정은 무효사유의 주장시기도 제한하고 있는 것이라고 해석함이 타당하므로, 신주발행무효의 소에서 신주를 발행한 날부터 6월의 출소기간이 경과한 후에는 새로운 무효사유를 추가하여 주장할 수 없다."(대법원 2012. 11. 15. 선고 2010다49380 판결)

■ 관련 절차

- 전속관할, 소 제기의 공고, 소의 병합심리, 법원의 재량기각, 제소주주의 담보제공의무 등의 규정을 준용(430, 186 내지 189, 191, 192, 377)

(4) 무효판결의 효력

■ 대세효 ○, 소급효 ×

- 무효판결은 제3자에게도 효력이 있음(430, 190 본문)
- 무효판결이 확정된 때에는 신주는 장래에 대하여 효력을 상실(431 제1항)
  - 상법 제430조에서 제190조 본문만을 준용하고 있으나, 상법 제431조 제1항을 우선

■ 주식의 실효

- 무효판결이 확정된 때에는 신주의 주주는 주주권을 상실
  - 무효판결이 확정되면 회사는 지체없이 그 뜻과 3월 이상의 일정한 기간 내에 신주의 주권을 회사에 제출할 것을 공고하고 주주명부에 기재된 주주와 질권자에 대해 각별로 통지해야 함(431 제2항)
- 주금액의 반환
  - 회사는 신주의 주주가 납입한 주금액을 반환해야 함(432 제1항)
  - 수금액 반환이 판결확정시의 회사의 재산상태에 비추어 현저하게 부당한 때에는 법원은 회사 또는 주주의 청구에 의하여 그 금액의 증감을 명할 수 있음(동조 제2항)

(5) 원고패소판결의 효력

■ 대세효 ×

- 원고패소판결은 당사자 간에만 미침
- 패소한 원고가 악의 또는 중과실이 있는 때에는 회사에 대하여 연대하여 손해배상책임 부담(430, 191)

(6) 신주발행부존재확인의 소와 비교

■ 신주발행 관련 하자가 극히 중대한 경우 제기 가능(판례)

- "[부존재하는 주총에서 선임된 이사들이] 모여 개최한 같은 날짜의 이사회는 부존재한 주주총회에서 선임된 이사들로 구성된 부존재한 이사회에 지나지 아니하

고 그 이사들에 의하여 선임된 대표이사도 역시 부존재한 이사회에서 선임된 자이어서 그 이사회의 신주발행결의에 의한 같은 해 9.5.자 신주발행은 피고 회사의 신주발행을 의결할 권한이 없는 자들에 의한 부존재한 결의와 피고 회사를 대표할 권한이 없는 자에 의하여 이루어진 것으로서 그 발행에 있어 절차적, 실체적 하자가 극히 중대하여 신주발행이 존재하지 아니한다고 볼 수 밖에 없으므로 피고 회사의 주주인 원고들은 위 신주발행에 관한 이사회 결의에 대하여 그 신주발행무효의 소의 제기기간에 구애되거나 신주발행무효의 소에 의하지 아니하고 부존재확인의 소를 제기할 수 있으며…"(대법원 1989. 7. 25. 선고 87다카2316 판결)

제2절 사채발행

I. 의의 및 발행의 주체

1. 의 의

■ 타인의 자본으로 하는 회사의 자금조달 방법

- 이사회의 결의로 발행 가능(469 제1항)

2. 발행의 주체

■ 합명회사 및 합자회사

- 사채발행 가능(통설)
  - 사채발행을 금지하는 상법 규정 없음

■ 유한회사 및 유한책임회사

- 사채발행 불가
  - 합병을 하는 회사의 일방이 사채의 상환을 완료하지 않은 주식회사이면 합병 후 존속하는 회사 또는 합병으로 인하여 설립되는 회사는 유한회사로 하지 못함(600 제2항)
  - 주식회사는 사채의 상환을 완료하지 못하면 유한회사 또는 유한책임회사로 조직변경 불가(604 제1항, 287조의44)

II. 사채발행의 방법

1. 공 모

■ 일반 대중으로부터 직접 또는 위탁하여 사채를 모집

- 사채청약서에 의하여 모집(474)
- 위탁모집(476 제2항)
  - 사채발행회사는 자기 또는 대리인을 통해 사채를 직접 모집하는

방법 외에도 타인에게 관련 절차를 위탁하는 방법으로도 가능

- 인수모집(474 제2항 제14호)
  - 위탁모집에 있어서 위탁을 받은 회사가 그 모집액이 총액에 달하지 못한 경우 그 잔액을 인수할 것을 약정하는 방법
  - 수탁회사가 인수하는 부분에 대해서는 사채청약서 작성 불필요

2. 총액인수

■ 특정인이 사채발행회사와의 계약에 의하여 사채의 총액을 인수(475)

- 사채청약서 작성 불필요
- 인수가액과 매출가액의 차액에 대한 이익을 기대하고 인수

3. 채권매출

■ 미리 발행한 채권을 일반 대중에게 판매하는 방법

- 사채청약서 작성 불필요
  - 특별법에 의해서만 허용

III. 사채발행의 절차

1. 사채발행의 결정

■ 이사회 결의로 사채의 발행사항을 결정

- 이사회는 사채의 종류, 사채의 내용, 발행의 방법 등을 결정(469 제1항)
  - 정관으로 정하는 바에 따라 이사회는 **대표이사**에게 사채의 금액 및 종류를 정하여 **1년**을 초과하지 않는 기간 내에 사채발행을 **위임** 가능(동조 제4항)

2. 사채의 청약 및 납입

■ 사채청약서의 작성

- 사채의 모집에 응하고자 하는 자는 사채청약서 2통에 인수할 사채의

수와 주소를 기재하고 기명날인 또는 서명해야 함(474 제1항)

- 사채청약서는 이사가 회사의 상호 등 법 소정의 사항을 기재하여 작성하지만, 수탁회사가 작성해도 무방(474 제2항, 476 제2항)

• 청약에 따른 배정으로 사채의 인수가 확정

■ 납입

• 사채의 모집이 완료한 때에는 이사는 지체없이 인수인에 대하여 각 사채의 전액 또는 제1회의 납입을 시켜야 함(476 제1항)
  - 위탁모집에서는 수탁회사가 이를 할 수 있음(동조 제2항)
  - 신주발행과의 차이

3. 등기 여부

■ 원칙적으로 등기 불필요

• 다만, 전환사채 등 특수한 사채는 등기사항(514조의2 등)

IV. 사채의 유통 및 상환

1. 사채의 유통

■ 사채권의 발행

• 사채권은 사채권자의 권리를 표창하는 유가증권을 의미
  - 사채권은 사채 전액의 납입이 완료된 후에 발행(478 제1항)
  - 사채권에는 법 소정의 사항을 기재(동조 제2항)
  - 정관으로 정하는 바에 따라 전자등록기관의 전자등록부에 등록 가능(동조 제3항)
  - 사채권은 기명 또는 무기명으로 발행 가능하며, 어느 하나에 한정하지 않은 이상 회사에 전환 청구 가능(480)

■ 사채원부의 작성 및 공시

• 회사는 사채원부를 작성하여 법 소정의 사항을 기재하고 본점 또는

명의개서대리인의 영업소에 비치(488, 396)

■ 사채의 양도 및 입질

• 기명사채의 경우

– 기명사채의 이전은 취득자의 성명과 주소를 사채원부에 기재하고 그 성명을 채권에 기재해야 회사 기타의 제3자에게 대항 가능(479 제1항)

→ 명의개서대리인이 위 절차 담당 가능(동조 제2항, 337 제2항)

– 입질방법에 대해서는 학설이 대립

• 무기명사채의 경우

– 양도 및 입질은 민법 규정을 적용(민 523, 351 참조)

2. 사채의 이자 지급

■ 이자에 대한 사항의 기재

• 사채의 이율, 사채의 이자지급의 방법과 기한 등은 사채청약서, 채권, 사채원부에 기재되어야 함(474 제2항 제7호 및 제8호, 478 제2조, 488)

■ 이권(利券)의 발행

• 무기명사채를 발행하는 경우 이권의 첨부가 일반적

– **이권**은 이자지급청구권을 표창하는 유가증권으로 소지인은 회사로부터 이자를 수령 가능(486 참조)

• 사채의 이자지급청구권의 소멸시효는 **5년**(487 제3항)

3. 사채의 상환

■ 사채발행회사가 사채의 금액을 상환함으로써 사채 관련 법률관계가 소멸

• 이권 있는 무기명식의 사채를 상환하는 경우에 이권이 흠결된 때에는 그 이권에 상당한 금액을 상환액으로부터 공제(486 제1항)

• 사채의 상환청구권의 소멸시효는 **10년**(487 제1항)

Ⅴ. 사채관리회사

1. 의의 및 지정

■ 사채발행회사에 의해 선임되어 사채권자를 위해 사채의 관리에 필요한 업무를 담당

• 변제의 수령, 채권의 보전 등 사채권자를 위한 각종 업무를 수행

■ 사채발행회사가 지정 가능(480조의2)

• 지정이 상법상 강제되지 않음에 유의

• 은행, 신탁회사 그 밖에 대통령령으로 정하는 자만이 가능(480조의3 제1항)

– 사채의 인수인, 사채발행회사와 특수한 이해관계가 있는 자로서 대통령령이 정하는 자는 불가(동조 제2항 및 제3항, 시행령 26, 27)

• 사채관리회사가 2 이상 있을 때에는 그 권한에 속하는 행위는 공동으로 하여야 하고, 사채발행회사로부터 사채에 관한 변제를 받은 때에는 사채권자에 대하여 연대하여 변제액을 지급할 의무를 부담(485 제1항 및 제2항)

2. 주요 권한

■ 사채의 상환 관련

• 사채관리회사는 사채권자를 위하여 사채에 관한 채권을 변제받거나 채권의 실현을 보전하기 위하여 필요한 재판상 또는 재판 외의 모든 행위를 할 수 있음(484 제1항)

– 사채관리회사는 발행회사로부터 변제를 받으면 지체없이 이를 공고하고, 알고 있는 사채권자에게 통지해야 함(동조 제2항)

– 이 경우 사채권자는 사채관리회사에 사채권 및 이권과 상환하여 사채의 상환액 및 이자에 대한 지급 청구 가능(동조 제3항 및 제4항)

■ 사채권자집회의 소집권 등

• 사채관리회사는 사채권자집회의 소집 및 출석, 결의의 집행 등의 권

한을 보유(491 제1항, 493 제1항, 501 등)

■ 조사권

- 사채관리회사는 관리를 위탁받은 사채에 관하여 필요하면 법원의 허가를 받아 사채발행회사의 업무와 재산상태 조사 가능(484 제7항)

■ 보수우선권

- 사채관리회사, 대표자 또는 집행자에게 줄 보수와 그 사무 처리에 필요한 비용은 사채를 발행한 회사와의 계약에 약정된 경우 외에는 법원의 허가를 받아 사채를 발행한 회사로 하여금 부담하게 할 수 있음(507 제1항)
- 사채관리회사, 대표자 또는 집행자는 사채에 관한 채권을 변제받은 금액에서 사채권자보다 우선하여 위 보수와 비용을 변제받을 수 있음(동조 제2항)

3. 주요 의무 및 책임

■ 주요 의무

- 사채관리회사는 사채권자를 위하여 공평하고 성실하게 사채를 관리해야 함(484조의2 제1항)
- 사채관리회사는 **사채권자**에 대하여 선량한 관리자의 주의로 사채를 관리해야 함(동조 제2항)

■ 손해배상책임

- 사채관리회사가 상법이나 사채권자집회의 결의를 위반한 행위를 한 경우 사채권자에 대하여 연대하여 이로 인해 발생한 손해를 배상할 책임을 부담(동조 제3항)

4. 지위의 종료

■ 사임

- 사채관리회사는 사채발행회사와 사채권자집회의 동의를 받거나 부득

이한 사유가 있어 법원의 허가를 받으면 사임 가능(481)

■ 해임

- 사채관리회사가 그 사무를 처리하기에 적임이 아니거나 그 밖에 정당한 사유가 있는 경우 법원은 사채발행회사 또는 사채권자집회의 청구에 의하여 해임 가능(482)

■ 사채관리회사의 사무승계자

- 사채관리회사의 사임 또는 해임으로 인하여 사채관리회사가 없게 된 경우에는 사채발행회사는 그 사무를 승계할 사채관리회사를 정하여 사채권자를 위하여 사채 관리를 위탁해야 함(483 제1항)
  - 이때 사채발행회사는 지체없이 사채권자집회를 소집하여 동의를 받아야 함(동조 동항)
- 부득이한 사유가 있는 때에는 이해관계인이 사무승계자의 선임을 법원에 청구 가능(동조 제2항)

VI. 사채권자집회

1. 의 의

■ 법 소정의 사항 및 사채권자의 이해관계가 있는 사항에 관한 의사를 결정(490)

- 회사의 기관이 아님에 유의
- 사채 종류별로 소집 및 결의(491 제2항 참조)

2. 소 집

■ 사채발행회사 또는 사채관리회사가 소집(491 제1항)

■ 사채권자도 소집 가능

- 사채의 종류별로 미상환된 사채총액의 10분의 1 이상에 해당하는 사

채를 가진 사채권자는 회의의 목적사항과 소집이유를 적은 서면 또는 전자문서를 사채발행회사 또는 사채관리회사에 제출하여 소집 청구 가능(동조 제2항)

– 위 소집 청구에 회사가 응하지 않을 경우 소집을 청구한 사채권자는 법원의 허가를 받아 소집 가능(동조 제3항, 366 제2항)

3. 권 한

■ 법 소정의 권한

- 자본금 감소의 이의(439 제3항), 합병의 이의(530 제2항, 439 제3항), 사채권자집회 대표자의 선임 및 해임(500, 501, 504) 등

■ 기타

- 사채권자의 이해관계가 있는 사항(490)

4. 결의의 방법 및 효력

■ 각 사채권자는 그가 가지는 해당 종류의 사채 금액의 합계액(상환받은 액은 제외)에 따라 의결권을 보유(492 제1항)

- 무기명사채권자는 회일로부터 1주간 전에 채권을 공탁하지 않으면 의결권 행사 불가(동조 제2항)
- 원칙적으로 출석한 사채권자의 의결권 3분의 2 이상의 수와 총 사채 의결권의 3분의 1 이상의 수로써 결의(495 제1항, 434)
  – 서면투표 및 전자투표 가능(495 제3항 및 제6항, 368조의4)

■ 사채권자집회의 결의는 법원의 인가를 받음으로써 효력이 발생(498 제1항)

- 다만, 그 종류의 사채권자 전원이 동의하면 법원의 인가 없이 효력 발생(동조 동항)
- 사채권자집회의 결의는 그 종류의 사채를 가진 모든 사채권자를 구속(동조 제2항)

VII. 전환사채

1. 의 의

■ 사채발행회사의 주식으로 전환할 수 있는 권리가 있는 사채

- 회사는 유용한 자금조달의 수단으로, 사채권자에게는 투자금에 대한 효율적인 회수 수단으로의 장점을 보유
  - 전환사채의 발행은 사실상 신주발행을 예정하므로 주주의 신주인수권 침해 가능성 내재
  - 상법은 전환사채 발행에 대한 일정한 제한을 두어 주주를 보호

2. 발행절차

■ 정관 또는 이사회의 결정

- 전환사채의 발행, 전환사채의 총액 등 정관에 규정이 없는 것은 **이사회**가 결정(513 제2항)
  - 정관으로 **주주총회**의 결의사항으로 하는 것도 가능(동조 동항, 보통결의)
  - 이 경우 주주 외의 자에게 전환사채를 발행하는 때에는 그에 대한 정관의 근거가 있거나 주주총회의 특별결의를 거쳐야 함을 유의(동조 제3항 참조)
- 정관으로 **신주발행**이 주주총회의 결의사항으로 되어 있는 경우
  - **전환사채**의 발행에 관한 정관의 규정이 없더라도 이사회 결의만으로는 발행할 수 없고, **주주총회** 결의를 거쳐야 함(판례)

- "피고 회사 이사회가 이 사건 전환사채 발행의 결의를 할 당시 회사의 정관 제9조, 제20조에 의하면, 신주발행 및 인수에 관한 사항은 주주총회에서 [특별결의로 결정하도록] 규정되어 있음을 알 수 있는바, 전환사채는 전환권의 행사에 의하여 장차 주식으로 전환될 수 있어 이를 발행하는 것은 사실상 신주발행으로서의 의미를 가지므로, 같은 취지에서 원심이 피고 회사가 전환사채를 발행하기 위하여는 주주총회의 특별결의를 요한다고 판단한 것은 정당하고, 거기에 전환사채의

발행에 관한 법리를 오해하거나, 채증법칙을 위배하여 사실을 오인한 위법이 있다고 할 수 없다."(대법원 1999. 6. 25. 선고 99다18435 판결)

■ 공시 및 등기

- 전환의 조건 등 관련 사항은 사채청약서, 채권, 사채원부에 기재(514 제1항)
- 전환사채의 발행 및 전환은 등기사항(514조의2 제1항 내지 제3항, 183)

3. 제3자의 인수요건

■ 제3자배정

- 형식상 요건
  - 주주 외의 자에 대하여 전환사채를 발행하는 경우 그 발행할 수 있는 전환사채의 액, 전환의 조건, 전환으로 인하여 발행할 주식의 내용과 전환을 청구할 수 있는 기간에 관하여 **정관**에 규정이 없으면 주주총회의 **특별결의**로써 결정(513 제3항)
  - 신주의 제3자배정과 달리 주주에게 통지 또는 공고할 필요 없음(418 제4항 참조)
- 내용상 요건
  - 주주 외의 자에 대한 배정은 신기술의 도입, 재무구조의 개선 등 **회사의 경영상 목적**을 달성하기 위하여 필요한 경우에만 가능(513 제3항, 418 제2항)

- "[상법] 제513조 제3항은 주주 외의 자에 대하여 전환사채를 발행하는 경우에 그 발행할 수 있는 전환사채의 액, 전환의 조건, 전환으로 인하여 발행할 주식의 내용과 전환을 청구할 수 있는 기간에 관하여 정관에 규정이 없으면 상법 제434조의 결의로써 이를 정하여야 한다고 규정하고 있는바, 전환의 조건 등이 정관에 이미 규정되어 있어 주주총회의 특별결의를 다시 거칠 필요가 없다고 하기 위해서는 전환의 조건 등이 정관에 상당한 정도로 특정되어 있을 것이 요구된다고 하겠으나, 주식회사가 필요한 자금수요에 대응한 다양한 자금조달의 방법 중에서

주주 외의 자에게 전환사채를 발행하는 방법을 선택하여 자금을 조달함에 있어서는 전환가액 등 전환의 조건을 그때그때의 필요자금의 규모와 긴급성, 발행회사의 주가, 이자율과 시장상황 등 구체적인 경제사정에 즉응하여 신축적으로 결정할 수 있도록 하는 것이 바람직하다 할 것이고, 따라서 주주총회의 특별결의에 의해서만 변경이 가능한 정관에 전환의 조건 등을 미리 획일적으로 확정하여 규정하도록 요구할 것은 아니며, 정관에 일응의 기준을 정해 놓은 다음 이에 기하여 실제로 발행할 전환사채의 구체적인 전환의 조건 등은 그 발행시마다 정관에 벗어나지 않는 범위에서 이사회에서 결정하도록 위임하는 방법을 취하는 것도 허용된다고 보아야 할 것이다."(대법원 2004. 6. 25. 선고 2000다37326 판결)

4. 전환의 절차 및 전환조건의 계산

■ 언제든지 회사에 대해 전환 청구 가능

- 전환을 청구하는 자는 청구서 2통에 채권을 첨부하여 회사에 제출해야 함(515 제1항)
  - 전환의 청구는 주주명부 폐쇄기간에도 가능(516 제2항, 350 제2항)

■ 전환조건의 계산

- 전환으로 인하여 주식을 발행하는 경우 전환사채의 (총) 발행가액을 발행하는 주식의 (총) 발행가액으로 함(516 제2항, 348)

5. 전환의 효력

■ 전환의 효력발생시기

- 전환의 효력은 사채권자가 전환을 청구한 때에 발생(516 제2항, 350 제1항)
  - 형성권
  - 전환 청구와 동시에 사채권자는 주주의 지위 획득
- 의결권 행사 관련 제한
  - 주주명부 폐쇄기간 중에 전환된 주식의 주주는 그 기간 중의 총회의 결의에 관하여는 의결권 행사 불가(516 제2항, 350 제2항)

• "상법 제628조 제1항의 납입가장죄는 회사의 자본에 충실을 기하려는 상법의 취지를 해치는 행위를 처벌하려는 것인바, 전환사채는 발행 당시에는 사채의 성질을 갖는 것으로서 사채권자가 전환권을 행사한 때 비로소 주식으로 전환되어 회사의 자본을 구성하게 될 뿐만 아니라, 전환권은 사채권자에게 부여된 권리이지 의무는 아니어서 사채권자로서는 전환권을 행사하지 아니할 수도 있으므로, 전환사채의 인수 과정에서 그 납입을 가장하였다고 하더라도 상법 제628조 제1항의 납입가장죄는 성립하지 아니한다고 보아야 할 것이다."(대법원 2008. 5. 29. 선고 2007도5206 판결)

6. 전환사채 발행의 하자

■ 전환사채 발행의 하자를 다투는 소에 관한 상법 규정 없음

- 신주발행무효의 소에 관한 규정(429)을 유추 적용하여 **전환사채발행무효의 소** 제기 가능(판례)
- 전환으로 인하여 **신주가 발행되면** 그 무효 주장은 신주발행무효의 소로도 가능(판례)
  - 다만, 전환권 행사나 그에 따른 **신주발행에 고유한 무효 사유**만 주장 가능(판례)
  - 이때 제소기간은 **신주를 발행한 날**로부터 기산(판례)

• "전환사채는 전환권의 행사로 장차 주식으로 전환될 수 있는 권리가 부여된 사채이다. 이러한 전환사채의 발행은 주식회사의 물적 기초와 기존 주주들의 이해관계에 영향을 미친다는 점에서 사실상 신주를 발행하는 것과 유사하므로 전환사채 발행의 경우에도 신주발행무효의 소에 관한 상법 제429조가 유추 적용된다 … 다만 전환권의 행사로 인한 신주발행에 대해서는 상법 제429조를 적용하여 신주발행무효의 소로써 다툴 수 있겠지만, 이때에는 특별한 사정이 없는 한 전환사채 발행이 무효라거나 그를 전제로 한 주장은 제기될 수 없고 전환권 행사나 그에 따른 신주발행에 고유한 무효 사유가 있다면 이를 주장할 수 있을 뿐이다 … 회사가 경영상 목적 없이 대주주 등의 경영권이나 지배권 방어 목적으로 제3자에게 전환사채를 발행하였다면 전환사채의 발행은 무효가 될 수 있고, 전환사채 발행일로부터 6월 내에 위와 같은 사유를 들어 전환사채발행무효의 소로써 다툴 수

있다. 나아가 대주주 등이 위와 같은 경위로 발행된 전환사채를 양수한 다음 전환사채 발행일로부터 6월이 지난 후 전환권을 행사하여 신주를 취득하였다면, 이는 실질적으로 회사가 경영상 목적 없이 대주주 등에게 신주를 발행한 것과 동일하므로 전환권 행사나 그에 따른 신주발행에 고유한 무효 사유에 준하여 신주발행무효의 소로도 신주발행의 무효를 주장할 수 있다고 보아야 한다."(대법원 2022. 11. 17. 선고 2021다205650 판결)

Ⅷ. 신주인수권부사채

1. 의 의

■ 미리 확정된 가액으로 일정한 수의 신주 인수를 청구할 수 있는 권리가 부여된 사채

- 주주의 신주인수권 침해 가능성 내재
- 사채권자가 신주인수권을 행사하더라도 사채는 여전히 존속

■ 종류

- 분리형 및 비분리형
  - 채권과 신주인수권의 분리 가능성에 따른 분류
  - 회사는 신주인수권 양도에 관한 사항을 정한 경우에는 채권과 함께 신주인수권증권을 발행해야 함(516조의5 제1항, 516조의2 제2항 제4호)
  - 신주인수권증권이 발행된 경우에 신주인수권의 양도는 동 증권의 교부로만 가능(516조의6 제1항)

2. 발행절차, 제3자의 인수요건 등

■ 발행절차, 제3자의 인수요건 등은 모두 전환사채와 유사

- 신주인수권부사채의 인수권은 원칙적으로 주주가 갖는 것으로 하고 주주가 아닌 자에게 이를 발행할 경우 법 소정의 관련 사항을 정관의 규정 또는 주주총회의 특별결의로 정할 수 있음(516조의2 제4항, 418

제2항)

– 이는 신기술의 도입, 재무구조의 개선 등 경영상 목적을 위해 필요한 경우에 한해 정관에 따라 발행 가능

■ 등기

• 신주인수권부사채의 발행 및 신주인수권 행사는 등기사항임(516조의8 제2항, 516조의11)

■ 납입의 효력

• 납입의 효력은 **주금을 납입한 때** 발생(516조의10)

3. 신주인수권부사채 발행의 하자

■ 신주인수권부사채 발행의 하자를 다투는 소에 관한 상법 규정 없음

• 신주발행무효의 소에 관한 규정(429)을 유추 적용하여 **신주인수권부사채발행무효의 소** 제기 가능(판례)

• 신주인수권의 행사로 인하여 **신주가 발행되면** 그 무효 주장은 신주발행무효의 소로도 가능(판례)

– 다만, 신주인수권 행사나 그에 따른 **신주발행에 고유한 무효 사유**만 주장 가능(판례)

– 이때 제소기간은 **신주를 발행한 날**로부터 기산(판례)

• "신주인수권부사채는 미리 확정된 가액으로 일정한 수의 신주 인수를 청구할 수 있는 신주인수권이 부여된 사채로서, 신주인수권부사채 발행의 경우에도 주식회사의 물적 기초와 기존 주주들의 이해관계에 영향을 미친다는 점에서 사실상 신주를 발행하는 것과 유사하므로, 신주발행무효의 소에 관한 상법 제429조가 유추 적용된다 … 다만 신주인수권부사채에 부여된 신주인수권의 행사나 그로 인한 신주발행에 대해서는 상법 제429조를 유추 적용하여 신주발행무효의 소로써 다툴 수 있다. 이때에는 특별한 사정이 없는 한 신주인수권 행사나 그에 따른 신주발행에 고유한 무효 사유만 주장할 수 있고, 신주인수권부사채 발행이 무효라거나 그를 전제로 한 주장은 제기할 수 없다 … 회사가 대주주 등의 경영권이나 지배권

방어 목적으로 제3자에게 신주인수권부사채를 발행하였다면 신주인수권부사채의 발행은 무효가 될 수 있고, 이런 사유는 그 발행일로부터 6월 이내에 신주인수권부사채발행무효의 소로써 다툴 수 있다. 나아가 대주주 등이 위와 같은 경위로 발행된 신주인수권부사채나 그에 부여된 신주인수권을 양수한 다음 신주인수권부사채 발행일부터 6월이 지난 후 신주인수권을 행사하여 신주를 취득하였다면, 이는 실질적으로 회사가 경영상 목적 없이 대주주 등에게 신주를 발행한 것과 동일하므로, 신주인수권 행사나 그에 따른 신주 발행에 고유한 무효 사유에 준하여 신주발행무효의 소로도 신주발행의 무효를 주장할 수 있다… 위에서 본 경우 신주발행무효의 소의 제소기간은 신주 발행일로부터 기산하여야 하고, 설령 신주발행이 신주인수권부사채에 부여된 신주인수권의 행사 결과에 따른 것이라 할지라도 신주인수권부사채 발행일부터 기산되는 것은 아니다."(대법원 2022. 10. 27. 선고 2021다201054 판결)

제3절 자본금의 감소

Ⅰ. 서 설

■ 다양한 목적을 위해 회사의 자본금을 일정한 방법에 따라 줄이는 절차
- 상법은 주주와 채권자의 이익 보호를 위하여 엄격한 절차를 요구
  - 다만, 결손 보전 목적의 자본금 감소에는 관련 절차를 완화

■ **통상의 자본금 감소**
- 유상감자
  - 자본금을 줄인 후 주주에게 반환함으로써 실제 순자산이 감소
  - 기업재편과정 등에서 활용

■ **결손의 보전을 위한 자본금 감소**
- 무상감자
  - 주주에 대한 반환 없이 실제 감소한 자본금을 순자산에 근접
  - 회사의 신용 회복 등을 위한 목적으로 활용

Ⅱ. 방 법

1. 액면주식을 발행한 경우

■ 액면가의 감액
- 액면가는 균일해야 하므로(329 제2항) 모든 주주에게 평등하게 감액
  - 액면가 변경을 위한 정관변경 절차 필요(434)
  - 절차에 대한 별도의 상법 규정은 없지만, 기존 주권을 제출받아 새로운 주권으로 교환해야 하며, 그 절차와 효력은 주식의 병합 절차(440 내지 442)를 유추 적용

■ 발행한 주식 수의 감소

• **주식의 병합**

– 복수의 주식을 합하여 적은 수의 주식으로 조정

– 회사는 1월 이상의 기간을 정하여 그 뜻과 그 기간 내에 주권을 회사에 제출할 것을 공고하고 주주명부에 기재된 주주와 질권자에 대하여는 각별로 그 통지를 해야 함(440)

– 기존 주권을 제출할 수 없는 주주가 있으면 회사는 그 자의 청구에 따라 3월 이상의 기간을 정하여 이해관계인에 대하여 그 주권에 대한 이의가 있으면 그 기간 내에 제출할 뜻을 공고하고 그 기간이 경과한 후에 새로운 주권을 청구자에게 교부 가능(442 제1항)

– 병합에 적당하지 않은 수의 주식이 있는 때에는 그 부분에 대하여 발행한 신주를 경매하여 각 주 수에 따라 그 대금을 종전의 주주에게 지급하되, 거래소의 시세가 있는 주식은 거래소를 통하여 매각하고 거래소의 시세 없는 주식은 법원의 허가를 받아 경매 외의 방법으로 매각 가능(443 제1항)

• **주식의 소각**

– 일정한 수의 주식을 소멸

– 주식의 병합 절차를 준용(343 제2항, 440, 441)

– 다만, 자기주식의 소각은 **이사회 결의**만으로 가능(343 제1항)

→ 소각을 위한 공고 또는 통지, 주권 제출 불필요(동조 제2항 참조)

→ 자본금이 감소하지 않으므로 채권자보호절차 불필요

2. 무액면주식을 발행한 경우

■ 회사 내부 결정에 따른 자본금의 조정

• 액면가 감소, 주식의 소각 및 병합은 불필요

– 액면가가 존재하지 않고 자본금이 계상된 이후에는 발행된 주식의 수와 자본금은 무관하므로 자본금 감소에 대한 회사의 의사결정으로 자본금을 조절

III. 절 차

1. 주주총회의 결정

■ 통상의 자본금 감소

- 주주총회의 **특별결의**에 의한 승인(438 제1항, 434)
  - 자본금 감소 관련 의안의 주요 내용은 주주총회 소집통지에 기재해야 함(438 제3항)

■ 결손의 보전을 위한 자본금 감소

- 주주총회의 **보통결의**에 의한 승인(438 제2항, 368 제1항)

■ 감소의 방법을 결정

- 자본금 감소를 위한 주주총회 결의에서는 감소의 방법을 결정해야 함(439 제1항)

2. 채권자보호절차

■ 통상의 자본금 감소

- **채권자보호절차** 필요(439 제2항, 232)
  - 회사는 자본금 감소의 결의가 있은 날로부터 2주 내에 채권자에 대하여 자본금 감소에 이의가 있으면 1월 이상의 일정한 기간 내에 이의를 제출할 것을 공고하고, 알고 있는 채권자에게는 각각 최고해야 함(439 제2항, 232 제1항)
  - 이의 제출 기간 내에 이의가 없으면 승인한 것으로 처리(439 제2항, 232 제2항)
  - 이의를 제출한 채권자가 있으면 회사는 그 채권자에 대하여 변제, 상당한 담보의 제공 또는 상당한 재산을 신탁회사에 신탁해야 함(439 제2항, 232 제3항)

■ 결손의 보전을 위한 자본금 감소

- 채권자보호절차 불필요(439 제2항)

Ⅳ. 효 력

- ■ 자본금 감소의 효력은 **주권제출기간이 만료한 때** 발생(441)
  - 채권자보호절차가 종료하지 않은 때에는 그 절차가 **종료한 때**에 발생(441)
  - 자본금 감소로 발행주식총수 또는 액면가 등에 변화가 발생하므로 변경등기를 해야 하지만(317 제4항, 183), 자본금 감소의 효력과는 무관

- ■ 질권에 대한 효력
  - 주식의 소각이나 병합으로 인하여 주주가 받을 금전이나 주식에 대하여 종전의 주식을 목적으로 한 질권의 행사 및 우선변제 가능(339, 340)

Ⅴ. 감자무효의 소

1. 의 의

- ■ 자본금 감소의 무효는 주주, 이사, 감사, 청산인, 파산관재인 또는 자본금의 감소를 **승인하지 않은 채권자**만이 자본금 감소로 인한 **변경등기**가 된 날부터 **6월** 내에 소만으로 주장 가능(445)
  - 회사가 피고
  - 관련 절차
    - 전속관할, 소 제기의 공고, 소의 병합심리, **법원의 재량기각**, 패소원고의 책임, 제소주주의 담보제공의무 등의 규정을 준용(446, 186 내지 189, 191, 192, 377)

• "상법 제446조는 감자무효의 소에 관하여 상법 제189조를 준용하고 있고, 상법 제189조는 '설립무효의 소 또는 설립취소의 소가 그 심리중에 원인이 된 하자가 보완되고 회사의 현황과 제반 사정을 참작하여 설립을 무효 또는 취소하는 것이 부적당하다고 인정한 때에는 법원은 그 청구를 기각할 수 있다.'고 규정하고 있

다. 따라서 법원이 감자무효의 소를 재량 기각하기 위해서는 원칙적으로 그 소제기 전이나 그 심리 중에 원인이 된 하자가 보완되어야 한다고 할 수 있을 것이지만, 이 사건의 하자와 같이 추후 보완될 수 없는 성질의 것으로서 자본감소 결의의 효력에는 아무런 영향을 미치지 않는 것인 경우 등에는 그 하자가 보완되지 아니하였다 하더라도 회사의 현황 등 제반 사정을 참작하여 자본감소를 무효로 하는 것이 부적당하다고 인정한 때에는 법원은 그 청구를 기각할 수 있다고 하여야 할 것이다."(대법원 2004. 4. 27. 선고 2003다29616 판결)

• "[상법 제445조는] 무효 사유의 주장 시기도 제한하고 있는 것이라고 해석함이 상당하고 자본감소로 인한 변경등기가 있는 날로부터 6월의 출소기간이 경과한 후에는 새로운 무효 사유를 추가하여 주장할 수 없다고 보아야 할 것이다."(대법원 2010. 4. 29. 선고 2007다12012 판결)

2. 무효원인

■ 상법 규정 없음

• 주주총회 결의 또는 채권자보호절차의 흠결, 주주평등원칙의 위배 등이 가능

– 다만, 주식병합으로 인한 단주 처리 과정에서 주주가 자신의 의사와 무관하게 주주의 지위를 상실하더라도 단주의 처리 방법은 상법이 인정한 주주평등원칙의 예외이므로 그 자체로서 위법한 것은 아님(판례)

• "상법은 자본금 감소의 무효와 관련하여 개별적인 무효 사유를 열거하고 있지 않으므로, 자본금 감소의 방법 또는 기타 절차가 주주평등원칙에 반하는 경우, 기타 법령, 정관에 위반하거나 민법상 일반원칙인 신의성실의 원칙에 반하여 현저히 불공정한 경우에 무효소송을 제기할 수 있다. 즉 주주평등원칙은 그가 가진 주식의 수에 따른 평등한 취급을 의미하는데, 만일 주주의 주식 수에 따라 다른 비율로 주식병합을 하여 차등감자가 이루어진다면 이는 주주평등원칙에 반하여 자본금 감소 무효의 원인이 될 수 있다. 또한 주식병합을 통한 자본금 감소가 현저하게 불공정하게 이루어져 권리남용금지의 원칙이나 신의성실의 원칙에 반하는 경

우에도 자본금 감소 무효의 원인이 될 수 있다 … 우리 상법이 2011년 상법 개정을 통해 소수주식의 강제매수제도를 도입한 입법 취지와 그 규정의 내용에 비추어 볼 때, 엄격한 요건 아래 허용되고 있는 소수주주 축출제도를 회피하기 위하여 탈법적으로 동일한 효과를 갖는 다른 방식을 활용하는 것은 위법하다. 그러나 소수주식의 강제매수제도는 지배주주에게 법이 인정한 권리로 반드시 지배주주가 이를 행사하여야 하는 것은 아니고, 우리 상법에서 소수주식의 강제매수제도를 도입하면서 이와 관련하여 주식병합의 목적이나 요건 등에 별다른 제한을 두지 않았다. 또한 주식병합을 통해 지배주주가 회사의 지배권을 독점하려면, 단주로 처리된 주식을 소각하거나 지배주주 또는 회사가 단주로 처리된 주식을 취득하여야 하고 이를 위해서는 법원의 허가가 필요하다. 주식병합으로 단주로 처리된 주식을 임의로 매도하기 위해서는 대표이사가 사유를 소명하여 법원의 허가를 받아야 하고(비송사건절차법 제83조), 이때 단주 금액의 적정성에 대한 판단도 이루어지므로 주식가격에 대해 법원의 결정을 받는다는 점은 소수주식의 강제매수제도와 유사하다. 따라서 결과적으로 주식병합으로 소수주주가 주주의 지위를 상실했다 할지라도 그 자체로 위법이라고 볼 수는 없다."(대법원 2020. 11. 26. 선고 2018다283315 판결)

3. 무효판결의 효력

- 대세효 ○, 소급효 ○
  - 무효판결은 제3자에게도 효력이 있음(446, 190)
  - 무효판결이 확정된 때에는 자본금은 이전 상태로 복귀(446, 190 본문)

- "자본금 감소를 위한 주식소각 절차에 하자가 있다면, 주주 등은 자본금 감소로 인한 변경등기가 된 날부터 6개월 내에 소로써만 무효를 주장할 수 있다. 그러나 이사가 주식 소각 과정에서 법령을 위반하여 회사에 손해를 끼친 사실이 인정될 때에는 감자무효의 판결이 확정되었는지 여부와 관계없이 상법 제399조 제1항에 따라 회사에 대하여 손해배상책임을 부담한다."(대법원 2021. 7. 15. 선고 2018다298744 판결)

제 7 장 정관변경

Ⅰ. 서 설

■ 설립 당시 작성된 정관의 내용을 일정한 절차에 따라 변경

• 정관변경의 범위에는 제한이 없음

– 절대적 기재사항, 상대적 기재사항을 불문

– 기존 규정의 변경, 삭제 및 새로운 내용 추가 가능

– 기한이나 조건의 추가도 가능(통설)

– 다만, 발기인에 관한 사항, 회사 설립시 발행하는 주식의 총수 등은 설립 당시의 역사적 사실이므로 변경 불가

Ⅱ. 절 차

■ 주주총회의 **특별결의**

• 정관은 주주총회의 특별결의로 변경(433 제1항, 434)

– 정관변경에 관한 의안의 요령은 주주총회 소집통지에 기재해야 함(433 제2항, 363)

• 종류주주총회의 승인

– 회사가 종류주식을 발행한 경우 정관을 변경함으로써 어느 종류주식의 주주에게 손해를 미치게 될 때에는 주주총회 결의 외에 그 종류의 총회의 결의가 있어야 함(435 제1항)

Ⅲ. 효 력

■ 효력발생시기

• 정관변경은 주주총회의 결의와 동시에 발생

– 원시정관의 효력발생시기(292)와 상이

• 소급효 ×(통설 및 판례)

– 정관변경으로 추가된 주식양도의 제한 규정을 이유로 정관변경 전에 이미 주주가 된 자의 명의개서 거부 불가(판례)

• "주식회사의 원시정관은 공증인의 인증을 받음으로써 효력이 생기는 것이지만 일단 유효하게 작성된 정관을 변경할 경우에는 주주총회의 특별결의가 있으면 그때 유효하게 정관변경이 이루어지는 것이고, 서면인 정관이 고쳐지거나 변경 내용이 등기사항인 때의 등기 여부 내지는 공증인의 인증 여부는 정관변경의 효력 발생에는 아무 소장이 없다."(대법원 2007. 6. 28. 선고 2006다62362 판결)

• "주권 발행 전 주식의 양도가 회사 성립 후 6월이 경과한 후에 이루어진 때에는 당사자의 의사표시만으로 회사에 대하여 효력이 있으므로, 그 주식양수인은 특별한 사정이 없는 한 양도인의 협력을 받을 필요 없이 단독으로 자신이 주식을 양수한 사실을 증명함으로써 회사에 대하여 그 명의개서를 청구할 수 있다 … 원고는 2010. 1. 18. 소외인으로부터 피고 회사의 주식을 양수하였으므로, 위 법리에 의하면 원고는 피고 회사에 대하여 그 명의개서를 청구할 수 있고, 피고 회사는 그 이후인 2010. 5. 27.에서야 주식의 양도에 이사회의 승인을 얻어야 한다는 취지의 양도 제한 규정을 신설하였을 뿐이므로, 이를 들어 원고에 대하여 명의개서를 거부할 수 없다."(대법원 2016. 3. 24. 선고 2015다71795 판결)

■ 등기 관련

• 정관변경 자체는 등기사항이 아님

– 다만, 정관변경으로 등기사항이 변경되면 변경등기 필요(317 제4항, 183)

– 등기사항의 변경등기가 정관변경의 효력발생요건이 아님에 유의

제 8 장 회사의 회계

Ⅰ. 재무제표 및 영업보고서

1. 재무제표

(1) 의 의

■ 회사의 재무상태와 경영성과를 나타내는 회계서류

• 회사의 결산을 위해 작성하고 주주총회의 승인을 받아 확정(447, 449)

(2) 종 류

■ 대차대조표

• 일정시점에서의 자산, 부채, 자본의 관계를 나타내는 재무제표(447 제1항 제1호)

– 재무상태표

– 경영에 대한 평가자료이자 투자 여부를 판단하는 기초 자료

■ 손익계산서

• 일정한 기간의 경영성과를 보여주는 재무제표(447 제1항 제2호)

■ 그 밖에 회사의 재무상태와 경영성과를 표시하는 것으로서 대통령령으로 정하는 서류

• 자본변동표, 이익잉여금 처분계산서, 결손금 처리계산서(447 제1항 제3호, 시행령 16 제1항)

■ 연결재무제표

• 지배회사와 종속회사 전체의 재무상태와 경영성과를 보여주기 위하여 지배회사가 작성하는 재무제표(447 제2항, 시행령 16 제2항 등)

■ 부속명세서

• 재무제표의 사항에 대한 상세한 내용을 기록한 서류

2. 영업보고서

■ 일정한 기간의 영업상태, 성과 등을 정리하여 보고하는 서류

- 기재사항은 대통령령으로 정함(447조의2 제2항, 시행령 17)

3. 관련 절차

■ 작성

- 이사는 결산기마다 재무제표와 그 부속명세서 및 영업보고서를 작성하여 이사회의 승인을 얻어야 함(447 제1항 및 제2항, 447조의2 제1항)
  - 이사는 대표이사를 의미
  - 이사회 승인으로 감사와 정기주주총회에 제출하기 전 관련 내용을 확정

■ 감사

- 이사는 재무제표와 그 부속명세서 및 영업보고서를 정기주주총회 6주간 전에 감사에게 제출해야 함(447조의3)
- 감사는 재무제표와 그 부속명세서 및 영업보고서를 받은 날로부터 4주 내에 감사보고서를 이사에게 제출해야 함(447조의4 제1항)

■ 공시

- 이사는 정기주주총회 회일의 1주간 전부터 재무제표와 그 부속명세서 및 영업보고서, 감사보고서를 본점에 5년간, 그 등본을 지점에 3년간 비치해야 함(448 제1항)
  - 주주와 채권자는 영업시간 내에 언제든지 위 서류를 열람할 수 있으며, 회사가 정한 비용을 지급하고 그 서류의 등본 또는 초본의 교부를 청구 가능(동조 제2항)

■ 재무제표의 승인

- 이사는 재무제표와 그 부속명세서를 정기주주총회에 제출하여 **승인**을 요구해야 함(449 제1항)
  - 이사는 주주총회의 승인을 얻은 때에는 지체없이 대차대조표를 **공**

고해야 함(449 제3항)

- 정기주주총회에서 승인 후 **2년** 내에 다른 결의가 없으면 이사와 감사의 책임을 해제한 것으로 봄(450)
  - 책임의 내용은 재무제표에서 알 수 있는 사항으로 한정(통설 및 판례)
  - 이사는 책임 관련 사안이 재무제표에 기재되어 제출되었고 정기주주총회의 승인이 있었다는 점에 대한 입증책임을 부담(판례)
  - 다만, 이사 또는 감사의 부정행위는 제외(동조)
- 법 소정의 요건을 갖춘 때에는 이사회 결의로 승인할 수 있고, 이 경우 이사는 각 서류의 내용을 주주총회에 보고해야 함(449조의2 제1항 및 제2항)

■ 영업보고서의 보고

- 이사는 영업보고서를 정기주주총회에 제출하여 보고해야 함(449 제2항)
  - 정기주주총회의 승인은 불필요

II. 준비금

1. 의 의

■ 순자산액에서 자본금을 공제한 금액 중 일부를 재무안정성을 위해 내부에 적립하는 자금

- 법정준비금은 상법에 따라 강제적으로 적립
- 임의준비금은 정관의 규정 또는 주주총회 결의로 적립
  - 통상 사용목적이 특정되어 있어 자본금 전입은 불가

2. 법정준비금의 적립 방법 및 승계

■ 이익준비금

- **영업거래**에서 발생한 이익으로 적립하는 준비금(458)
- 상법은 회사재산의 유출 정도에 비례하여 적립을 강제
  - 회사는 자본금의 **2분의** 1이 될 때까지 매 결산기 이익배당액의 10

분의 1 이상을 이익준비금으로 적립해야 함(동조)

– 금전배당이든 현물배당이든 불문

– **주식배당**은 해당하지 않음에 유의(동조)

→ 신주를 배당하는 주식배당에는 회사재산의 유출이 없기 때문

■ 자본준비금

• **자본거래**에서 발생하는 이익으로 적립하는 준비금(459 제1항)

– 자본거래의 이익은 사실상 주금납입과 동일하므로 주주에게 반환하는 것을 금지하려는 목적으로 적립

– 적립의 한도 없이 무조건으로 적립

■ 법정준비금의 승계

• 합병, 분할, 분할합병의 경우 소멸 또는 분할되는 회사의 이익준비금이나 그 밖의 법정준비금은 존속회사 또는 신설회사가 승계 가능(동조 제2항)

3. 법정준비금의 사용 및 감소

■ 결손 보전

• 법정준비금은 **자본금의 결손 보전에 충당**하는 경우 외에는 처분 불가(460)

– 자본금의 결손은 회사의 손실로 인하여 순자산액이 자본금과 법정준비금의 합계에 미달하는 상태를 의미

– 자본금의 결손 발생시 이익준비금과 자본준비금 중 어느 것을 먼저 사용해도 무방

■ 자본금 전입

• 회사는 **이사회 결의**에 의하여 준비금의 전부 또는 일부를 자본금에 전입 가능(461 제1항)

– 준비금 계정의 금액 중 전부 또는 일부를 차감하여 이를 자본금 계정으로 이동

– 정관으로 **주주총회**에서 결정하기로 정할 수 있음(동조 동항)

• 자본금 증가로 인한 신주발행

– 액면주식의 경우 주주에 대하여 그가 가진 주식의 수에 따라 신주를 발행(461 제2항)

→ 무액면주식의 경우 신주발행은 이루어지지 않음

– 1주에 미달하는 단수에 대해서는 주식병합의 단주 처리에 관한 규정을 준용(461 제2항, 443 제1항)

– 자본금 전입을 위한 이사회 결의가 있은 때에는 회사는 일정한 날(배정기준일)을 정하여 그 날에 주주명부에 기재된 주주가 신주의 주주가 된다는 뜻을 그 날의 2주간 전에 공고하여야 하고, 그 날이 주주명부 폐쇄기간 중인 때에는 그 기간의 초일의 2주간 전에 공고해야 함(461 제2항, 354 제1항)

– 자본금 전입을 이사회 결의로 하는 경우에는 위 배정기준일에, 주주총회 결의로 하는 경우에는 **주주총회 결의가 있은 때**에 신주의 효력이 발생(461 제3항 및 제4항)

– 신주의 주주가 된 때에는 이사는 지체없이 신주를 받은 주주와 주주명부에 기재된 질권자에 대하여 그 주주가 받은 주식의 종류와 수를 통지해야 함(동조 제5항)

– 신주에 대해서는 종전의 주식을 목적으로 한 질권의 행사 가능(동조 제6항, 339)

■ 법정준비금의 감소

• 회사는 적립된 법정준비금의 총액이 자본금의 **1.5배**를 초과하는 경우에 **주주총회**의 결의에 따라 그 초과한 금액 범위에서 법정준비금의 감액 가능(461조의2)

– 법정준비금이 과다 적립된 경우 배당의 재원으로 활용하려는 목적

– 이익준비금과 자본준비금 중 어느 것을 먼저 감액해도 무방

– 주주총회의 보통결의로 승인

– 자본금의 1.5배에 달하는 준비금이 확보되므로 채권자보호절차 불필요

III. 이익배당

1. 의의 및 절차

■ 주주의 이익배당청구권에 대응하여 이루어지는 회사의 재무적 결정

- 법 소정의 계산방식에 따른 **배당가능이익**으로써 배당(462 제1항)
  - 금전배당이 원칙이지만, 주식배당(462조의2)이나 현물배당(462조의4)도 가능

■ 절차

- 이익배당은 **주주총회**의 보통결의로 결정(462 제2항)
  - 주주의 구체적 이익배당청구권이 발생
  - 다만, 일정한 요건 충족 하에 재무제표를 이사회가 승인하는 경우에는 이사회 결의로 결정(동조 동항, 449조의2 제1항)
- 이익배당은 각 주주가 가진 주식의 수에 따라 이루어짐(464)
  - 주주평등원칙의 적용
  - 다만, 대주주가 자신의 몫을 스스로 포기하여 소액주주에게 나누어 주기로 하는 것은 무방(판례)
- 회사는 이익배당을 위한 주주총회 결의를 한 날로부터 1월 이내에 이익배당금을 지급해야 함(464조의2 제1항)
  - 다만, 지급시기를 따로 정할 수도 있음(동조 동항)
  - 배당금 지급청구권의 소멸시효는 5년(동조 제2항)

- "[주주총회에서 대주주에게는 30%를, 소액주주에게는 33%의 이익배당을 하기로 결의한 사안에서] 대주주가 참석하여 당해 사업연도 잉여이익 중 자기들이 배당받을 몫의 일부를 스스로 떼내어 소액주주들에게 고루 나눠주기로 한 것이니 이는 주주가 스스로 그 배당받을 권리를 포기하거나, 양도하는 것과 마찬가지로서 상법 제464조의 규정에 위반된다고 할 수 없다고 판단하고 있는바, 원심이 위와 같은 사실인정에 있어 … 소론과 같이 채증법칙을 위반한 위법이 없고…"(대법원 1980. 8. 26. 선고 80다1263 판결)

• "주주의 이익배당청구권은 장차 이익배당을 받을 수 있다는 의미의 권리에 지나지 아니하여 이익잉여금처분계산서가 주주총회에서 승인됨으로써 이익배당이 확정될 때까지는 주주에게 구체적이고 확정적인 배당금지급청구권이 인정되지 아니한다. 다만 정관에서 회사에 배당의무를 부과하면서 배당금의 지급조건이나 배당금액을 산정하는 방식 등을 구체적으로 정하고 있어 그에 따라 개별 주주에게 배당할 금액이 일의적으로 산정되고, 대표이사나 이사회가 경영판단에 따라 배당금 지급 여부나 시기, 배당금액 등을 달리 정할 수 있도록 하는 규정이 없다면, 예외적으로 정관에서 정한 지급조건이 갖추어지는 때에 주주에게 구체적이고 확정적인 배당금지급청구권이 인정될 수 있다. 이러한 경우 회사는 주주총회에서 이익배당에 관한 결의를 하지 않았다거나 정관과 달리 이익배당을 거부하는 결의를 하였다는 사정을 들어 주주에게 이익배당금의 지급을 거절할 수 없다."(대법원 2022. 8. 19. 선고 2020다263574 판결)

2. 현물배당

■ 금전 외의 재산으로 하는 배당

- 회사는 **정관**으로 금전 외의 재산으로 배당할 수 있음을 정할 수 있음(462조의4 제1항)
  - 정관이 정하는 바에 따라 이익배당을 결정하는 주주총회 또는 이사회의 결의에서 현물배당을 결정
  - 위 결의에서는 법 소정의 사항을 결정(동조 제2항)
  - 예) **자기주식**, 모회사 또는 자회사의 주식 등

3. 주식배당

■ 금전 대신 **신주**로 하는 배당

■ 절차

- 회사는 **주주총회**의 보통결의에 의하여 이익배당을 새로이 발행하는 주식으로써 할 수 있으나, 이익배당총액의 **2분의** 1에 상당하는 금액을 초과하지 못함(462조의2 제1항)

– 주식배당은 주식의 **권면액**으로 하며, 종류주식을 발행한 경우 그와 같은 종류주식으로 배당 가능(동조 제2항)
– 배당할 이익의 금액 중 주식의 권면액에 미달하는 단수가 있는 때에는 그 부분에 대하여 주식병합의 단주 처리에 관한 규정을 준용(동조 제3항, 443 제1항)
– 이사는 주식배당을 위한 주주총회의 결의가 있는 때에는 지체없이 배당을 받을 주주와 주주명부에 기재된 질권자에게 그 주주가 받을 주식의 종류와 수를 통지해야 함(462조의2 제5항)
– 질권자의 권리는 주주가 받을 신주에 미침(동조 제6항)

■ 신주의 효력발생시기

• 주식배당을 위한 주주총회가 종결한 때로부터 신주의 주주가 됨(동조 제4항)

4. 중간배당

■ 배당의 객체가 아닌 배당시기에 따른 분류

• **연 1회의 결산기**를 정한 회사는 **영업연도 중 1회**에 한하여 **이사회**의 결의로 일정한 날을 정하여 그 날의 주주에 대하여 이익을 배당할 수 있음을 **정관**으로 정할 수 있음(462조의3 제1항)
– 배당의 재원은 **직전** 결산기의 대차대조표를 기준으로 계산(동조 제2항)

• 회사는 당해 결산기의 대차대조표상의 순자산액이 상법 제462조 제1항 각호의 금액의 합계액에 미치지 못할 우려가 있는 때에는 중간배당을 하여서는 안 됨(462조의3 제3항)
– 이를 위반하여 중간배당을 한 이사는 회사에 대하여 연대하여 그 차액(배당액이 그 차액보다 적을 경우에는 배당액)을 배상할 책임이 있음(동조 제4항)
– 다만, 이사가 그러한 우려가 없다고 판단함에 있어 주의를 게을리하지 않았음을 증명한 때에는 책임을 부담하지 않음(동조 동항)

• "중간배당에 관한 이사회의 결의가 성립하면 추상적으로 존재하던 중간배당청구권이 구체적인 중간배당금 지급청구권으로 확정되므로, 상법 제462조의3이 정하는 중간배당에 관한 이사회 결의가 있으면 중간배당금이 지급되기 전이라도 당해 영업연도 중 1회로 제한된 중간배당은 이미 결정된 것이고, <u>같은 영업연도 중 다시 중간배당에 관한 이사회 결의를 하는 것은 허용되지 않는다.</u> 이사회 결의로 주주의 중간배당금 지급청구권이 구체적으로 확정된 이상 <u>그 청구권의 내용을 수정 내지 변경하는 내용의 이사회 결의도 허용될 수 없다.</u>"(대법원 2022. 9. 7. 선고 2022다223778 판결)

5. 위법한 배당

■ 정관 또는 법령에 위반하여 이루어진 배당을 의미(광의)
- 예) 배당가능이익 없이 이루어진 배당(협의)
- 예) 배당 관련 주주총회 결의의 하자
- 예) 주주평등원칙을 위반한 배당

■ **배당가능이익이 없는** 금전배당, 현물배당, 중간배당의 경우
- 회사는 위법배당을 받은 주주에게 부당이득으로 반환할 것을 청구 가능
  - 결의무효확인의 소의 성질을 확인의 소로 본다면, 회사는 소 제기 여부와 무관하게 반환 청구 가능(다수설)
- **채권자의 반환청구권 인정**(462 제3항, 462조의3 제6항)
  - 채권자가 아닌 **회사**에 대한 반환임에 유의

■ 배당가능이익이 없는 주식배당의 경우
- 배당가능이익이 없음에도 이루어진 주식배당으로 발행된 신주의 효력은 신주발행무효의 소에 관한 규정(429)을 유추 적용하여 신주발행무효의 소 제기 가능(통설)
- 주금의 환급(432) 문제는 발생하지 않음
  - 무효가 되더라도 주주는 납입한 바 없기 때문
- **채권자의 반환청구권이 인정되지 않음**
  - 회사재산의 유출이 없기 때문

■ 이사의 손해배상책임

• 회사 및 제3자에 대한 이사의 손해배상책임(399, 401) 추궁 가능

Ⅳ. 재무제표 등의 공시와 주주·채권자의 권리

1. 회사의 비치, 공시, 공고

■ 이사는 정기주주총회 회일의 1주간 전부터 재무제표와 그 부속명세서 및 영업보고서, 감사보고서를 본점에 5년간, 그 등본을 지점에 3년간 비치해야 함(448 제1항)

• 주주와 채권자는 영업시간 내에 언제든지 위 서류를 열람할 수 있으며, 회사가 정한 비용을 지급하고 그 서류의 등본 또는 초본의 교부를 청구 가능(동조 제2항)

■ 이사는 주주총회의 승인을 얻은 때에는 지체없이 대차대조표를 공고해야 함(449 제3항)

2. 재무 관련 소수주주권

■ 주주의 회계장부열람권

• 발행주식총수의 **100분의** 3 이상에 해당하는 주식을 가진 주주는 **이유를 붙인 서면**으로 회계의 장부와 서류의 열람 또는 등사를 청구 가능 (466 제1항)

– 회사는 위 주주의 청구가 부당함을 증명하지 않으면 거부 불가(동조 제2항)

• "주주의 회계장부열람등사청구권을 피보전권리로 하여 당해 장부 등의 열람·등사를 명하는 가처분이 실질적으로 본안소송의 목적을 달성하여 버리는 면이 있다고 할지라도, 나중에 본안소송에서 패소가 확정되면 손해배상청구권이 인정되는 등으로 법률적으로는 여전히 잠정적인 면을 가지고 있기 때문에 <u>임시적인 조치로서 이러한 회계장부열람등사청구권을 피보전권리로 하는 가처분도 허용된다</u>고

볼 것이고, 이러한 가처분을 허용함에 있어서는 피신청인인 회사에 대하여 직접 열람·등사를 허용하라는 명령을 내리는 방법뿐만 아니라, 열람·등사의 대상 장부 등에 관하여 훼손, 폐기, 은닉, 개찬이 행하여질 위험이 있는 때에는 이를 방지하기 위하여 그 장부 등을 집행관에게 이전 보관시키는 가처분을 허용할 수도 있을 것이다."(대법원 1999. 12. 21. 선고 99다137 판결)

• "상법 제391조의3 제3항, 제466조 제1항에서 규정하고 있는 주주의 이사회 의사록 또는 회계장부와 서류 등에 대한 열람·등사 청구가 있는 경우, 회사는 그 청구가 부당함을 증명하여 이를 거부할 수 있는데, 주주의 열람·등사권 행사가 부당한 것인지 여부는 그 행사에 이르게 된 경위, 행사의 목적, 악의성 유무 등 제반 사정을 종합적으로 고려하여 판단하여야 할 것이고, 특히 주주의 이와 같은 열람·등사권 행사가 회사업무의 운영 또는 주주 공동의 이익을 해치거나 주주가 회사의 경쟁자로서 그 취득한 정보를 경업에 이용할 우려가 있거나, 또는 회사에 지나치게 불리한 시기를 택하여 행사하는 경우 등에는 정당한 목적을 결하여 부당한 것이라고 보아야 한다."(대법원 2014. 7. 21. 자 2013마657 결정)

• "주식매수청구권을 행사한 주주도 회사로부터 그 주식의 매매대금을 지급받지 아니하고 있는 동안에는 주주로서의 지위를 여전히 가지고 있으므로 특별한 사정이 없는 한 주주로서의 권리를 행사하기 위하여 필요한 경우에는 위와 같은 회계장부열람·등사권을 가진다. 주주가 주식의 매수가액을 결정하기 위한 경우뿐만 아니라 회사의 이사에 대하여 대표소송을 통한 책임추궁이나 유지청구, 해임청구를 하는 등 주주로서의 권리를 행사하기 위하여 필요하다고 인정되는 경우에는 특별한 사정이 없는 한 그 청구는 회사의 경영을 감독하여 회사와 주주의 이익을 보호하기 위한 것이므로, 주식매수청구권을 행사하였다는 사정만으로 청구가 정당한 목적을 결하여 부당한 것이라고 볼 수 없다."(대법원 2018. 2. 28. 선고 2017다270916 판결)

• "발행주식의 총수의 100분의 3 이상에 해당하는 주식을 가진 주주는 상법 제466조 제1항에 따라 이유를 붙인 서면으로 회계의 장부와 서류의 열람 또는 등사를 청구할 수 있다. 열람과 등사에 시간이 소요되는 경우에는 열람·등사를 청구한 주주가 전 기간을 통해 발행주식 총수의 100분의 3 이상의 주식을 보유하여야 하고, 회계장부의 열람·등사를 재판상 청구하는 경우에는 소송이 계속되는 동안 위

주식 보유요건을 구비하여야 한다."(대법원 2017. 11. 9. 선고 2015다252037 판결)

- "[상법 제466조 제1항은] '이유를 붙인 서면'으로 열람·등사를 청구할 수 있다고 정한다 … 주주가 제출하는 열람·등사청구서에 붙인 '이유'는 회사가 열람·등사에 응할 의무의 존부를 판단하거나 열람·등사에 제공할 회계장부와 서류의 범위 등을 확인할 수 있을 정도로 열람·등사청구권 행사에 이르게 된 경위와 행사의 목적 등이 구체적으로 기재되면 충분하고, 더 나아가 그 이유가 사실일지도 모른다는 합리적 의심이 생기게 할 정도로 기재하거나 그 이유를 뒷받침하는 자료를 첨부할 필요는 없다. 이와 달리 주주가 열람·등사청구서에 이유가 사실일지도 모른다는 합리적 의심이 생기게 할 정도로 기재해야 한다면, 회사의 업무 등에 관하여 적절한 정보를 가지고 있지 않는 주주에게 과중한 부담을 줌으로써 주주의 권리를 크게 제한하게 되고, 그에 따라 주주가 회사의 업무 등에 관한 정보를 확인할 수 있도록 열람·등사청구권을 부여한 상법의 취지에 반하는 결과가 초래되어 부당하다. 다만, 이유 기재 자체로 그 내용이 허위이거나 목적이 부당함이 명백한 경우 등에는 적법하게 이유를 붙였다고 볼 수 없으므로 이러한 열람·등사청구는 허용될 수 없다. 또 이른바 모색적 증거 수집을 위한 열람·등사청구도 허용될 수 없으나, 열람·등사청구권이 기본적으로 회사의 업무 등에 관한 정보가 부족한 주주에게 필요한 정보 획득과 자료 수집을 위한 기회를 부여하는 것이라는 사정을 고려할 때 모색적 증거 수집에 해당하는지는 신중하고 엄격하게 판단해야 한다. 한편, 주주로부터 열람·등사청구를 받은 회사는 상법 제466조 제2항에 따라 열람·등사청구의 부당성, 이를테면 열람·등사청구가 허위사실에 근거한 것이라든가 부당한 목적을 위한 것이라든가 하는 사정을 주장·증명함으로써 열람·등사의무에서 벗어날 수 있다."(대법원 2022. 5. 13. 선고 2019다270163 판결)

- "채무자회생법은 회생계획에서 채무자의 자본 감소, 합병 등 일정한 사항을 정한 경우 그에 관한 상법 조항의 적용을 배제하고(채무자회생법 제264조 제2항, 제271조 제3항 등), 채무자에 대해 회생절차가 개시되면 자본 감소, 신주발행, 합병 등 조직변경 등의 행위를 회생절차에 의하지 않고는 할 수 없도록 금지하고 있다(채무자회생법 제55조 제1항). 그러나 회사에 대해 회생절차가 개시되면 상법 제466조 제1항의 적용이 배제된다는 규정도 없고, 주주가 회생절차에 의하지 않고는 상법 제466조 제1항의 회계장부 등에 대한 열람·등사청구권을 행사할 수 없다는 규정도 없다. 상법 제466조 제1항에 따라 주주가 열람·등사를 청구할 수 있

는 서류에는 회계장부와 회계서류도 포함되어 채무자회생법에 따라 이해관계인이 열람할 수 있는 서류보다 그 범위가 넓은데, 이처럼 다른 이해관계인과 구별되는 주주의 권리를 회생절차가 개시되었다는 이유만으로 명문의 규정 없이 배제하거나 제한하는 것은 부당하다."(대법원 2020. 10. 20. 자 2020마6195 결정)

■ 주주의 검사인선임청구권

- 회사의 업무집행에 관하여 부정행위 또는 법령이나 정관에 위반한 중대한 사실이 있음을 의심할 사유가 있는 때에는 발행주식총수의 **100분의 3** 이상에 해당하는 주식을 가진 주주는 회사의 업무와 재산상태를 조사하게 하기 위하여 법원에 검사인의 선임을 청구 가능(467 제1항)
  - 검사인은 그 조사의 결과를 법원에 보고해야 함(동조 제2항)
  - 법원은 위 보고에 의하여 필요하다고 인정한 때에는 대표이사에게 주주총회의 소집을 명할 수 있음(동조 제3항)
  - 이사와 감사는 지체없이 검사인의 보고서의 정확 여부를 조사하여 이를 주주총회에 보고해야 함(동조 제4항)

제 9 장 조직개편

제1절 조직변경

Ⅰ. 의 의

■ 회사의 동일성을 유지하면서 다른 종류의 회사로 변경하는 단독행위

- 상법상 조직변경은 인적회사 상호 간, 물적회사 상호 간에만 허용
  - 사원의 책임과 내부관계의 차이를 고려
  - 다만, 유한책임회사는 주식회사와의 조직변경이 가능
- 상법은 회사별 조직변경을 위한 절차 및 채권자를 보호하는 방안을 마련

Ⅱ. 방 법

1. 합명회사에서 합자회사로의 변경

■ 총사원의 동의로 변경

- 합명회사는 총사원의 동의로 일부 사원을 유한책임사원으로 하거나 유한책임사원을 새로 가입시켜서 합자회사로 변경 가능(242 제1항)

■ 채권자보호 관련

- 합명회사 사원 중 유한책임사원이 된 자는 합명회사의 해산등기 및 합자회사의 설립등기를 하기 전에 생긴 회사 채무에 대하여는 등기 후 2년 내에는 무한책임사원의 책임을 부담(244)

2. 합자회사에서 합명회사로의 변경

■ 총사원의 동의로 변경

- 합자회사는 총사원의 동의로 합명회사로 변경 가능(286 제1항)
  - 합자회사의 유한책임사원은 모두 무한책임사원으로 변경
  - 유한책임사원 전원이 퇴사한 경우에는 잔존하는 무한책임사원의 동의로 변경 가능(동조 제2항)

■ 채권자보호 관련

• 무한책임사원의 존재로 별도의 채권자보호절차 불필요

3. 주식회사에서 유한회사로의 변경

■ 총주주의 동의로 변경

• 주식회사는 총주주의 일치에 의한 주주총회의 결의로 유한회사로 변경 가능(604 제1항)

– 위 주주총회 결의에서는 정관 기타 조직변경에 필요한 사항을 결정해야 함(동조 제3항)

■ 사채의 상환

• 주식회사는 모든 사채를 상환해야만 조직변경 가능(604 제1항)

■ 이사 및 주주의 순재산액전보책임

• 주식회사에 현존하는 순재산액보다 많은 금액을 유한회사의 자본금의 총액으로 하지 못함(604 제2항)

– 주식회사의 순재산액이 자본금의 총액에 부족하는 때에는 조직변경을 위한 주주총회 결의 당시 이사와 주주는 회사에 대하여 연대하여 그 부족액을 지급할 책임을 부담(605 제1항)

– 이사의 위 책임은 총사원의 동의로 면제할 수 있지만, 주주의 책임은 면제하지 못함(605 제2항, 550 제2항, 551 제2항 및 제3항)

■ 채권자보호 관련

• 채권자보호절차 필요(608, 232)

• 종전의 주식에 설정된 질권은 유한회사의 새로운 지분 또는 금전에 그 효력이 미침(604 제4항, 601 제1항)

4. 유한회사에서 주식회사로의 변경

■ 총사원의 동의로 변경

• 유한회사는 총사원의 일치에 의한 사원총회의 결의로 주식회사로 변

경 가능(607 제1항)

– 위 사원총회 결의에서는 정관 기타 조직변경에 필요한 사항을 결정해야 함(607 제5항, 604 제3항)

■ 이사, 감사, 사원의 순재산액전보책임

• 주식회사가 발행하는 주식의 발행가액의 총액은 유한회사에 현존하는 순재산액을 초과하지 못함(607 제2항)

– 유한회사에 현존하는 순재산액이 조직변경으로 발행하는 주식회사의 주식의 발행가액 총액에 부족할 때에는 조직변경을 위한 사원총회 결의 당시 이사, 감사 및 사원은 연대하여 회사에 그 부족분을 지급할 책임을 부담(동조 제4항)

– 이사, 감사의 위 책임은 총주주의 동의로 면제할 수 있지만, 사원의 책임은 면제하지 못함(607 제4항, 550 제2항, 551 제2항 및 제3항)

■ 법원의 인가

• **법원의 인가**를 받아야만 조직변경의 효력 발생(607 제3항)

■ 채권자보호 관련

• 채권자보호절차 필요(608, 232)

• 종전의 지분에 설정된 질권은 새롭게 발행되는 주식에 그 효력이 미치며, 지분의 등록질권자는 회사에 대해 주권의 교부를 청구 가능(607 제5항, 601 제1항, 340 제3항)

5. 주식회사에서 유한책임회사로 또는 유한책임회사에서 주식회사로의 변경

■ 특수결의 또는 총사원의 동의로 변경

• 주식회사의 특수결의, 유한책임회사의 총사원의 동의로 변경(287조의43 제1항 및 제2항)

– 그 외 사항은 주식회사가 유한회사로 조직변경할 때와 동일(287조의44, 232, 604 내지 607)

제2절 합 병

Ⅰ. 서 설

1. 합병 관련 상법 체계

■ 상법 회사편 제1장 통칙에서의 규정

• 회사의 합병 및 신설합병의 설립위원에 관한 2개의 조문을 마련(174, 175)

– 그 외 회사별로 합병 절차를 규정

• 상법은 합명회사의 합병 관련 상세한 규정을 마련(230 내지 240)

– 주식회사는 특유의 합병 절차(522 내지 529)를 규정하고, 합명회사의 합병 관련 규정을 준용(530)

2. 합병의 일반론

(1) 의의 및 법적 성질

■ 복수의 회사 중 일부 또는 전부가 청산절차 없이 소멸하면서 하나의 회사로 결합하거나 새로운 회사를 만드는 회사법상의 법률사실

• 흡수합병

– 복수의 회사 중 1개의 회사만 존속하고 나머지 회사는 소멸하는 형태의 합병

– 존속회사는 소멸회사의 권리 의무를 포괄적으로 승계하고 사원을 수용

• 신설합병

– 복수의 회사가 전부 소멸하면서 새로운 회사를 설립하는 형태의 합병

– 신설회사는 소멸회사의 권리 의무를 포괄적으로 승계하고 사원을 수용

■ 법적 성질

• 인격합일설(통설)

– 합병은 소멸회사가 존속회사 또는 신설회사에 포섭되는 법인격의 합일(合一)을 의미

– 소멸회사의 권리 의무의 포괄적 승계, 사원의 수용은 모두 법인격 합일의 결과

(2) 합병의 자유 및 제한

■ 회사는 종류에 제한 없이 합병 가능(174 제1항)

■ 상법의 제한

• 합병을 하는 회사의 일방 또는 쌍방이 주식회사, 유한회사 또는 유한책임회사인 경우에는 합병 후 존속하는 회사나 합병으로 설립되는 회사는 주식회사, 유한회사 또는 유한책임회사여야 함(174 제2항)

– 유한책임을 지는 사원이 무한책임을 지게 되는 것을 방지하기 위한 목적

• 해산 후 청산 중에 있는 회사는 존립 중의 회사를 존속하는 회사로 하는 경우에 한하여 합병하는 것이 가능(동조 제3항)

• 유한회사가 주식회사와 합병하는 경우 합병 후 존속하는 회사 또는 합병으로 인하여 설립되는 회사가 주식회사일 때는 법원의 인가를 얻어야만 합병의 효력이 발생(600 제1항)

– 주식회사 설립 관련 상법의 엄격한 규정을 회피하기 위한 수단으로 합병이 악용되는 것을 방지하기 위한 목적

• 합병을 하는 회사의 일방이 사채의 상환을 완료하지 않은 주식회사이면 합병 후 존속하는 회사 또는 합병으로 인하여 설립되는 회사는 유한회사로 하지 못함(동조 제2항)

(3) 합병의 효력

■ 회사의 소멸 및 신설

• 흡수합병에서는 존속회사 외의 합병하는 회사가 소멸

• 신설합병에서는 합병하는 모든 회사가 소멸하고 새로운 회사가 설립

- 합병은 해산사유에 해당(227 제4호, 269, 287조의38, 517 제1호, 609 제1항 제1호)
  - 다만, 합병으로 해산하더라도 별도의 청산절차는 불필요

■ 권리 의무의 포괄적 승계

- 존속회사 또는 신설회사는 소멸회사의 모든 권리 의무를 포괄적으로 승계(235, 269, 530 제2항, 603)
  - 포괄적 승계이므로 개별 재산에 대한 이전행위나 별도의 채무인수 절차 불필요

- "회사 합병이 있는 경우에는 피합병회사의 권리 의무는 사법상의 관계 혹은 공법상의 관계를 불문하고 그 성질상 이전이 허용되지 않는 것을 제외하고는 모두 합병으로 인하여 존속한 회사에 승계되는 것으로 보아야 한다."(대법원 2022. 5. 12. 선고 2022두31433 판결)

■ 사원의 수용

- 소멸회사의 사원은 존속회사나 신설회사의 사원으로 수용

II. 주식회사의 합병

1. 합병계약서의 작성 및 승인

■ 주주총회의 승인

- 합병하는 회사는 합병계약서를 작성하여 주주총회 **특별결의**에 의한 승인을 얻어야 함(522 제1항 및 제3항)
  - 합병의 방법에 따라 합병계약서의 작성 내용이 상이(523, 524 참조)
  - 합병계약의 요령은 주주총회의 소집통지에 기재되어야 함(522 제2항, 363)
- 합병으로 인하여 어느 종류의 주주에게 손해를 미치게 될 경우에는 그 종류주식의 주주의 총회의 결의가 필요(436, 435)
- 합병 후 존속회사 또는 신설회사가 주식회사인 경우에 합병할 회사의

일방 또는 쌍방이 합명회사 또는 합자회사인 때에는 총사원의 동의를 얻어 합병계약서를 작성해야 함(525 제1항)

■ 합병계약서 등의 공시

• 합병하는 회사의 이사는 주주총회 회일의 **2주** 전부터 합병을 한 날 이후 **6월**이 경과하는 날까지 합병계약서 등 소정의 서류를 본점에 비치해야 함(522조의2 제1항)
  – 주주 및 채권자는 영업시간 내에 언제든지 위 서류의 열람을 청구하거나 회사가 정한 비용을 지급하고 그 등본 또는 초본의 교부를 청구 가능(동조 제2항)
  – 합병의 승인 여부를 결정하기 전 구체적 사항을 알게 하기 위한 목적

2. 채권자보호절차

■ 회사는 주주총회의 합병승인 결의가 있은 날로부터 2주 내에 채권자에 대하여 합병에 이의가 있으면 1월 이상의 기간 내에 이를 제출할 것을 공고하고, 알고 있는 채권자에 대하여는 각각 최고해야 함(527조의5 제1항)

• 이의를 제출한 채권자가 있으면 회사는 그 채권자에 대하여 변제, 상당한 담보의 제공 또는 상당한 재산을 신탁회사에 신탁해야 함(527조의5 제3항, 232 제3항)
  – 이의 제출 기간 내에 이의가 없으면 승인한 것으로 처리(527조의5 제3항, 232 제2항)

3. 반대주주의 주식매수청구권

■ 합병 결의사항에 관하여 이사회 결의가 있는 때에 그 결의에 반대하는 주주는 주주총회 전에 회사에 대하여 서면으로 그 결의에 반대하는 의사를 통지한 경우에는 그 총회의 결의일부터 20일 이내에 주식의 종류와 수를 기재한 서면으로 회사에 대하여 주식의 매수를 청구 가능(522조의3 제1항)

• 의결권이 없거나 제한되는 주주도 행사 가능(동조 동항)

4. 보고총회 또는 창립총회의 개최

■ 흡수합병에서의 보고총회 개최

- 존속회사의 이사는 채권자보호절차의 종료 후, 합병으로 인한 주식의 병합이 있을 때는 그 효력이 생긴 후, 병합에 적당하지 않은 주식이 있을 때는 단주 처리의 처분을 한 후 지체없이 주주총회를 소집하고 합병에 관한 사항을 보고해야 함(526 제1항)
  - 이사회는 공고로써 보고총회에 대한 보고에 갈음 가능(동조 제3항)
- 신주인수인이 된 소멸회사의 주주는 보고총회에서 주주와 동일한 권리를 가짐(동조 제2항)

■ 신설합병에서의 창립총회 개최

- 설립위원은 채권자보호절차 종료 후, 합병으로 인한 주식의 병합이 있을 때는 그 효력이 생긴 후, 병합에 적당하지 않은 주식이 있을 때는 단주 처리의 처분을 한 후 지체없이 창립총회를 소집해야 함(527 제1항)
  - 창립총회에서는 설립위원의 보고를 들으며, 이사와 감사를 선임해야 함(527 제3항, 311, 312)
  - 창립총회의 소집통지, 의결권 행사 등은 회사 설립시 창립총회 관련 규정을 준용(527 제3항, 308 제2항, 309)
- 창립총회에서는 정관변경의 결의를 할 수 있으나, 합병계약의 취지에 반하는 결의는 불가(527 제2항 및 제3항, 316 제2항)
- 이사회는 공고로써 창립총회에 대한 보고에 갈음 가능(527 제4항)
  - 이 경우 이사와 감사의 선임은 합병계약서에서 정하면 됨(524 제6호 참조)

5. 합병등기

- 회사는 보고총회가 종결된 날 또는 보고를 갈음하는 공고일, 창립총회가 종결된 날 또는 보고를 갈음하는 공고일부터 2주 내에 본점 소재지에서 존속회사의 변경등기, 소멸회사의 해산등기, 신설회사의 설립등기를 해야 함(528 제1항)
  - 존속회사 또는 신설회사가 전환사채 또는 신주인수권부사채를 승계한 때에는 사채의 등기도 해야 함(동조 제2항)

- 합병은 등기를 함으로써 효력이 발생(530 제2항, 234)

6. 임원의 임기

- 흡수합병의 경우 존속회사의 이사와 감사로서 합병 전에 취임한 자는 합병계약서에 다른 정함이 있는 경우를 제외하고는 **합병 후 최초로 도래하는 결산기의 정기총회가 종료하는 때**에 퇴임(527조의4 제1항)

7. 합병무효의 소

(1) 의 의

- 합병의 무효는 합병무효의 소만으로 주장 가능(529 제1항)
  - 합병을 위한 주주총회 결의의 하자는 합병의 하자로 흡수되어 합병무효의 소만 제기 가능(흡수설, 통설 및 판례)

(2) 무효원인

- 상법 규정 없음
  - 합병을 위한 주주총회 결의의 하자, 합병계약서 기재사항의 흠결, 채권자보호절차의 위반, **합병비율의 현저한 불공정**(판례) 등이 무효원인이 될 수 있음

• "흡수합병시 존속회사가 발행하는 합병 신주를 소멸회사의 주주에게 배정·교부함에 있어서 적용할 합병비율을 정하는 것은 합병계약의 가장 중요한 내용이고,

그 합병비율은 합병할 각 회사의 재산 상태와 그에 따른 주식의 실제적 가치에 비추어 공정하게 정함이 원칙이며, 만일 그 비율이 합병할 각 회사의 일방에게 불리하게 정해진 경우에는 그 회사의 주주가 합병 전 회사의 재산에 대하여 가지고 있던 지분비율을 합병 후에 유지할 수 없게 됨으로써 실질적으로 주식의 일부를 상실케 되는 결과를 초래할 것이므로, 현저하게 불공정한 합병비율을 정한 합병계약은 사법관계를 지배하는 신의성실의 원칙이나 공평의 원칙 등에 비추어 무효라 할 것이고, 따라서 합병비율이 현저하게 불공정한 경우 합병할 각 회사의 주주 등은 상법 제529조에 의하여 소로써 합병의 무효를 구할 수 있다 할 것이다."(대법원 2008. 1. 10. 선고 2007다64136 판결)

(3) 소송당사자, 제소기간 및 관련 절차

■ 소송당사자

- 주주, 이사, 감사, 청산인, 파산관재인 또는 합병을 승인하지 않은 채권자에 한하여 제기 가능(529 제1항)
- 존속회사, 신설회사가 피고

■ 제소기간

- 합병의 등기가 있은 날로부터 **6월** 내에 제기(동조 제2항)

■ 관련 절차

- 전속관할, 소 제기의 공고, 소의 병합심리, 법원의 재량기각, 원고의 담보제공의무, 패소원고의 책임 등의 규정을 준용(530 제2항, 237 내지 240)

(4) 무효판결의 효력

■ 대세효 ○, 소급효 ×

- 무효판결은 제3자에게도 효력이 있음(530 제2항, 240, 190)
- 합병 후 존속회사나 신설회사에서 이루어진 조직법적 행위와 대외적인 거래행위는 모두 유효(530 제2항, 240, 190)

■ 회사의 회복

• 회사는 합병 전의 상태로 회복하므로 존속회사는 변경등기, 소멸회사는 회복등기, 신설회사는 해산등기를 해야 함(530 제2항, 238)

– 존속회사 또는 신설회사가 승계한 소멸회사의 권리 의무는 소멸회사로 복귀

■ 채무의 부담과 재산의 귀속

• 합병을 한 회사는 합병 후 존속회사 또는 신설회사가 합병 후 부담한 채무에 대하여 연대하여 변제할 책임을 부담(530 제2항, 239 제1항)

• 합병 후 존속회사 또는 신설회사가 합병 후 취득한 재산은 합병을 한 회사의 공유로 함(530 제2항, 239 제2항)

III. 주식회사의 흡수합병 관련 유의사항

1. 합병대가 관련

■ 존속회사의 자본금 증가의 한계

• 소멸회사의 순자산액을 한도로 존속회사의 자본금이 증가하는가의 문제(523 제2호 참조)

– 존속회사의 증가할 자본금이 반드시 소멸회사의 순자산가액의 범위 내로 제한되어야 하는 것은 아님(판례)

– 주식의 실제 가치는 순자산가치만이 아니라 수익가치, 동종업종 회사와의 비교에 의한 상대가치 등 다양한 요소를 종합적으로 고려할 수 있으며, 소멸회사 영업상의 기능 등으로 높은 초과수익력을 갖게 되는 등의 **합병으로 인한 시너지**를 기대할 수 있다면, 소멸회사의 승계하는 자산을 고평가하여 이보다 많은 금액을 증자하고 신주를 발행하는 것이 가능(판례)

■ 포합주식에 대한 신주의 배정

• 존속회사가 가진 소멸회사의 주식에 대하여 반드시 신주를 배정할 필요는 없음(판례)

– 신주를 배정하면 존속회사는 자기주식을 취득

• "존속회사가 그에 갈음하여 이미 보유하고 있던 자기주식을 이전하는 경우 이를 '합병으로 인하여 발행하는 신주'에 해당한다고 볼 수는 없고, 이처럼 미리 취득하여 둔 자기주식을 합병의 대가로 이전하는 것 자체가 합병 절차상의 하자에 해당한다고 볼 수 없으며, 또한 존속회사가 보유하던 소멸회사의 주식에 대하여 반드시 신주를 배정하여야 한다고 볼 수도 없다."(대법원 2004. 12. 9. 선고 2003다69355 판결)

■ 교부금합병의 허용

• 존속회사가 소멸회사의 주주에게 신주를 발행하거나 자기주식을 이전하는 대신에 그 대가의 **전부** 또는 일부를 **금전**으로 제공 가능(523 제4호)

– 교부금합병(cash–out merger)을 통한 소수주주 축출이 허용

■ 삼각합병의 허용

• 존속회사가 소멸회사의 주주에게 신주를 발행하거나 자기주식을 이전하는 대신에 그 대가의 전부 또는 일부를 **그 밖의 재산**으로 제공 가능(523 제4호)

– 그 밖의 재산의 범위에 모회사 주식이 포함(523조의2 제1항)

– 원칙적으로 자회사는 모회사 주식을 취득할 수 없으나(342조의2 참조), 합병대가의 지급을 위해 **모회사 주식의 취득이 가능**하다는 의미

– 다만, 존속회사가 취득한 모회사 주식을 합병 후에도 계속 보유하고 있는 경우 합병의 효력이 발생한 날로부터 **6월** 이내에 그 주식을 처분해야 함(523조의2 제2항)

• 이로써 **삼각합병**이 가능

– 삼각합병은 모회사가 직접 합병에 관여하지 않고 자회사를 이용하여 다른 회사를 합병하는 방식을 의미

→ 모회사는 주주총회의 특별결의를 통한 승인, 반대주주의 주식매수청구권에 대한 부담 없이 실질적으로 다른 회사를 합병하

는 효과를 누림

2. 간이합병의 허용

■ 흡수합병의 경우 소멸회사 **총주주의 동의**가 있거나 소멸회사의 발행주식총수 중 **100분의** 90 이상을 존속회사가 소유하고 있는 때에는 **소멸회사**의 주주총회 승인은 이사회의 승인으로 갈음 가능(527조의2 제1항)

• 소멸회사는 총주주의 동의가 있는 때를 제외하고 합병계약서를 작성한 날부터 2주 내에 주주총회의 승인을 얻지 않고 합병을 한다는 뜻을 공고하거나 주주에게 통지해야 함(동조 제2항)

■ 반대주주의 주식매수청구권

• 소멸회사

– 총주주의 동의가 있는 때는 미인정

– 다만, 소멸회사의 발행주식총수 중 일부를 존속회사 외에 다른 주주가 소유하고 있는 때는 인정(522조의3 제2항)

• 존속회사

– 인정(동조 제1항)

3. 소규모합병의 허용

■ 흡수합병에서 존속회사가 합병으로 인하여 발행하는 신주 및 이전하는 자기주식의 총수가 발행주식총수의 **100분의** 10을 초과하지 않는 때는 **존속회사**의 주주총회 승인은 이사회의 승인으로 갈음 가능(527조의3 제1항)

• 존속회사의 합병계약서에는 주주총회의 승인을 얻지 않고 합병을 한다는 뜻을 기재(동조 제2항)

• 존속회사는 합병계약서를 작성한 날부터 2주 내에 소멸회사의 상호 및 본점의 소재지, 합병을 할 날, 주주총회의 승인을 얻지 않고 합병을 한다는 뜻을 공고하거나 주주에게 통지해야 함(동조 제3항)

■ 소규모합병이 허용되지 않는 경우

- 소멸회사의 주주에게 제공할 금전 및 그 밖의 재산의 가액이 존속회사의 최종 대차대조표상으로 현존하는 순자산액의 **100분의** 5를 초과하는 경우(동조 제1항)
- 존속회사의 발행주식총수 중 **100분의** 20 이상에 해당하는 주식을 소유한 주주가 위 공고 또는 통지를 한 날로부터 2주 내에 회사에 대하여 서면으로 소규모합병에 반대한다는 의사를 통지한 경우(동조 제4항)

■ 반대주주의 주식매수청구권

- 소멸회사
  - 인정(522조의3 제1항)
- 존속회사
  - **미인정**(527조의3 제5항)

제3절 분할 및 분할합병

Ⅰ. 서 설

1. 의 의

■ 분할회사의 영업을 2개 이상으로 분리하여 분리한 영업으로 회사를 새로 설립하거나 다른 회사와 합병하는 조직법적 행위

• 분할은 주식회사만 가능

2. 분할의 유형

■ 분할회사의 존속 여부에 따른 분류

• 완전분할

– 분할회사가 분할 후 소멸하는 분할(소멸분할)

• 불완전분할

– 분할회사가 분할 후 존속하는 분할(존속분할)

■ 주식의 귀속 주체에 따른 분류

• 물적분할

– **분할회사**가 분할 후 단순분할신설회사, 분할승계회사 또는 분할합병신설회사의 주식을 취득하는 분할

• 인적분할

– **분할회사의 주주**가 분할 후에 단순분할신설회사 등의 주식을 취득하는 분할

– 상법상 분할은 인적분할을 의미하며, 물적분할은 인적분할 관련 내용을 준용(530조의12)

3. 분할의 방법

■ 단순분할

• 분할회사의 분할된 영업으로 회사를 새롭게 설립 가능

– 회사는 분할에 의하여 1개 또는 수 개의 회사를 설립 가능(530조의2 제1항)

■ 분할합병

• 분할회사의 분할된 영업으로 다른 회사와 흡수분할합병 또는 신설분할합병 가능

– 회사는 분할에 의하여 1개 또는 수 개의 존립 중의 회사와 합병 가능(동조 제2항)

■ 단순분할 및 분할합병

• 분할회사의 분할된 영업 중 일부로 새롭게 회사를 설립하거나 다른 회사와 합병 가능

– 회사는 분할에 의하여 1개 또는 수 개의 회사를 설립함과 동시에 분할합병 가능(동조 제3항)

II. 주식회사의 분할

1. 분할계획서 또는 분할합병계약서의 작성 및 승인

■ 주주총회의 승인

• 분할회사는 단순분할을 할 때는 분할계획서를, 분할합병을 할 때는 분할합병계약서를 작성하여 주주총회의 **특별결의**에 의한 승인을 얻어야 함(530조의3 제1항 및 제2항, 530조의5, 530조의6)

– 분할계획 또는 분할합병계약의 요령은 주주총회의 소집통지에 기재되어야 함(동조 제4항)

– 의결권이 배제되는 주주도 **의결권 행사** 가능(530조의3 제3항, 344조의3 제1항)

• 분할 또는 분할합병으로 인하여 어느 종류의 주주에게 손해를 미치게 될 경우에는 그 종류주식의 주주의 총회의 결의가 필요(436, 435)

■ 부담 가중을 위한 총주주의 동의

• 회사의 분할 또는 분할합병으로 인하여 분할 또는 분할합병에 관련되는 각 회사 주주의 부담이 가중되는 경우에는 그 주주 전원의 동의가 필요(530조의3 제6항)

2. 단순분할에서의 회사 설립 절차

■ 단순분할의 경우 회사 설립에 관한 규정을 준용(530조의4)

• 다만, 분할회사의 출자만으로 회사가 설립되는 경우에는 현물출자에 대한 검사인의 조사절차를 거치지 않아도 무방(동조, 299)

3. 채권자보호절차

■ 단순분할

• 원칙적으로는 불필요

– 다만, 단순분할신설회사의 책임을 제한하는 경우는 필요(530조의9 제2항 및 제4항, 527조의5)

■ 분할합병

• 필요

– 합병의 관련 절차를 준용(530조의11 제2항, 527조의5)

4. 반대주주의 주식매수청구권

■ 단순분할

• 미인정

– 분할회사 주주의 권리가 단순분할신설회사에 미치기 때문

■ 분할합병

• 인정

– 합병의 관련 절차를 준용(530조의11 제2항, 522조의3)

5. 분할합병에서의 특유한 절차

■ 교부금분할합병 및 삼각분할합병의 허용

- 흡수분할합병에서 분할승계회사가 분할회사의 주주에게 신주를 발행하거나 자기주식을 이전하는 대신에 그 대가의 전부 또는 일부를 금전이나 그 밖의 재산으로 제공 가능(530조의6 제1항 제4호, 동조 제4항 및 제5항)

■ 간이분할합병 및 소규모분할합병의 허용

- 흡수분할합병에서 분할회사 총주주의 동의가 있거나 분할회사의 발행주식총수 중 100분의 90 이상을 분할승계회사가 소유하고 있는 때에는 분할회사의 주주총회 승인은 이사회의 승인으로 갈음 가능(530조의11 제2항, 527조의2)
- 흡수분할합병에서 분할승계회사가 분할합병으로 인하여 발행하는 신주 및 이전하는 자기주식의 총수가 발행주식총수의 100분의 10을 초과하지 않는 때는 분할승계회사의 주주총회 승인은 이사회의 승인으로 갈음 가능(530조의11 제2항, 527조의3)

6. 분할등기

■ 단순분할 및 신설분할합병의 경우에는 신설회사의 창립총회가 종결된 날로부터, 흡수분할합병의 경우에는 분할합병계약에 관한 주주총회의 결의가 종결된 날로부터 2주 내에 본점 소재지에서 설립등기, 변경등기, 해산등기를 해야 함(530조의11 제1항, 528 제1항)

■ 분할은 등기를 함으로써 효력이 발생(530조의11 제1항, 234)

7. 분할의 효력

(1) 권리 의무의 포괄적 승계

■ 단순분할신설회사, 분할승계회사 또는 분할합병신설회사는 분할회사의 권리와 의무를 분할계획서 또는 분할합병계약서에서 정하는 바에

따라 승계(530조의10)

(2) 분할회사 채무에 대한 책임

■ **연대책임**

- 분할회사, 단순분할신설회사, 분할승계회사 또는 분할합병신설회사는 분할 또는 분할합병 전의 분할회사 채무에 관하여 연대하여 변제할 책임을 부담(530조의9 제1항)
  - 무한책임(판례)
  - 부진정연대책임(판례)
- 연대책임의 대상
  - 회사 채무는 분할 또는 분할합병 **전**에 **분할회사**에서 발생한 채무를 의미
  - 분할 전에는 채무를 발생시킬 가능성만 있고 **분할 후에 비로소 채무로 발생**하였다면 연대책임의 대상이 아님(판례)
  - 분할 전에 채무가 발생한 것은 아니지만, 이미 그 **성립의 기초가 되는 법률관계가 발생**하여 있는 채무는 연대책임의 대상이 됨(판례)

- "상법 제530조의9 제1항에 따라 주식회사의 분할 또는 분할합병으로 인하여 설립되는 회사와 존속하는 회사가 회사채권자에게 연대하여 변제할 책임이 있는 분할 또는 분할합병 전의 회사 채무에는 <u>회사 분할 또는 분할합병의 효력 발생 전에 발생하였으나 분할 또는 분할합병 당시에는 아직 그 변제기가 도래하지 아니한 채무도 포함</u>된다고 할 것이다."(대법원 2008. 2. 14. 선고 2007다73321 판결)

- "분할하는 회사의 분할 전 법 위반행위를 이유로 과징금이 부과되기 전까지는 단순한 사실행위만 존재할 뿐 그 과징금과 관련하여 분할하는 회사에게 승계의 대상이 되는 어떠한 의무가 있다고 할 수 없고, 특별한 규정이 없는 한 <u>신설회사에 대하여 분할하는 회사의 분할 전 법 위반행위를 이유로 과징금을 부과하는 것은 허용되지 않는다</u> 할 것이다."(대법원 2007. 11. 29. 선고 2006두18928 판결)

- "[분할 전의 신용보증약정에 의해 장래 발생할 보증채무의 구상채무가 이미 성립된 사안에서] 회사 분할 또는 분할합병의 효력 발생 전에 아직 발생하지는 아니

하였으나 이미 그 성립의 기초가 되는 법률관계가 발생하여 있는 채무도 포함된다고 할 것이다."(대법원 2010. 12. 23. 선고 2010다71660 판결)

■ **책임의 제한**

- 단순분할
  - 분할회사가 단순분할을 하는 경우에 주주총회의 **특별결의**로 단순분할신설회사는 분할회사의 채무 중에서 분할계획서에 승계하기로 정한 채무에 대한 책임만을 부담하는 것으로 정할 수 있음(530조의 9 제2항)
  - 이 경우 분할회사가 분할 후에 존속하는 경우 분할회사는 단순분할신설회사가 부담하지 않는 채무만을 부담(동조 동항)
- 분할합병
  - 분할회사는 분할합병을 하는 경우에 주주총회의 **특별결의**로 분할승계회사 또는 분할합병신설회사가 분할회사의 채무 중에서 분할합병계약서에 승계하기로 정한 채무에 대한 책임만을 부담하는 것으로 정할 수 있음(동조 제3항)
  - 이 경우 분할회사가 분할 후에 존속하는 경우 분할회사는 분할승계회사 또는 분할합병신설회사가 부담하지 않는 채무만을 부담(동조 동항)
- 책임을 제한하기 위해서는 **채권자보호절차** 필요(동조 제4항, 439 제3항, 527조의5)
  - 만일 채권자보호절차를 거치지 않으면 연대책임을 부담(판례)
  - 채권자에는 회사의 관리자료에 따른 채권자뿐만 아니라 개인적으로 대표이사가 아는 채권자도 포함(판례)

• "상법에서 위 규정에 따라 채권자가 연대책임을 물을 수 있는 기간이나 금액에 대해서 아무런 제한 규정을 두고 있지 않지만 채권자를 분할 또는 분할합병 이전의 상태보다 더욱 두텁게 보호할 필요는 없다. [단순분할신설회사 등이] 채권자에게 연대하여 변제할 책임을 부담하는 채무는 분할 또는 분할합병 전의 회사가 채

권자에게 부담하는 채무와 동일한 채무이다. 따라서 [단순분할신설회사 등이] 채권자에게 부담하는 연대채무의 소멸시효 기간과 기산점은 분할 또는 분할합병 전의 회사가 채권자에게 부담하는 채무와 동일한 것으로 봄이 타당하다. 결국 채권자는 해당 채권의 시효기간 내에서 분할로 인하여 승계되는 재산의 가액과 무관하게 연대책임을 물을 수 있다고 보아야 한다."(대법원 2017. 5. 30. 선고 2016다34687 판결)

- "개별 최고가 필요한 '회사가 알고 있는 채권자'라 함은 채권자가 누구이고 그 채권이 어떠한 내용의 청구권인지가 대체로 회사에게 알려져 있는 채권자를 말하는 것이고, 그 회사에 알려져 있는지 여부는 개개의 경우에 제반 사정을 종합적으로 고려하여 판단하여야 할 것인바, 회사의 장부 기타 근거에 의하여 그 성명과 주소가 회사에 알려져 있는 자는 물론이고 회사 대표이사 개인이 알고 있는 채권자도 이에 포함된다고 봄이 상당하다."(대법원 2011. 9. 29. 선고 2011다38516 판결)

- "분할되는 회사와 신설회사가 분할 전 회사의 채무에 대하여 연대책임을 지지 않는 경우에는 채무자의 책임재산에 변동이 생기게 되어 채권자의 이해관계에 중대한 영향을 미치므로 채권자의 보호를 위하여 분할되는 회사가 알고 있는 채권자에게 개별적으로 이를 최고하고 만약 그러한 개별적인 최고를 누락한 경우에는 그 채권자에 대하여 신설회사와 분할되는 회사가 연대하여 변제할 책임을 지게 된다고 할 것이나, 채권자가 회사 분할에 관여되어 있고 회사 분할을 미리 알고 있는 지위에 있으며, 사전에 회사 분할에 대한 이의제기를 포기하였다고 볼만한 사정이 있는 등 예측하지 못한 손해를 입을 우려가 없다고 인정되는 경우에는 개별적인 최고를 누락하였다고 하여 그 채권자에 대하여 신설회사와 분할되는 회사가 연대하여 변제할 책임이 되살아난다고 할 수 없다."(대법원 2010. 2. 25. 선고 2008다74963 판결)

8. 분할무효의 소

- 분할의 무효는 분할무효의 소만으로 주장 가능
  - 합병무효의 소 관련 규정을 준용(530조의11 제1항, 529, 239, 240)
    - 관련 절차 및 무효판결의 효력은 모두 합병무효의 소와 동일

• "상법 제530조의11 제1항 및 제240조는 분할합병무효의 소에 관하여 상법 제189조를 준용하고 있고 상법 제189조는 "설립무효의 소 또는 설립취소의 소가 그 심리 중에 원인이 된 하자가 보완되고 회사의 현황과 제반 사정을 참작하여 설립을 무효 또는 취소하는 것이 부적당하다고 인정한 때에는 법원은 그 청구를 기각할 수 있다."고 규정하고 있으므로 법원이 분할합병무효의 소를 재량기각하기 위해서는 원칙적으로 그 소 제기 전이나 그 심리 중에 원인이 된 하자가 보완되어야 할 것이나, 그 하자가 추후 보완될 수 없는 성질의 것인 경우에는 그 하자가 보완되지 아니하였다고 하더라도 회사의 현황 등 제반 사정을 참작하여 분할합병무효의 소를 재량기각할 수 있다."(대법원 2010. 7. 22. 선고 2008다37193 판결)

제4절 주식의 포괄적 교환 및 이전

Ⅰ. 주식의 포괄적 교환

1. 의 의

■ 회사는 주식의 포괄적 교환에 의하여 다른 회사의 발행주식총수를 소유하는 완전모회사가 될 수 있음(360조의2 제1항)

- 주식의 포괄적 교환에 의하여 완전자회사가 되는 회사의 주주는 자신의 주식을 완전모회사가 되는 회사에 이전하고 신주의 배정을 받거나 자기주식의 이전을 받음으로써 **완전모회사의 주주**가 됨(동조 제2항)

2. 절 차

(1) 주식교환계약서의 작성 및 승인

■ 주주총회의 승인

- 주식교환을 하고자 하는 회사는 주식교환계약서를 작성하여 주주총회 **특별결의**에 의한 승인을 얻어야 함(360조의3 제1항 내지 제3항)
- 합병으로 인하여 어느 종류의 주주에게 손해를 미치게 될 경우에는 그 종류주식의 주주의 총회의 결의가 필요(436, 435)

■ 부담 가중을 위한 총주주의 동의

- 주식교환으로 인하여 주식교환에 관련되는 각 회사 주주의 부담이 가중되는 경우에는 주주 전원의 동의가 필요(360조의3 제5항)

■ 주식교환계약서 등의 공시

- 이사는 주식교환 승인을 위한 주주총회 회일의 2주 전부터 주식교환의 날 이후 6월이 경과하는 날까지 주식교환계약서 등 소정의 서류를 본점에 비치해야 함(360조의4 제1항)
  - **주주**는 영업시간 내에 언제든지 위 서류의 열람 또는 등사를 청구 가능(동조 제2항, 391조의3 제3항)

(2) 주식의 이전과 신주발행

■ 주식의 이전

- 주식교환에 의하여 완전자회사가 되는 회사의 주주가 가지는 주식은 **주식을 교환하는 날**에 완전모회사가 되는 회사에 이전(360조의2 제2항)
- 완전자회사가 되는 회사는 주주총회에서 주식교환을 승인한 때에는 소정의 사항을 주식교환의 날 1월 전에 공고하고, 주주명부에 기재된 주주와 질권자에 대하여 각각 그 통지를 하여야 함(360조의8 제1항)

■ 신주발행

- 완전모회사는 교환계약서에 정해진 바에 따라 완전자회사가 되는 회사의 주주에게 신주를 발행하거나 자기주식을 이전해야 함(360조의2 제2항)
  - 신주발행으로 완전모회사가 되는 회사의 자본금이 증가
  - 완전모회사가 되는 회사의 자본금은 주식교환의 날에 완전자회사가 되는 회사에 현존하는 순자산액에서 완전자회사가 되는 회사의 주주에게 제공할 금전이나 그 밖의 재산의 가액 및 완전자회사가 되는 회사의 주주에게 이전하는 자기주식의 장부가액의 합계액을 뺀 금액을 초과하여 증가시킬 수 없음(360조의7 제1항)
- 신주발행이나 자기주식을 이전하는 과정에서 발생한 단주는 주식의 병합 절차 준용(360조의11 제1항, 443)
- 완전모회사가 되는 회사가 완전자회사가 되는 회사의 주주에게 발행하는 신주 또는 교부하는 자기주식에는 완전자회사가 되는 회사의 주식에 대한 질권자의 권리가 미치고, 질권자는 완전모회사가 되는 회사에 대하여 주권 교부를 청구 가능(360조의11 제2항, 339, 340 제3항)

(3) 채권자보호절차

■ 완전모회사 또는 완전자회사가 되는 회사 모두에게 **불필요**

- 완전모회사가 되는 회사는 완전자회사가 되는 회사의 주식이 이전되어 자산이 증가하고, 완전자회사가 되는 회사는 자산의 변동이 없기 때문

(4) 반대주주의 주식매수청구권

■ 주식교환에 관하여 이사회의 결의가 있는 때에 그 결의에 반대하는 주주는 주주총회 전에 회사에 대하여 서면으로 그 결의에 반대하는 의사를 통지한 경우 그 총회의 결의일부터 20일 이내에 주식의 종류와 수를 기재한 서면으로 회사에 대하여 자기가 소유하고 있는 주식의 매수를 청구 가능(360조의5 제1항)

- 의결권이 없거나 제한되는 주주도 행사 가능(동조 제1항)

(5) 교부금주식교환 및 삼각주식교환의 허용

■ 완전모회사가 되는 회사는 완전자회사가 되는 회사의 주주에게 주식교환 대가의 전부 또는 일부를 금전이나 그 밖의 재산으로 제공 가능(360조의3 제3항 제4호, 동조 제6항 및 제7항)

(6) 간이주식교환 및 소규모주식교환의 허용

■ 간이주식교환

- 완전자회사가 되는 회사 총주주의 동의가 있거나 그 회사의 발행주식총수 중 **100분의 90** 이상을 완전모회사가 되는 회사가 소유하고 있는 때에는 완전자회사가 되는 회사의 주주총회 승인은 이사회의 승인으로 갈음 가능(360조의9 제1항)
  - 완전자회사가 되는 회사의 반대주주에게 주식매수청구권 인정(360조의5 제2항)

■ 소규모주식교환

- 완전모회사가 되는 회사가 주식교환으로 인하여 발행하는 신주 및 이전하는 자기주식의 총수가 발행주식총수의 **100분의** 10을 초과하지 않는 때는 완전모회사가 되는 회사의 주주총회 승인은 이사회의 승인으로 갈음 가능(360조의10 제1항)
  - 완전모회사가 되는 회사의 반대주주에게 주식매수청구권이 미인정(동조 제7항)

(7) 주식교환의 효력

■ 효력발생시기

- 주식교환의 효력은 **주식을 교환하는 날**에 발생
  - 이때 완전자회사가 되는 회사의 주주는 완전모회사가 되는 회사의 주주가 됨
  - 완전모회사가 되는 회사는 신주발행으로 인한 자본금과 발행주식 총수의 변경에 대해 등기를 해야 하지만 이는 주식교환의 효력과는 무관

■ 이사, 감사의 임기

- 주식교환으로 완전모회사가 되는 회사의 이사 및 감사로서 주식교환 전에 취임한 자는 주식교환계약서에 다른 정함이 있는 경우를 제외하고는 주식교환 후 최초로 도래하는 결산기에 관한 정기총회가 종료하는 때에 퇴임(360조의13)

■ 주식교환사항을 기재한 서면의 사후 공시

- 이사는 주식교환과 관련된 사항을 기재한 서면을 주식교환의 날로부터 6월간 본점에 비치해야 함(360조의12 제1항)
  - **주주**는 영업시간 내에 언제든지 위 서면의 열람 또는 등사를 청구 가능(동조 제2항, 391조의3 제3항)

(8) 주식교환무효의 소

■ 주식교환의 무효는 주식교환무효의 소만으로 주장 가능

- 주식교환의 무효는 각 회사의 주주, 이사, 감사, 감사위원회의 위원 또는 청산인에 한하여 주식교환의 날부터 **6월** 내에 소만으로 주장 가능(360조의14 제1항)
  - 완전모회사가 되는 회사의 본점 소재지의 지방법원의 관할에 전속(동조 제2항)
  - 관련 절차 및 무효판결의 효력은 설립무효의 소와 대체로 동일(동조 제4항, 187 내지 189, 190 본문, 191, 192, 377, 431)

■ 주식교환을 무효로 하는 판결이 확정된 때에는 완전모회사가 된 회사는 주식교환을 위하여 발행한 신주 또는 이전한 자기주식의 주주에 대하여 그가 소유하였던 완전자회사가 된 회사의 주식을 이전해야 함(360조의14 제3항)

II. 주식의 포괄적 이전

1. 의 의

■ 회사는 주식의 포괄적 이전에 의하여 완전모회사를 설립하고 완전자회사가 될 수 있음(360조의15 제1항)

- 주식의 포괄적 이전에 의하여 완전자회사가 되는 회사의 주주는 자신의 주식을 완전모회사가 되는 회사에 이전하고 신주의 배정을 받음으로써 완전모회사의 주주가 됨(동조 제2항)

2. 절 차

(1) 주식이전계획서의 작성 및 승인

■ 주주총회의 승인

- 주식이전을 하고자 하는 회사는 소정의 사항을 적은 주식이전계획서를 작성하여 주주총회 특별결의에 의한 승인을 받아야 함(360조의16 제1항 및 제2항)

■ 주식이전계획서 등의 공시

- 이사는 주식이전 승인을 위한 주주총회 회일 2주 전부터 주식이전의 날 이후 6월을 경과하는 날까지 소정의 서류를 본점에 비치해야 함(360조의17 제1항)
  - 주주는 영업시간 내 언제든지 위 서류의 열람 또는 등사를 청구 가능(동조 제2항, 391조의3 제3항)

(2) 완전모회사의 설립

■ 완전모회사의 정관은 주식이전계획에 의해 결정(360조의16 제1항 제1호)

- 완전자회사가 되는 회사의 주식은 완전모회사가 되는 회사의 자본금을 구성하며, 설립등기와 동시에 별도의 이전행위 없이 완전모회사의 소유가 됨
- 완전모회사 자본금의 한도액
  - 설립하는 완전모회사의 자본금은 주식이전의 날에 완전자회사가 되는 회사에 현존하는 순자산액에서 그 회사의 주주에게 제공할 금전 및 그 밖의 재산의 가액을 뺀 액을 초과하지 못함(360조의18)
- 주권의 실효
  - 완전자회사가 되는 회사는 주주총회에서 승인 결의를 한 때 소정을 사항을 공고하고, 주주명부에 기재된 주주와 질권자에게 따로 통지를 해야 함(360조의19 제1항)
- 기타 단주 처리, 질권자의 권리 등 주식의 포괄적 교환과 동일(360조의22, 360조의11)

(3) 채권자보호절차 및 반대주주의 주식매수청구권

■ 주식의 포괄적 교환과 동일(360조의22, 360조의5)

(4) 주식의 포괄적 이전의 효력

■ 주식이전을 한 때에는 설립한 완전모회사의 본점 소재지에서 2주 내에 설립등기를 해야 함(360조의20, 317조 제2항)

- 완전모회사의 본점 소재지에 설립등기를 함으로써 주식의 포괄적 이전의 효력이 발생(360조의21)
  - 이때 완전자회사의 주주는 완전모회사의 주주가 됨

(5) 주식이전무효의 소

■ 관련 절차 및 무효판결의 효력 등은 주식교환무효의 소와 동일(360조의23 제1항 및 제4항)

- 주식이전을 무효로 하는 판결이 확정된 때에 완전모회사가 된 회사는

주식이전을 위하여 발행한 주식의 주주에 대하여 그가 소유하였던 완전자회사가 된 회사의 주식을 이전해야 함(동조 제3항)

판례색인

사항색인

[저자 약력]

문 정 해

이화여자대학교 법과대학 법학과 학사, 석사
University of Illinois at Urbana-Champaign, College of Law, LL.M., J.S.D.
미국 뉴욕주 변호사시험 합격
변호사시험, 사법시험, 입법고시 출제위원
현) 원광대학교 법학전문대학원 교수

회사법

초판발행 2025년 4월 30일

지은이 문정해
펴낸이 김중용

편 집 심성보 · 김인숙

펴낸곳 도서출판 **정독**
경기도 고양시 일산서구 하이파크로 113, 102-204
등록 제406-2014-000093호
전 화 031)924-7203 팩 스 031)935-0345
홈페이지 www.jeongdok.co.kr 이메일 admin@jeongdok.co.kr
ISBN 979-11-6858-370-2 93360

정 가 20,000원